rowohlt
BERLIN

Marion Brasch
Horst Evers
Robert Skuppin u. a.

Moment mal!

Was die Zeit mit uns macht

Herausgegeben von
Dorothee Hackenberg
und Robert Skuppin

Rowohlt · Berlin

1. Auflage Oktober 2017

Innengestaltung Daniel Sauthoff
Abbildung für Zwischenkapitelseiten Bird Images/Stockphoto.com
Satz FF Quadraat PostScript (InDesign) bei
Pinkuin Satz und Datentechnik, Berlin
Druck und Bindung CPI books GmbH, Leck, Germany
ISBN 978 3 7371 0021 2

Inhalt

Einleitung

Jeder weiß, was die Zeit ist. Eigentlich. Jedenfalls dann, wenn er nicht erklären muss, was es mit ihr auf sich hat. Denn nur weil man eine Uhr lesen kann, weiß man noch lange nicht, was es wirklich bedeutet, wenn der Zeiger vorrückt. Leider hat die Wissenschaft zum Thema Zeit nur Paradoxes beizutragen. Denn zum einen behaupten Physiker: Doch, es gibt die Zeit – die ganze Relativitätstheorie handelt davon. Gleichzeitig bezweifelt die Wissenschaft aber, dass die Zeit fließt, und sieht sie eher als ein rätselhaftes Bewusstseinsphänomen, das sich physikalischen Beschreibungen entzieht. Es könnte also sein, dass das Vergehen der Zeit, so wie wir sie wahrnehmen, überhaupt nur in unserer Wahrnehmung stattfindet. Das birgt die ein oder andere Gefahr, die ein oder andere Unwägbarkeit, die sich politisch instrumentalisieren ließe. Was sind schon die vieldiskutierten Fake-News verglichen mit Fake-Time? Wird es bald eine populistische politische Bewegung geben, die den Kalender, die Uhrzeit und die Arbeitszeit als globalisierte Verschwörung bezeichnet? Warum sollten wir für andere fast vierzig Stunden in der Woche arbeiten, wenn es den Verlauf von Stunden nur in der eigenen Wahrnehmung gibt? Selbst das Älterwerden ist vielleicht nur eine Verschwörung der Jüngeren, denn mit abgelaufener Zeit hat es wissenschaftlich betrachtet rein gar nichts zu tun. Wieso also tun wir uns so schwer mit der Vergänglichkeit und deren Vermessung in Jahren, Monaten, Wochen, Stunden, Minuten und Sekunden? Wahrscheinlich nur, weil jedem irgendwann die Stunde schlägt. Was macht die Zeit bis dahin mit uns, und was machen wir mit der Zeit?

Bis vor wenigen Jahren hörte man überall Klagen darüber, dass alles immer hektischer wird. Die Digitalisierung hat alle Lebensbereiche beschleunigt. Inzwischen haben offenbar die meisten Zeitgenossen diesen Befund akzeptiert. Nun geht es darum, über die Zeit zu triumphieren und mit cleveren Mitteln dem Diktat des Terminkalenders zu entrinnen. Meister der Zeit ist derjenige, der beim Joggen Podcasts hört und die lange Sommerpause auf wenige Tage Qualitätsurlaub im tropischen Fünf-Sterne-Resort eindampfen kann. Oder aber dem digitalen Suchtverhalten mit terminiertem Offlinefasten begegnet, um sich persönlich eine Atempause zu genehmigen.

Vielleicht aber sind die wahren Bezwinger der Zeit die Menschen, die noch wissen, was es heißt, Langeweile und Wartezeiten auszuhalten, und die es schaffen, sogar unproduktive Zeiten als Mußestunden zu genießen. Das müssen sie auch, als Teil einer kreativ, aber auch prekär lebenden Bildungselite mit unsicheren Zukunftsaussichten und flexiblen Arbeitszeiten, die mit Familien- und Freizeiten verschwimmen. Während früher auf den Feldern die Kirchturmuhr den Takt vorgab, fühlen wir uns heute selbst verantwortlich dafür, was wir aus unserer Lebenszeit machen. Projekte zur Selbstoptimierung bestimmen unser Leben. Wenn das Feintuning durch Fettabbau, Faszientraining und Fengshui gegen das Gerümpel im Alltag erfolgt ist, nehmen wir kühn unser Umfeld ins Visier. Crowdfunding fürs

Klima, Benefizkonzert für Flüchtlinge, Onlinepetition gegen Trump. Jede Krise lässt sich lösen, mit dem richtigen Personal, ausreichend Ressourcen und ausgefeiltem Prozessmanagement. Beziehungen sind mehr oder weniger abgeschlossene Projekte mit Renditeerwartung. Scheinbar haben wir alles im Griff, bis die Erkenntnis einsetzt, dass all das ein Ende hat. Und wie bezwingt man das Grauen vor der Vergänglichkeit? Wie schlägt man dem «schwarzen Mann», wie der Tod in einem Text dieser Anthologie bezeichnet wird, ein Schnippchen?

Indem man sich und das eigene Leben nicht ganz so ernst nimmt und zugleich nicht davor zurückschreckt, sich selbst zu hinterfragen. Indem man schneller trödelt, Lebkuchen auf Halde kauft und mit fünfzig noch Vater wird. Indem man einen Text über die Zeit gar nicht erst schreibt, den 123. Geburtstag plant und sich eingesteht, dass es nicht schlimm ist, wenn man die neunziger Jahre verpasst hat.

Dieses Buch ist zum zwanzigsten Geburtstag von radioeins entstanden, den Kollegen, Mitarbeiter und Freunde des Senders zum Anlass genommen haben, Texte zur Zeit und zur Vergänglichkeit zu schreiben. Manchmal lohnt es sich, Zeit mit einem schönen Projekt zu verbringen, denn jetzt ist aus unserer Geburtstagsidee wirklich ein Buch geworden. Nehmen Sie sich die Zeit zum Lesen.

Dorothee Hackenberg und Robert Skuppin

1. Für Eile fehlt mir die Zeit – Leben in der Rushhour

«Die Zeit vergeht nicht schneller als früher, aber wir laufen eiliger an ihr vorbei.»

(George Orwell)

Martin «Gotti» Gottschild
Nur noch schnell trödeln

«Entschuldige die Verspätung, dieser starke Gegenwind auf der Oberbaumbrücke, darüber wird in der Lügenpresse ja nie berichtet.» «Entschuldige die Verspätung, es hat diesmal ein wenig länger gedauert, die Drohne abzuhängen.» «Entschuldige die Verspätung, ich musste noch zum Tierarzt, unser Wasser ist so hart, da hat sich der Goldfisch beim Schwimmen die Flossen gebrochen.»

Ich weiß nicht genau, wann sie angefangen hat, meine zuverlässige Unpünktlichkeit. Vermutlich in dem Moment, als mich meine Eltern nicht mehr angezogen, ins Auto verfrachtet und vor der Zieltür ausgesetzt haben.

Mittlerweile bin ich immerhin schon so weit, auf die Minute genau exakt eine Stunde zu spät zu kommen. Das ringt dem Wartenden eine Melange aus unbeschreiblicher Wut und Bewunderung ab.

Ein optimaler Ausgangspunkt für ein angeregtes Gespräch.

«Ich lass mir doch von dir nicht meine Zeit stehlen!» Das kriege ich immer wieder zu hören. Lächerlich. Ich stehle niemandem die Zeit. Wenn, dann schenke ich Leuten Zeit. Zeit für die eigenen Gedanken. Einen unverhofften Ruheraum zwischen all den Terminen, eine Oase der Selbsterkenntnis.

Es ist ja auch nicht so, dass mir das Zuspätkommen Spaß macht. Und ich gehe ja auch jedes Mal pünktlich los. Zumindest nehme ich mir das fest vor. Aber dann ist da auf einmal die Wäsche fertig und will aufgehängt werden, um nicht zu muffeln. Oder die Katze guckt so niedlich. Oder ich entdecke einen interessanten Krümel auf der Kommode. Oder ich beschließe spontan, mein Russisch aufzufrischen. Oder ich habe mich schlichtweg auf Toilette festgeschissen. Das ist doch jedem schon mal passiert. Da will man nur schnell ein paar Abfangjäger in die Schüssel schicken, und dann folgt da auf einmal gleich das ganze Mutterschiff. Zugegeben, das ist jetzt vielleicht kein Thema für die Neujahrsansprache der Bundeskanzlerin, dennoch ist es ein Thema, das viele Menschen bewegt. Wenn auch nur in Richtung Toilette. Ich meine, warum sonst sieht man denn selbst die schlankesten Damen mit wackelndem Dutt und ’ner Zwölferpackung Klopapier nach Hause spurten, als wäre gerade Fliegeralarm.

Das anschließende Duschen bricht mir allerdings jedes Mal zeitlich das Genick. Ich bade ja nicht mehr, um Wasser zu sparen. Auf meine Schaumkrone, die Schaumaugenbrauen und den Schaumvollbart möchte ich aber dennoch nicht verzichten. Das separate Aufschäumen im Waschbecken dauert ewig. Und dann soll es natürlich auch ordentlich sitzen. Ich will ja nicht unter der Dusche stehen wie ein Hampelmann.

Wenn dann die ersten warmen Strahlen aus dem billardtischgroßen Regenwaldduschkopf meine Haut berühren, stöhne ich immer kurz auf, um gleich darauf zu weinen, weil ich daran denken muss, dass ich im Leben von mehr Wasser gestreichelt wurde als von Menschen. Und dann stehe ich da, starre ins Leere und denke unwillkürlich an alle möglichen Leute.

Zum Beispiel an Michael Dudikoff. Hat er eigentlich jemals einen guten Film gemacht? Was er wohl in diesem Moment grade tut? Vielleicht dehnt er sich, oder er wirft mit Zimtsternen nach seinem japanischen Gärtner.

Ich denke auch oft an meinen Kumpel Rocco, der als Matrose auf hoher See nach erfolgreicher Selbstbefriedigung sein Ejakulat direkt aus der Faust geschlürft hat, um nicht nochmal extra zum Saubermachen an allen schlafenden Kameraden vorbei durch die Mannschaftskabine zu müssen. Schrrrl. Schrrrl ist seitdem ein Geräusch, das in unserem Freundeskreis für Angst und Schrecken sorgt. Selbst beim sonntäglichen Suppelöffeln im Kreis der Familie stellt sich ein ungutes Gefühl ein. Schrrrl, schrrrl.

Ich versuche das Geräusch unter der Dusche nachzumachen. Schrrrl, schrrrll. Klappt auf Anhieb. Jetzt muss ich es allerdings fünf Mal wiederholen. Sonst wird es ein ganz schlechter Tag. «Schrrrl, schrrrl. Schrrrl, schrrrl. Schrrrl, schrrrl. Schrrrl, schrrrl. Schrrrl, schrrrl.» Mist! Das eine Mal war genuschelt, noch mal von vorn. Wenn es beim ersten Mal nicht geklappt hat, muss ich das Ganze dreimal hintereinander machen, sonst stirbt der nächste Mensch, der mir in die Augen schaut, innerhalb einer Woche durch einen Hamsterbiss.

«Schrrrl, schrrrl. Schrrrl, schrrrl. Schrrrl, schrrrl. Schrrrl, schrrrl. Schrrrl, schrrrl.» «Schrrrl, schrrrl. Schrrrl, schrrrl. Schrrrl, schrrrl. Schrrrl, schrrrl. Schrrrl, schrrrl.» «Schrrrl, schrrrl. Schrrrl, schrrrl. Schrrrl, schrrrl. Schrrrl, schrrrl. Schrrrl, schrrrl.» Damit der Fluch nicht auf mich selber überspringt, ist es mir jetzt nur noch erlaubt, die Dusche im Hockstrecksprung zu verlassen und mich auf die gleiche Weise zum Kleiderschrank zu bewegen. Ziel ist es nun, mit jeweils nur einem Hüpfer in

Schlüpfer und Hose zu landen, wenn das nicht gelingt, muss ich noch mal von vorne anfangen. Zu duschen.

Was das Verlassen des Hauses aber besonders erschwert, ist, dass ich seit meiner Kindheit unter der höllischen Angst leide, den Gasherd nicht angemacht zu haben. Kaum ist die Wohnungstür ins Schloss gefallen, überkommt mich so ein ungutes Gefühl. Hatte ich vorhin wirklich richtig nachgeschaut, oder war ich mit den Gedanken schon ganz woanders? Also Tür noch mal auf, rein in die Küche, Gott sei Dank, der Herd ist an, also Tür wieder zu.

Moment mal, als ich eben in der Küche war, um nach dem Herd zu schauen, da habe ich die Wohnungstür aufgelassen. Theoretisch hätte also ein Dieb hinter mir vorbei ins Schlafzimmer schleichen und sich da unter dem Bett verstecken können. Also Tür noch mal auf und mit dem Besenstiel wie wild unterm Bett rumstochern. Etwas Weiches ... aha! Wusst ich's doch!

Oh, ganz vergessen, die arme Katze. Wie niedlich die guckt. Nanü, was ist denn das hier für ein Krümel auf der Kommode?

«Eta Kroshka!»

Entschuldige bitte die Verspätung, ich musste nur noch schnell trödeln.

Schrrrl. Schrrrl.

Adriana Altaras
Tempo, Tempo

Die Ewigkeit dauert lange,
besonders gegen Ende.
(Woody Allen)

Das Komplizierteste an Zeit ist, dass sie alles andere als allgemeingültig ist.

Natürlich werden jetzt einige Schlaumeier behaupten, es gäbe Uhren, die die genaue Zeit angeben würden. Es bräuchte dazu gar keine teure Rolex, sogar einfachere Modelle könnten das schon. Außerdem gäbe es zur Orientierung «GMT», also die «Greenwich Mean Time», nach der wir uns alle richten müssten. Aber da geht es ja schon los: Die einen in Europa stellen die Uhren immer mal wieder vor oder nach, je nach Wetterlage. Aber in Island oder Grönland mögen sie das nicht, sie machen beim Zeitumstellen nicht mit, obwohl gerade bei ihnen erst sechs Monate lang kaum Licht durchkommt und dafür dann sechs Monate lang die Sonne nicht untergeht. Wie bitte soll man da wissen, wann es zum Beispiel Zeit ist fürs Schlafen?

Also, worauf ich hinauswill: Zeit ist so was von relativ, wie kaum etwas Anderes. Es gibt nicht nur eine, es gibt viele Zeiten. Das ist keine ganz frische Erkenntnis. Eine Stunde beim Zahnarzt oder eine Stunde in der Gourmetabteilung des KaDeWe haben sehr unterschiedliche Längen.

Und selbst die Ewigkeit, wie Woody Allen richtig bemerkt hat, ist nicht immer gleich lang. Ich habe mit einem Gefangenen gesprochen, der zu lebenslanger Haft verurteilt war und resümierte, die Zeit sei wie im Flug vergangen. Nun, das möchte ich nicht unbedingt überprüfen.

Was mich allerdings seit Jahren mürbe macht, ist, dass so ziemlich alle anderen um mich herum zu langsam sind. Und mit alle meine ich wirklich: ALLE.

Sie denken und sprechen im Schneckentempo. Wo bitte soll das hinführen? Meine Lebenszeit ist begrenzt, ihre etwa nicht?

Ich weiß nicht, warum der Mensch so lange braucht, um einen Satz zu formulieren. Ich zumindest weiß schon beim ersten Wort, wie er enden wird. Wenn ich eingreifen will, um den Sprechvorgang meines Gegenübers etwas zu beschleunigen, wird mir immer vorgeworfen: «Hetz mich nicht, lass mich doch mal ausreden.» Wozu? Es ist doch schon längst alles klar! Aber nein, es wird eine einzelne These bis zur Unkenntlichkeit wiederholt und überstrapaziert, ich zähle bis tausend, aber noch immer kein Ende in Sicht. Das ist furchtbar und enorm schmerzhaft, jedenfalls für mich.

Beim Denken ist es eigentlich noch grausamer: Stille im ganzen Raum, hier wird gedacht. Hm. Geht gründliches Nachdenken nur langsam und in Ruhe? Was ist mit dem Geistesblitz? Es gibt Länder, da reden und denken alle gleichzeitig, das können die Menschen dort. Sofort heißt es hierzulande, sie würden nicht zuhören. Schon mal was von Multitasking gehört?

Manchmal wirft man mir auch vor, «du bist zu früh für deine Zeit».

Besser als zu spät – möchte ich erwidern. Aber ehrlich gesagt, es ist zum Weinen, und das folgende Thema gar nicht lustig:

Wenn man nämlich zu früh fragt, wo die Touristen essen werden, wenn sie das «Mahnmal für die ermordeten Juden» besuchen, dann geht ein Aufschrei durch die Öffentlichkeit und man bekommt wie aus einem Munde die Antwort: «Essen? Bei einem Mahnmal für die ermordeten Juden?» Sofort ist man der Spielverderber, hat in der heiligen, pathetischen Stimmung etwas sehr Unpassendes gesagt. Jetzt steht bei dem Mahnmal eine 1A funktionierende Fressmeile, und alle schlagen sich den Magen voll, während sie an die Shoah denken. Sag ich doch ...

Oder wenn ich dezent nachfrage, wie denn die «unverzichtbare Gedenk- oder Erinnerungskultur» fortgeführt werden soll, wenn alle Holocaustüberlebenden tot sind?

«Das hat noch Zeit! Schauen wir mal!» Na gut, jetzt ist es so weit; fast alle Überlebenden sind tot, und wieder ist der Aufschrei groß: «Was wird nun mit unserer Pflicht des Gedenkens, mit unserer Erinnerung? Jetzt, wo alle tot sind, wer soll denn da am 9. November noch ordentlich mahnen?» «Vergessen wäre eine Alternative», denke ich ironisch, schweige aber tapfer, denn die Rolle des Rechthabers, wie die des Spielverderbers, ist undankbar.

Ich weiß wirklich nicht, wie ich alle auf Tempo bringen könnte. Selbstverständlich habe ich bereits versucht, langsamer zu werden. Habe mich autosuggestiv beeinflusst, tagelang «Eile mit Weile» als Mantra vor mich hin gesprochen. Habe meditiert. Als ich den Meditationslehrer von 20 auf 17 Minuten heruntergehandelt hatte, war uns beiden klar, es hat keinen Sinn.

Mit der Musik ist es am absurdesten, bei Wagner zum Beispiel. Er verlangt von seinen Zuhörern Überstunden. Er kann sich nicht kurzfassen, seine Werke gehen über viele lange, lange Stunden. Da muss man schon sehr viel Anbetung an den Meister mitbringen, um das auszuhalten. Immer wieder stellt sich ein Sänger ins Portal und schmettert endlose Soli gegen das Orchester. Ich vermute, dass sich auch der glühendste Jünger zwischendurch ein Schläfchen gönnt.

Für mich ist das nichts. Da lob ich mir Rossini, den schnellsten unter den Komponisten. Bei ihm singen viele gleichzeitig, übereinander, gegeneinander, wie bei uns zu Hause, das ist lebensnah und dabei auch noch enorm zeitsparend.

Ich würde nach Andechs pilgern und in Lourdes Kerzen anzünden, wenn ich endlich die Fast-Forward-Taste finden könnte für die Paketausgabe der Post, meine Reinigung, meinen Mann. Wenn alles um mich herum in Bewegung wäre, Gespräche, Gedanken, Gleichzeitigkeit, ein einziger Wirbel – dann käme ich endlich zur Ruhe und könnte mich um die Ewigkeit kümmern.

Harald Martenstein
Wir, die Gehetzten

Es ist Zeitverschwendung, etwas
Mittelmäßiges zu machen.
(Madonna)

Als ich den Satz von Madonna las, war mein erster Gedanke: Blödsinn. Wäre es wirklich schön, wenn unser Leben nur aus Höhepunkten bestünde, aus herausragenden Meisterwerken, die wir schaffen, aus wunderbaren Menschen und berückend schönen Augenblicken? Wir würden die Höhepunkte gar nicht mehr genießen können, weil wir uns zu sehr daran gewöhnt haben. Fast alles wird normal und ein bisschen langweilig, wenn es zum Alltag gehört. Und wer nie etwas Mittelmäßiges macht, immer nur Großartiges, der erlebt nicht das Glück, sich zu steigern, über die eigenen Möglichkeiten hinauszuwachsen.

Fast alle, die ich kenne, singen das Loblied der Muße. Nichts tun, wunderbar. Oder etwas tun, für das man sich viel zu selten Zeit nimmt. Einfach nur ein paar Wochen entspannt herumzuhängen und zu lesen – das ist eine meine Lieblingsphantasien. Radtouren, Wanderungen, Museumsbesuche, Kochen, das sind Tätigkeiten, die ich liebe, aber ich tue das wirklich nur selten. Warum eigentlich? Wer hindert mich?

Es gibt angeblich ein paar objektive Gründe, bei uns allen.

Man muss Geld verdienen. Man möchte vielleicht mehr Geld haben als nur das nötigste, dazu muss man sich reinhängen, und vielleicht will man auch nicht ganz unten stehen in der Berufshierarchie. Vielleicht hat man Kinder, die Zeit mit Kindern ist oft schön, manchmal kann sie auch anstrengend sein. Andere müssen dringend die Wohnung renovieren. Es gibt immer einen Grund, es gibt immer was zu tun.

Ich glaube, das sind Ausflüchte. Wir belügen uns selbst. Nichts hindert uns. Niemand zwingt uns zum Beispiel zur Karriere. Die Kinder können wir, mit etwas Mühe, gewiss, ins Berufsleben integrieren – wir könnten sie erst recht, wenn wir wollten, in ein entspannteres Leben mit Muße und schönem Zeitvertreib integrieren. In Wahrheit haben wir eine Entscheidung getroffen. Wir haben genau das Leben gewählt, das wir führen. Wir, die Gehetzten, die Leute, die nie oder selten das tun, was sie immer mal tun wollten, schielen manchmal sehnsuchtsvoll auf die andere Seite, wir jammern hin und wieder, aber wenn wir ehrlich zu uns sind, müssen wir zugeben: dies ist unser Leben, wir führen es, weil wir es so wollen. Warum? Dafür gibt es sicher mehrere Gründe. Ich nenne den, der mir der wichtigste zu sein scheint.

Die Dinge, die wir tun würden, wenn wir endlich mal Zeit hätten, bringen uns in der Regel keine Anerkennung. Sie befriedigen nicht unseren Ehrgeiz. Diese nutzlosen, schönen Sachen, das Wandern, das Segeln, was auch immer, steigern nicht unser Selbstwertgefühl, nur unser Wohlbefinden.

Im Idealfall tut man beruflich etwas, was man gerne tut. Insofern kann der Beruf durchaus etwas mit Wohlbefinden zu tun haben. Es ist eine Frage der Dosis. Ich bin von Beruf Autor. Schreibe ich gern? Ja. Habe ich das Gefühl, zu viel zu machen?

Ja. Warum tue ich es dann? Nicht in erster Linie wegen des Geldes. Es ist irgendein Kick, den ich brauche und der mich immer wieder an den Schreibtisch treibt – ich will beweisen, dass ich es kann. Ich will Anerkennung.

Der Ehrgeiz frisst die Zeit auf, könnte man meinen. Dabei ist Ehrgeiz nicht schlecht. Eine Gesellschaft, in der es keinen Ehrgeiz gibt, wäre sehr wahrscheinlich ärmer und weniger komfortabel als unsere. Die großen Erfindungen, die Entdeckungen, die großen Kunstwerke, die großen Unternehmen, immer spielte dabei Ehrgeiz eine Rolle. Natürlich ist auch beim Ehrgeiz Übertreibung schlecht. Die Nachtseite des Ehrgeizes lässt den Spitzensportler zum Doping greifen oder den Bankmanager zum Betrug, indem er Bilanzen frisiert – gar nicht mal, um sich zu bereichern, nur, um gut dazustehen. Ehrgeizig sind Männer wie Donald Trump oder Wladimir Putin, aber ehrgeizig waren sicher auch Albert Einstein, Marlene Dietrich oder Nelson Mandela.

Ich kenne Menschen, die weniger Ehrgeiz besitzen als ich, und manchmal beneide ich sie. Sie haben Zeit, sie fahren viel öfter in Urlaub als ich, obwohl ich mehr Geld habe als sie. Sie tun Dinge, die ich auch gern tun würde. Wenn ein verlockender Auftrag kommt, überlegen sie, ob sie dafür ihr gewohntes Leben für einige Monate ändern müssten, wenn dies der Fall ist und sich eine Absage finanziell verkraften lässt, dann sagen sie ab.

Ich muss zugeben, dass es eine Art Sucht ist. In mir ist eine Stimme, die mich antreibt, die mich zu einem relativ erfolgreichen Autor gemacht hat und die ich manchmal hasse. Einerseits hat es mit Angst zu tun. Wenn der Erfolg eines Tages vorbei ist, und dieser Tag wird kommen, er kommt bei fast jedem – was dann? Die Angst ist irrational, ich kann nicht ins Bodenlose stürzen. Egal, was passiert, für die Grundbedürfnisse und ein bisschen mehr wird immer gesorgt sein.

Was treibt einen an? In einem Interview des Magazins der «Süddeutschen» wurde dem Sänger Peter Maffay diese Frage einmal gestellt. Maffay ist vermutlich Multimillionär, seit 45 Jahren produziere er Alben «wie ein Akkordarbeiter», sagte der Interviewer. Er gibt unermüdlich Konzerte, leitet Stiftungen und steht jeden Morgen um acht in seiner Firma, vierzig Angestellte. Er hätte das nicht nötig. Und es bringt auch karrieremäßig nicht mehr viel. Der Höhepunkt seiner Star-Karriere liegt mit ziemlicher Sicherheit hinter ihm. Seine alten Fans werden ihm immer die Treue halten, viele neue werden wohl nicht dazukommen. Maffay erzählte von seiner Kindheit in Rumänien, dem schwierigen Anfang in Deutschland, der Armut, dem Spott, weil er einen seltsamen Akzent hatte und klein war, dem Willen seiner Eltern, dass der Sohn es besser haben soll.

Der Interviewer zitierte den verstorbenen Schriftsteller Walter Kempowski: «Mit fünf Jahren half ich meiner Mutter beim Heissmangeln. Nachdem ich zum dritten Mal losgelassen hatte, schimpfte sie: Deinem Bruder Robert ist das nie passiert. That makes me tick.»

What makes Madonna tick? Ich kann nur darüber spekulieren. Sie ist eines von sechs Kindern, ihr Vater war Automechaniker, ihre Mutter starb, als sie fünf war. Der Vater heiratete die Haushälterin und zeugte mit ihr zwei weitere Kinder. Bei ihrer Firmung, mit neun Jahren, nahm Madonna den Vornamen ihrer Mutter an, Veronica.

Die meisten, die nicht loslassen können, die nie oder selten tun, was sie eigentlich gern tun würden, wollen eine Urkränkung überwinden, einen Verlust, ein Defizit; sie wollen etwas beweisen, ihren Wert, und dieser Hunger nach Wertschätzung sitzt so tief in ihnen, dass er niemals gestillt wird. Ist das Küchenpsychologie? Vielleicht.

Meine Generation ist die Generation, die bald in Rente geht. Jetzt kann man noch ein letztes Mal im Leben Weichen stellen. Endlich können wir tun, was wir immer mal tun wollten, noch reicht die Kraft. Viele von uns werden einfach weitermachen wie bisher. Die meisten haben nicht mehr viel zu gewinnen, vielleicht können sie ihren Status quo eine Weile verteidigen. Ein Autor könnte immerhin noch sein bestes Buch schreiben, vielen gelingt das erst in den späten Jahren. Wäre es nicht sinnvoller, Rad zu fahren, zu wandern, zu lesen? Aber man bleibt, wer man war, die innere Stimme gibt keine Ruhe. Die Zeit, die so knapp geworden ist, ignoriert man, bis eines Tages endlich Ruhe und keine Zeit mehr übrig ist. Es kommt einem wie Zeitverschwendung vor, einfach nur mit sich und dem Leben zufrieden zu sein.

Horst Evers

Da hammse aber hoffentlich ordentlich Zeit mitgebracht

«Au, das kann dauern», sagt die Sprechstundenhilfe beim Hautarzt, als ich ohne Termin vorbeikomme. Ich bin ja dankbar. Dieser Hautarzt ist fast der letzte, der überhaupt noch mal offene Sprechstunden anbietet, die nicht schon mit Terminen vollgestopft sind.

«Da hammse hoffentlich ordentlich Zeit mitgebracht.»

«Na ja, geht so. Wie lange wird es denn ungefähr dauern?»

«Kann man nicht sagen. Kann lange dauern. Kann sich aber auch richtig ziehen. Aber gut, das letzte Mal, dass uns ein Patient im Wartezimmer wegen Altersschwäche weggestorben ist, ist nun auch schon wieder eine Weile her.»

«Bitte?»

«Kleiner Scherz. Höhö. Bei dem, was hier los ist, muss man auch mal einen Spaß machen. So sind wir hier. Wir machen Scherze. Anders hält man das hier ja sonst gar nicht aus. Können Sie glauben. Was hier los ist. Und selbst unsere Scherze sind ja nur mit Humor zu ertragen.»

«Hm, glaub ich wohl. Wo ist denn das Wartezimmer?»

«Na, gleich hier vorne. Der große erste Raum.»

«Der hier? Finden da nicht gerade Untersuchungen statt?»

«Nee, das sind nur andere wartende Patienten, die sich aus

Langeweile schon mal gegenseitig ihre Leberflecken und Hautprobleme zeigen. Hier ist familiär. Sind aber auch einige Angeber dabei. Glauben Sie mal bloß nicht jeden Hautausschlag, den Sie sehen. Andererseits können Sie unseren Stammgästen aber auch ruhig schon mal Ihr Ding zeigen. Da sind Leute bei, die kommen schon seit Jahren sehr, sehr regelmäßig, um sich hier gegenseitig ihre neuesten Hautsensationen zu zeigen. Einige von denen kennen sich mittlerweile richtig gut aus. Die kommen und gehen hier längst, wie sie wollen ...»

Die Sprechstundenhilfe stutzt kurz.

«... also ich nehme zumindest an, dass die zwischendrin auch immer mal wieder nach Hause gehen ... Doch, ich glaube schon. Also ganz genau kann ich das aber nicht sagen, weil einige der Patienten nun auch quasi schon so lange warten, dass wir denen mittlerweile ihren eigenen Schlüssel zum Wartezimmer gegeben haben.»

«Bitte?»

«Höhö, noch ein Scherz. Ich hab doch gesagt, wir machen hier Scherze. Na, in Sachen Humor sind Sie aber nicht so weit vorne dabei, was?»

«Ja, so was höre ich tatsächlich häufiger.»

«Ach, machen Sie sich keine Gedanken. Sollense sehen, nach ein paar Stunden hier lachen Sie sicher auch über unsere Scherze. Macht jeder. Schon aus Notwehr.»

Ich setze mich ins Wartezimmer. Mit Ausnahme der sich offenkundig heimisch fühlenden Gruppe, in der sie ihre Hautausschläge vergleichen, wirkt es eigentlich doch alles in allem normal. Was allerdings tatsächlich auf eine häufig längere Wartezeit hindeutet, ist neben den Zeitschriften der wirklich große Stapel an Speisekarten von Pizzabringediensten.

Wie lange müssen da Leute gewartet haben? Also wie hungrig muss einer sein, um sich hier, umgeben von riesigen Bildern an der Wand mit gewaltigen, sehr farbigen Hautausschlägen, Ekzemen und Melanomen, eine Pizza zu bestellen und sie zu essen? Ein paar von den Bringediensten haben Fotos von ihren Speisen in den Karten. Vergleiche sie mit den Bildern der Hautausschläge. Das hätte ich nicht tun sollen. Die Ähnlichkeit. Durchaus frappierend. Sogar erschütternd. Es wird lange dauern, bis ich das nächste Mal ohne doofe Bilder im Kopf eine Pizza essen kann. Lasagne womöglich nie wieder.

Ich habe einen Freund, der bestellt sich gerne mal warmes Essen, um damit quasi gegen zu lange Wartezeiten zu protestieren. Er hat sich schon in Behördenwarteräumen, Supermarktkassenschlangen oder vor Postschaltern Pizzas bestellt. Mehr noch, einmal war ich dabei, wie er sich in einem recht schicken Restaurant, während wir ewig auf das Essen warteten, zur Überbrückung Spaghetti Carbonara liefern ließ. Der Höhepunkt war aber, als er, der selbst auch Bühnenkünstler ist, sich während eines wirklich endlosen Solos eines Kollegen auf offener Bühne eine Pizza bestellte. Die beiden haben seitdem ein schwieriges Verhältnis.

Mit dem Lesen der Speisekarten vergeht die erste Stunde der Wartezeit wie im Flug. Dann überlege ich, was ich jetzt noch Sinnvolles machen könnte. Da das Handy nur drei Prozent Akku übrig hat, komme ich zu dem überraschenden Schluss: nichts. Spüre eine enorme Erleichterung und Freude. Hätte ich einen Termin, womöglich sogar einen online ausgemachten, müsste ich ja auch warten. Nur dass dabei das sonstige Leben natürlich ganz normal weiterlaufen würde. Ich würde tausend Sachen erledigen. Wie immer. Würde praktisch wahrscheinlich nicht mal bemerken, dass ich warte, und trotzdem das Gefühl haben, ich komme nicht voran. Würde denken: «Ich mache was falsch. Ganz sicher mache ich was falsch, denn wenn ich alles richtig machen würde, würde ich ja nicht denken, dass ich was falsch mache, das wäre ja dann nicht richtig.» Was man halt so denkt. Oder anderes unsinniges Zeug wie: «Ich verschlafe meinen freien Tag.» Wenn man verschläft, kann der Tag ja gar nicht wirklich frei gewesen sein. Kürzlich habe ich mich in den Ferien tatsächlich bei dem Gedanken ertappt: «Um Gottes willen, ich erhole mich nicht genug. Dieser Grad an Erholung reicht keinesfalls für die anstehenden Aufgaben. Ich muss mich mehr anstrengen, härter an meiner Erholung arbeiten.» Wer kennt das nicht?

Jetzt jedoch fühlt sich alles richtig an. Ich warte. Ausschließlich und aus gutem Grund. Mehr Quality-Freizeit geht praktisch gar nicht. Wenn demnächst alles perfekt funktioniert mit den vorher im Netz gebuchten Terminen allüberall und die ganze sinnlose Wartezeit wegfällt, wird mir wahrscheinlich was fehlen. Ich fürchte, gerade das Sinnlose am Warten habe ich eigentlich immer sehr gemocht. Denn erst durch das Sinnlose fangen wir doch überhaupt an, über den Sinn nachzudenken. Also ich zumindest. So wie jetzt.

Ein paar Tage später reißt mich die Frau vom Empfang aus meinen Gedanken und behauptet, ich sei jetzt dran. War dann auch so, wie ich kurze Zeit später im Behandlungszimmer feststelle.

«Was liegt an?», fragt der Hautarzt.

«Na, ich habe da so eine neue dunkle Stelle, in der Achselhöhle quasi.»

«Eine neue dunkle Stelle?»

«Ja, hier, das ist sie. Denken Sie, man sollte da was machen?»

Er schaut.

«Allerdings.»

Runzelt die Stirn, sagt:

«Waschen! Würde ich vorschlagen.»

«Sie meinen, das ist nur Dreck?»

«Nee, das ist schon ein neuer Leberfleck, aber harmlos. Was man über den Geruch unter Ihren Achseln nicht sagen kann.»

«Na ja, ich saß jetzt 'ne Weile im Wartezimmer.»

«Ich weiß, wir überlegen deshalb auch schon, demnächst möblierte Zimmer mit kleinem Bad in unserem Wartebereich anzubieten, Bed and Breakfast.»

«Echt?»

«Ja, Wartezimmertourismus. Das ist der nächste ganz große Markt.»

«Hm. Dann wäre auch ein Restaurant schön.»

«Nee, das mit den Pizzaservicen ist super. Das ernährt unsere Mitarbeiter.»

«Bitte?»

«Ist Ihnen das nicht aufgefallen? Immer wenn was geliefert wird, worauf unsere Mitarbeiter große Lust haben, kommt der Patient praktisch genau in dem Moment dran. Er weiß dann nicht, wohin so plötzlich mit der Pizza, und schenkt sie in den meisten Fällen einfach unseren Sprechstundenhilfen. Davon ernähren die sich. Kleiner Tipp: Wenn Sie das nächste Mal hier ganz schnell drankommen wollen, bestellen Sie sich einfach beim guten Italiener nebenan Saltimbocca. Dann geht das ratzfatz!»

«Im Ernst?»

«Natürlich. Oder denken Sie etwa, wir machen hier Scherze?»

Wartezimmertourismus. Was für ein schönes, erholsames Ferienziel. Ich wäre dabei.

Jochen Distelmeyer
2016

21. Dezember

Heute letzte Besorgungen für Weihnachten. Kopfhörer für J. Noch Kleinigkeiten für C. und S. Am Alex bei Deiki vorbei und kurz geschnackt. Schlechte Geschäfte wohl auch wegen Breitscheidplatz. Überlegt, dieses Jahr früher abzubauen. Auf dem Rückweg dann Baum gekauft. Zu Hause Anruf von TB mit Anfrage wg. Text für radioeins-Anthologie. Beitrag zum 20. Jubiläum zum Thema «Zeit». Klang gut. Jahresrückblick? Hab mir Bedenkzeit ausgebeten. Deadline Ende Januar.

22. Dezember

Abends Besuch von Henning. Beim Musikhören – Young Thug, Bonnie Ryatt, Robin Pecknolds *Fox Song*, Little Jimmy Scott – noch mal über die Verstorbenen des Jahres gesprochen. Wie eine Epidemie. Aussterben des seelisch-(pop)musisch-dichterischen Knowhows des 20. Jahrhunderts. Bowie, Prince, Alan Vega, Claus Ogermann, Prince Buster, George Martin, Leon Russell, Ali, Cohen. U. s. v. a. Als würden die Herzen schlappmachen, nicht mehr dagegen ankommen, angesichts des Wahnsinns draußen. Wie Cohen sagt: Dear

Friends, there are very few of us left ... Auch Dylan-Nobelpreis, nicht nur Jahrzehnte verspätete Bankrotterklärung der literarischen Welterkenntnis, sondern eben auch wie ein Grabstein. Darum sein uncooles Rumdrucksen, nicht ran- und hingehen wollen. Natürlich ist er größer als der Preis. Trotzdem lame. Warum nicht absagen? Stattdessen Patti Smith vorschicken. Als Opferlamm. Folgerichtig ihr Hänger bei «I saw the babe that was just bleeding». Einer Zeile, die es gar nicht gibt im Song. Nur das «new born baby with wild wolves around it» am Anfang der Strophe. Freud'sche Fehlleistung als Richtigstellung. Versuch, sich einzuschreiben in den (Quell-)Text der Vaterfigur. Gleichzeitig Widerstand gegen das Ritual. Gebrochen vom wohlmeinenden Applaus des Komitees. Mit den Wölfen heulen. Später noch mal kurz gestockt und dann die Kurve gekriegt bei «... nobody was listening». Wahrheit der Toten.

23. Dezember

Letzte Vorbereitungen für morgen und allerletzte Besorgungen auf dem Markt. Jetzt doch Ente statt Gans. Kein Grünkohl. Baum steht. C. und J. wollen morgen schmücken. Chill your life! Geht klar. Freu mich. Nachmittags Lemon Twigs im Radio gehört! Albumsound sucks. Falsche Vintageproduktion. Nichts im Vergleich zu Liveclips auf YouTube. *These Words* (Live on 89.3 The Current) und *Haroomata* (Live at the Echo). Immer noch großer Spaß und Freude. Sieht aus wie Retro, klingt wie Retro, ist aber kein Retro. Noch mal über Facebook-Post mit YouTube-Link nachgedacht: Future of Rock 'n' Roll, somebody? #Lichtblick2016. Dann doch nicht. Zu spät.

25. Dezember

George Michael gestorben. Herzversagen! *Last Christmas*. Bin ich zu erschöpft zum Traurigsein? Oder zu weit weg? Trotzdem Schock. Was für ein Jahr! Morgen nach Bielefeld. Vielleicht Treffen mit Markus. Ist schon seit letzter Woche da. Hab das erste Mal bei ihm Wham! auf BFBS gehört. Und nicht gemocht. Erst später. *Careless Whispers*. *Praying for time*. *Jesus to a child*. Ach, ach und ach. Doch traurig. Schöne Seele.

28. Dezember

Heute länger mit Markus telefoniert, nachdem Treffen in Bi nicht klappte, weil entweder er oder ich mit Familie unterwegs. Komisch, man ist in derselben Stadt und kommt trotzdem nicht zusammen. Man lebt eben nicht nur in anderen Welten, sondern auch in anderen Zeiten. Erzählte von Kinobesuch mit Alex vor Weihnachten. Toni Erdmann. Hatten gelesen, wie witzig, anrührend und tiefgründig der Film sei. War wohl eher das Gegenteil. Aber wieso dann Cannes und Europäischer Filmpreis in Polen? Seine These: Europa lacht ein letztes Mal über die hässlichen Deutschen. Notwehr der Abgehängten. Ob ich *Dirty Grandpa* schon gesehen hätte? Wen? «*Dirty Grandpa*!! Der wichtigste Film 2016.» Nein, nie gehört. Mit De Niro und Zac Efron. Zac Efron?! Ja, natürlich! Der mit Abstand lustigste und eleganteste Film des letzten Jahres. So geht Erdmann. Sehr stumpf, aber schlau. Musst du sehen! Na dann.

Über die Feiertage TBs Anfrage ganz vergessen und nicht drüber nachgedacht. Ob Text und wie? Muss mich mal melden.

29. Dezember

Silvester bei Bert und Rike steht. Wird wohl eher kleine Runde mit Kids. Fine mit mir! Muss Andrea und Ronald noch absagen! Baguettes und Berliner vorbestellen (morgen reicht) und Getränke besorgen. Würde gern auf Ballerei verzichten wg. letztem Jahr: Raketenquerschläger und brennende Nachbarwohnung später. Ganz vergessen! Schon so lange her? Kommt mir jetzt wie gestern vor. Aber J. ist schon voll bei der Sache und drängt auf Einkauf. Vielleicht lauf ich mit Helm auf?!

30. Dezember

«Otis» – Flashbacks wg. Darts-WM. Unerwarteter Taylor – Durchmarsch. Heute gegen Barney. Der Postbote. Trotzdem nicht interessiert. Mag Van Gerwen nicht. Soll aber nett sein. «Männer der Tat, die sich in ihr Schicksal gefügt und das Trauma ihrer Entwaffnung spielerisch hinter sich gelassen hatten. Im letzten Refugium wahrer Männlichkeit. Der Kneipe.» Nichts für Trump und seine Brüder im Geiste. Putin Erdogan. Pres. Elect wie Nero. Oder Caligula? Narzisstisch-perverser Borderliner. Geschichte als Farce? Schön wär's.

2. Januar

Noch keine Idee / Zugang für Zeit-Text. Vielleicht naturzyklische Zeitwahrnehmung (Sonnenauf- / -untergang, Jahreszeitenwechsel, Geburt und Tod, aufgehoben sein im «Ewigen Kreislauf des Lebens»), Orientierung in und durch Zeit vs. Gefühl linear voranschreitender Zeit ab Erfindung mechanischer Uhren. Zeitenwende des Mittelalters. Taktung der Zeit. Kirchtürme wie Stechuhren. Zeit wird Geld. Planbarkeit der

Zukunft und geregelte Arbeitszeiten als Bannungsversuche der Kontingenz. Messbarkeit der Zeit in immer kleineren, präziseren Einheiten als Beschleuniger. Zeit rast. Aus der Zeit fallen. Keine Zeit mehr.

3. Januar

Anspruch und Wunsch des Menschen, das eigene Leben planen, beherrschen und gegen alles Unvorhersehbare regeln zu können, galt in der Antike als Hybris gegen die Götter. Heldensagen und Mythen sind voll davon, wie die «Vermessenheit» der Menschen von den Göttern bestraft und schicksalhaft zum Scheitern verurteilt wird. Warum?

5. Januar

Draußen alles weiß! Der erste Schnee! Fällt und fällt. Schönster Anblick. Gleich raus.

6. Januar

Schicksal ist ein Konzept, in dem das körperlich-organisch-triebhafte Gebundensein des Menschen in die natürliche Ordnung durch psycho-dynamisch-libidinöse Faktoren (Götter?) zu denken versucht wird. Unsere naturgegebene Körperlichkeit und ihre lebenszeitliche Entwicklung (Seele?), die sich allen Berechenbarkeiten widersetzt, ihnen quasi einen Strich durch die Rechnung macht. Schicksal sagt: Nicht unsere Planung, Berechnungen oder Timemanagement, sondern wer wir (warum auch immer) in der Zeit sind, entscheidet über den weiteren Verlauf unserer Existenz. «Strafe der Götter» (Triebkräfte, Affektlagen, Psychosomatik) für die Anmaßung falscher Selbstbilder, durch die wir vergessen haben, wer wir sind, was wir brauchen und wirklich wollen. Emotionale Unmündigkeit der Spätmoderne. Darum kein politisches Bekenntnis zum Klassenkampf. Stattdessen der Klassiker: Die soziale Frage treibt nationale Blüten. (sic)

7. Januar

Dirty Grandpa gesehen. Sehr witzig!
Wertung bei Rotten Tomatoes: Schlechtester Film aller Zeiten.

8. Januar

Das binäre Schwarz-Weiß-Denken der digitalen On/Off-Internetkultur mit seinen trügerischen Verheißungen von Freiheit und Transparenz als Versuch, die vitalen Kräfte, Energien, Emotionen des Begehrens durch Algorithmen und erhöhte Rechenleistung in den Griff zu kriegen. Aus Angst vor dem Unberechenbaren der Gefühle wird mittels immer engmaschigerer Rasterungen versucht, das «nicht festgestellte Tier» durch für uns vorgesehene, vorprogrammierte Optionen, Links, Angebote (Shopping-, Datingportale etc.) zu domestizieren. Bis sie keine Macht mehr über uns haben. Vaterkomplex des Sillykon Valley. Dabei wird das Nichtfassbare, Scheinunsichtbare des Netzes selbst in den Rang des Schicksalhaften, Unabwendbaren erhoben und von den Zauberlehrlingen und Götterboten des Digitalen hilflos bestaunt. Etwas, dem wir nicht mehr entrinnen können. Geister, die wir riefen. Dem über uns in den Clouds verhängten Schicksal 2.0 entspricht das Starren in Smartphones wie in Hadeseingänge.

PS: «Burning man» sieht aus wie *Mad Max*. Da soll es hingehen? Da wird es hingehen. All the (Scifi-)Clichés are true ... Soylent Green ist Menschenfleisch – aus artgerechter Haltung.

10. Januar

Das im digitalen Kapitalismus unter Verschluss gehaltene Begehren findet sein Ventil in den ins impulsiv-rächerische gekippten Affektentladungen der Troll-, Hater- und Stalking-Kultur des Netzes und seiner medialen Zulieferer in den Redaktionen und Talkshows. Der Hass der identitären Meuten (Trump, AfD, Isis) nichts anderes als verschobener Selbsthass. Trial and Error der emergenten Ordnungsversuche der sozialen Medien.

11. Januar

Anstelle des Glücks, das noch gegen die Zahl stand, sich nicht berechnen oder vorhersagen lässt, ist der Erfolg getreten, der ganz in der Zahl aufgeht. Messbar in Gewinnermittlungen, Klickraten und Likes. Durchwinken und Erfolg belanglosester Kulturprodukte wie Schweigegeld. Das Nichtssagende wird honoriert.

13. Januar

Gestern bei David und Sandra zum Essen. Im Gespräch mit angenehm urteilskräftigem N. seit Jahrzehnten zum ersten Mal den Namen «Lords of the New Church» wieder gehört. Sofort Bandnamen wie «Peter and the Test Tube Babies», «Pille Palle und die Ötterpötter», «Carter the Unstoppable Sexmachine», «Godspeed You! Black Emperor», «Zodiac Mindwarp» und den Begriff «Grebo» lauthals erinnert. Zeitreise in eine vergessene Welt.

15. Januar

Angesichts der Tatsache, dass ausgerechnet Wladimir Putin, der doch längst aus dem Game war, der größte, wenn nicht einzige Profiteur der derzeitigen Lage (Ukraine, «Flüchtlingskrise», Spaltung Europas, Türkei, Syrien, Brexit, Trump in USA) ist, stellt sich langsam folgende Frage: Merkel, Schläfer des KGB / FSB?

17. Januar

Zeit wird immer dann wichtig, wenn man sie nicht hat.

18. Januar

Muss TB Zeit-Text doch absagen. Unangenehm, aber nicht anders zu machen. Mir fällt einfach nichts dazu ein.

2.
Der Moment, der alles ändert – von (Neu)anfängen

«Die Jugend wäre eine schönere Zeit, wenn sie erst später im Leben käme.»

(Charlie Chaplin)

Dirk Stermann
Babys und Zombies

Fünfzig ist das neue vierzig, sagt man, aber tatsächlich ist fünfzig das verkackte, alte fünfzig. Sind wir doch ehrlich mit uns. Ein befreundeter Popmusiker, der in London lebt, sagte einmal resignativ: «Es gibt immer wieder neue, jüngere mit engeren Hosen!» Ich selbst habe einen kleinen Sohn, den ich jeden Morgen mit dem Kinderwagen durch den Bezirk schiebe. Immer wieder muss ich an den Satz eines ebenfalls befreundeten Kabarettisten denken: «Der Vorteil beim Kinderwagen für ältere Väter ist, dass sie ihn gleichzeitig als Rollator verwenden können.»

Lange fand ich mich für mich selbst zu jung. ‹Ein Greis im Knabenkörper› wäre übertrieben formuliert, aber mit Ende dreißig war die Schnittmenge zwischen mir und meinem Alter am größten. Da ich noch nie Jugendkult betrieben habe, obwohl ich lange bei einem Jugendkultradio gearbeitet habe, schien mir das Altern eigentlich ganz passabel. Bis ich in einem Hamburger Hotel am Nebentisch eines österreichischen Paares um die siebzig saß. Leider musste ich ihnen zuhören, meine scheiß-fünfzigjährigen Ohren sind noch zu gut. Keine Gnade der Schwerhörigkeit. Ich vermute, dass sie aus Niederösterreich kamen. Sie hatten irgendwie etwas bauernbündlerisches an sich, eine ländliche Arroganz, gespeist aus Stadtverachtung und Christentum. Ich gebe ihren Dialog jetzt einmal wieder:

Er: «Da gibt's nur Buffet. Oder man geht ins Restaurant, da kann man sich was bestellen, was nicht am Buffet ist.»
Sie: «Aha.»
Er: «Am Buffet gibt's nur das, was am Buffet liegt. Da kann man dann nicht was anderes bestellen.»
Sie: «Ja, da muss man das nehmen, was am Buffet liegt.»
Er: «Was?»
Sie: «Da muss man das nehmen, was am Buffet liegt.»
Er nickte und schaute nachdenklich.
Er: «Weil sonst müsste man ja à la carte bestellen.»
Sie: «Ja, die können ja nicht alles aufs Buffet legen, was sie haben.»
Er nickte nachdenklich. Sie auch.
Er: «Ich nehm mir im Restaurant ja immer das, was ich am liebsten mag.»
Sie: «Aha.»

Aha? Das war alles, was ihr zu einer derart törichten Feststellung einfiel? Mein Gott, wie resignativ musste sie nach fünfzig Jahren Ehe sein. Warum war sie nicht aufgesprungen und hatte ihn gepackt und geschüttelt? Und gebrüllt: «Ja, natürlich nimmst du dir Sachen, die du magst! Wenn du eine Fischallergie hast, wirst du dir ja wohl keinen Lachs vom Buffet holen, du Vollhonk!»

Stattdessen nur ein «Aha». Wenn man nur noch solche Gespräche führt, sollte man sich dann nicht besser aus Protest gegen sich selbst den Mund zunähen? Vielleicht aber hat das gar nichts mit dem Alter zu tun, sondern mit mangelnder Beschäftigung des Gehirns. Wenn man dem armen kleinen Organ keine Impulse setzt, wird es verkümmern, so wie das Herz vieler Rechtspopulisten. Gehirnmasse statt Gehirnklasse.

Mein Großvater wurde zweiundneunzig und war bis kurz vor seinem Tod sehr fit. Er sorgte für sich selbst und spielte Karten, selbstverständlich um Geld. Weil er sehr gut spielte, besserte er sich so die Pension auf. Wenige Tage vor seinem Tod besuchte ich ihn im Spital und fragte ihn nach seinem Geheimnis. «Opa, wie hast du das gemacht, so fit zu bleiben?»

Er dachte lange nach, und als er antwortete, erwartete ich eine sehr philosophische Antwort. Er aber sagte: «Sudoku. Sudoku und Kreuzworträtsel.»

Ich werde also die nächsten zweiundvierzig Jahre viele Sudokus lösen, um fit zu bleiben. Weil Sudokus aber zum Langweiligsten gehören, was ich mir vorstellen kann, werde ich den Rest meines Lebens sehr trostlos verbringen und sinnlose Gespräche über Buffets führen und Sätze sagen wie: «Ich bestelle mir ja in Restaurants immer das, was ich am liebsten essen würde.»

An dem anderen Nebentisch des Hamburger Hotelrestaurants saß eine junge Mutter mit ihrer fünfjährigen Tochter. Sie waren schon dabei, zu bezahlen.

«Komm, beeil dich», sagte die schöne Mutter. «Ich will noch zum Yoga!»

«Das kann man sich auch bei YouTube angucken», antwortete die Kleine. So ein guter Rat. Ich werde jetzt erst einmal damit beginnen, mir auf YouTube alte Männer beim Sudokulösen anzusehen. Ich vermute: null Klicks?

Stellen alte Männer sich selbst sudokulösend ins Netz? Die Glatze auf die leeren Kästchen gesenkt, dazwischen ein kurzer, kaputter Blick in die Kamera. Seht her, wieder eine Reihe gelöst. Auf die Art erreiche ich das nächste Millennium.

Mein Großvater hätte sich nicht ins Netz gestellt. Er hat ein Leben ohne Netz geführt. Das klingt aufregend. Das Glück ist keine schnellere Internetverbindung, sondern gar keine.

Sich einen eigenen YouTube-Channel gründen und die Welt dabei zuschauen lassen, wie man altert. So etwas wie Old Brother. Vor sich hin sprödernde Zehennägel, eine Verbüschelung der Gehörgänge, Zellteilung erkennt man nur noch am Wachstum der Ohren. Dazwischen Sudoku. Im Hintergrund eine Pinnwand mit Todesanzeigen. Wer schon gegangen ist. In Bilderrahmen Fotos der rumänischen Pflegerinnen. Manchmal bleckt man die fleckigen Zähne und zeigt stolz Salamireste in den Zwischenräumen. Weil die Rumänin daheim schlachtet und wurstet und Würste mitbringt zum alten Sudokumann.

Der alte Sudokumann.

Mein Großvater ging zweimal die Woche schwimmen und fuhr bis 91 selber Auto, trotz massiver Gleichgewichtsstörungen. Erst als er zufällig vor dem Kindergarten eines seiner Urenkel in ein parkendes Auto krachte, gab er seinen Führerschein ab. Wenn ein deutscher Mann dieser Generation den Führerschein abgibt, heißt das, er will nicht mehr. Er schließt mit dem Leben ab. So war es bei meinem Ruhrgebietsgroßvater auch.

Er gab den Führerschein ab und seinen Widerstand auf. Die Familie hatte ihn schon lange zu einem Heimplatz überreden wollen. Trotzig hatte er das verweigert, bis zum Unfall. Er schenkte mir sein Auto, packte und zog ins Heim. Nach zwei Stunden im Heim setzte sein Herz aus. Er wurde ins Krankenhaus eingeliefert, wo er nach wenigen Tagen starb. Das immerhin hatte er geschafft: keine Nacht im Heim zu verbringen. Seine Ärztin hieß Frau Dr. Zeit. Die Zeit heilt alle Wunden, heißt es, aber keinen schweren Herzinfarkt.

Ich überführte das Auto mit Duisburger Kennzeichen nach Wien. Im Handschuhfach lagen ein Sudokuheft und eine noch feuchte Badehaube.

Das Wageninnere roch nach altem Mann.

Jetzt saß ich hier. Der Geruch mischte sich mit meinem, dem eines fünfzigjährigen Mannes. Der Wunderbaum am Rückspiegel änderte daran nichts. Den hätte der Pfarrer bei der Beerdigung meines Großvaters besser brauchen können. Der Mann roch aus dem Hals, als hätte ihm der Satan in den Mund geschissen. Man hätte ihm den Wunderbaum ans Zäpfchen hängen sollen.

Ich fuhr die gleiche Strecke wie vor dreißig Jahren, als ich ins Urlaubsparadies meiner Großeltern zog. Damals lebte meine Großmutter noch. Sie hatte sich den Kropf am Hals aus kosmetischen Gründen operieren lassen wollen. Nach der Routineuntersuchung vor der Operation sagte der Arzt zu ihr, dass sich ein kosmetischer Eingriff bei ihr nicht mehr lohnen würde, weil sie Lungenkrebs habe. So erfuhr sie, dass sie bald sterben würde. Mit Kropf.

Sie war schon mit vierzig Großmutter geworden. Deshalb hatten wir sie ‹Ma› nennen müssen. ‹Oma› fand sie absurd.

Und ich war fünfzig und saß im Wagen von Ma und Pa. Beide waren im selben Krankenhaus gestorben, dem, in dem ich auf die Welt gekommen bin.

Köln, Frankfurt, Würzburg, Passau, Wels, Linz, Wien. Als ich 1987 diese Strecke fuhr, stand noch die Mauer. Helmut Kohl,

Telefonzellen, Bonn, die Möglichkeit, Telegramme zu verschicken. Und Wien war damals noch die Sackgasse des Westens. Ostblockisch. Von der Welt vergessen. Sich selbst genug.

Der Wienerwald im Winter. Entlaubt, man ahnte die frierenden Zecken. An der Westeinfahrt von Wien, kurz vor dem Schloss Schönbrunn, bog ich rechts ab. Hier würde mein Sohn auf die Welt kommen. Kurz nach der Beerdigung meines Großvaters. Und ich, ein fünfzigjähriger Vater. Zehn Jahre älter, als meine Großmutter bei meiner Geburt gewesen war.

«Hätte man doch gut überkleben können, die gschissene Schrift», sagte ein paar Tage später die alte Frau im Bademantel, die im kalten Regen vor dem St. Josef Spital der Salvatorianerinnen stand und rauchte. Sie war kreidebleich, der Tod schien ihr von innen an die eingefallenen Wangen zu klopfen.

Ihre kreidebleiche Nachbarin nickte und steckte sich noch eine Damenzigarette an. Sie zog so heftig an ihrer Zigarette, dass ich den alten Begriff «Tabaksaufen» verstand. Als söffe sie ihre Zigarette leer.

Beide blickten missmutig auf die drei Bestattungswagen, die vor dem Spitalsausgang neben dem Aschenbecher parkten. www.bestattungwien.at stand auf den langgezogenen, dunkelgrauen Autos.

In Wien, wo der Tod zelebriert wird, gibt es ein Bestattungsmuseum. Dort habe ich einmal eine Führung mitgemacht. Darum weiß ich, dass beim Verbrennen einer Leiche das Gewicht der Asche exakt dem Gewicht entspricht, das man bei der Geburt hatte.

Wenn man am Ende wieder ganz genauso viel wiegt wie am Anfang, verliert alles dazwischen irgendwie an Gewicht.

«Weiß gar net, ob es sich noch lohnt, wieder hineinzugehen», sagte die Tabaksäuferin.

«Na ja, jetzt malen Sie mal nicht so schwarz», versuchte ich Optimismus zu verbreiten.

Sie sahen mich an, als wäre ich ihr Tumor.

«Gehn S' scheißen, wer hat Sie denn gefragt», sagte die andere.

Das St. Josef Spital ist ein kleines Krankenhaus. Hier werden vor allem Kinder geboren. Es ist bekannt dafür, nicht zu vorschnell bei Kaiserschnitten zu sein, auch wenn das Kaiserschloss ganz nahe ist. Höchstschwangere und Wochenbettnerinnen sind hier in der überwiegenden Mehrheit, dazwischen ein paar wenige, die dem Tod nicht so richtig von der Schippe springen. Wie die beiden Rauchenden.

«Des is a Zumutung mit die Holzpyjamaautos», sagte die Tabaksäuferin.

Die beiden dämpften ihre schmalen Zigaretten aus und gingen gekrümmt durch den Regen ins Spital zurück.

Männer mit Babys in Maxi Cosis kamen ihnen aus dem Ausgang entgegen.

«The circle of life», sagte ein Perser neben mir. «Babys and Zombies.»

Er hatte auch eine Gesichtshaut, als wäre sie aus ausgedörrtem, brüchigem Pergament. Neben ihm stand ein Ziehkoffer. Er schien mir weit über siebzig zu sein. Ich vermutete eine anstehende Operation.

«Alles Gute», sagte ich.

«Danke», antwortete er. «Ein Wunder, so spät noch mal Vater zu werden.»

«Meinen Sie mich?», fragte ich.

«Nein, mich. Meine Frau hat gestern entbunden. Ich bringe ihr Blumen und dem Kleinen eine Haube, die schon mein Vater als Baby in Isfahan trug. Schauen Sie.»

Er öffnete den Koffer und holte eine mit Rosen bestickte Babyhaube heraus.

«Die ist wunderschön», sagte ich. «Gratuliere.»

«Danke», sagte er. «Ich bin 78. Wie mein Vater. Er war bei meiner Geburt auch schon fast 80.»

«Das heißt, der Großvater Ihres Sohnes wurde vor fast 160 Jahren geboren?»

«Ja, mein Vater wurde 1858 geboren. Wenn wir das in meiner Familie so beibehalten, wird mein Enkel wahrscheinlich erst im 22. Jahrhundert auf die Welt kommen.»

Wir verabschiedeten uns, und ich ging in die Tiefgarage des Spitals zu meinem Auto, das eigentlich meinem Großvater gehörte. Es war dunkel. Ich schaltete das Licht ein. Ein Dutzend Nonnen huschte aufgeschreckt an mir vorbei. Sie hatten dort im Dunkeln zwischen den Autos gehockt. Ich habe dafür keine Erklärung.

«Grüß Gott», rief ich ihnen nach.

Eine blickte sich entgeistert nach mir um, blieb aber nicht stehen. Ich stieg in mein Auto und fuhr aus dem Parkhaus. Links von mir sah ich die drei Bestattungswagen im Dämmerlicht. Langsam rollte einer von ihnen vom Spitalsgelände. Ich konnte nicht sehen, ob er befüllt war oder nicht.

An der ersten Ampel zückte ich mein Handy und sah mir ein Foto meines neugeborenen Sohnes an.

Diane Arapovic
Disco in Duisburg

Glauben Sie an das Schicksal, den perfekten Moment, vielleicht sogar an Liebe auf den ersten Blick? Wenn Sie schon immer das Gefühl hatten, ab und zu würfelt der Kosmos – oder wer auch immer da oben schaltet und waltet – und entscheidet über Zeit, Ort und die richtigen Protagonisten, sodass das Schicksal seinen Lauf nimmt, dann wird diese Geschichte Ihre Annahmen bestätigen. Sind Sie hingegen eher der rationale Typ und glauben, der glückliche Zufall tritt nicht willkürlich ein, sondern ist das Ergebnis vorausschauender Planung und richtiger Entscheidungen, dann lesen Sie bitte trotzdem weiter. Am Ende können Sie selbst entscheiden, ob es so etwas wie Schicksal gibt. Aber eines kann ich Ihnen versprechen, diese Geschichte ist wahr, sie ist tatsächlich so passiert.

Die 26-jährige Nonita, eine Krankenschwester von den Philippinen, beschäftigen solche Dinge wie das Schicksal allerdings noch nicht, als sie im Herbst 1975 den heißesten Schuppen des Ruhrpotts betritt: die Diskothek «Display». Nichtsahnend ist auch der gleichaltrige Slavko, ein Student aus dem ehemaligen Jugoslawien, als er die braune Strickjacke vom Haken nimmt, um sich am selben Abend mit seinem neuen Arbeitskollegen auf ein paar Bier zu treffen. Beide ahnen nicht, dass sich in wenigen Stunden ihr bisheriges Leben komplett ändern wird.

Laut einer Statistik lernen mehr als ein Viertel der Deutschen ihren zukünftigen Ehepartner im eigenen Bekanntschafts- und Freundeskreis kennen. Und 16 Prozent treffen ihre / n Zukünftige / n tatsächlich beim Ausgehen. Aber gilt diese Statistik auch für Paare, die aufgrund ihrer jeweiligen Biographie und Herkunft unterschiedlicher nicht sein könnten? Vor allem, wenn die Heimatländer für die Ohren des jeweils anderen extrem exotisch klingen, wie Philippinen und Jugoslawien? Und wenn man bedenkt, dass Fernreisen vor mehr als 40 Jahren noch nicht so einfach und populär waren wie heute. Wie hoch ist die Wahrscheinlichkeit, dass genau zwei solche Menschen an einem Abend im Duisburg der 1970er zusammentreffen und sich verlieben?

Nonita hat zu diesem Zeitpunkt ganz andere Sorgen, als den Mann ihres Lebens kennenzulernen. Sie lebt seit dreieinhalb Jahren in Deutschland. Vor ein paar Wochen erst ist die Filipina von Essen nach Duisburg gezogen. Im neuen Krankenhaus sind die Kollegen freundlicher zu den asiatischen Krankenschwestern. Sie werden dort mit ihren richtigen Namen angesprochen und nicht, wie es im alten Krankenhaus hin und wieder passierte, mit Schwester «Fuji» oder «Lotusblüte». Außerdem werden sie hier nicht öfter als die anderen Schwestern zum Bettpfannenleeren oder Saubermachen eingeteilt.

Zu Beginn der 1970er Jahre herrscht in Westdeutschland ein eklatanter Mangel an Pflegepersonal, vor allem in den Krankenhäusern im Ruhrgebiet. Die Lösung: südostasiatische Schwestern, die mit dreijährigen Arbeitsverträgen nach Deutschland gelockt werden. Nonita wohnt, wie die meisten anderen ledigen Schwestern, im Wohnheim; das Geld reicht, um am Wochenende auszugehen, und auch, um ihre Familie auf den Philippinen finanziell zu unterstützen. Nonita hat einen Plan: Deutschland ist nur eine Zwischenstation, noch zwei Jahre, dann will sie in die USA oder nach Kanada auswandern. Ganz schön ambitioniert für das fünfte von insgesamt zehn Kindern eines Kokosnussbauern aus einem kleinen Dorf auf der philippinischen Hauptinsel Luzon. Ein schönes Stückchen Erde: Palmen, lange weiße Strände, nahezu paradiesisch – aber mit wenig Möglichkeiten. Doch Nonita hat Glück, eine ihrer Tanten ist Lehrerin und unverheiratet. Sie unterstützt die Kinder ihres Bruders und finanziert deren Schulbildung. Für Nonita reicht es sogar für das Krankenschwestern-College in der weit entfernten Hauptstadt Manila.

Dreieinhalb Jahre später sitzt sie also da, in der Diskothek «Display» in Duisburg. Nonita ist nicht allein, neben Victoria, ihrer Cousine dritten Grades, die aus dem gleichen Dorf stammt, ist auch Elvira mitgekommen, die sie auf dem College in Manila kennengelernt haben. Elvira hat schon einen Freund, Karl-Heinz, ein deutscher Orthopäde aus dem Krankenhaus, der auch hier ist. Und dann ist da noch Tony, ein frischgebackener Vater und einer von den wenigen männlichen philippinischen Pflegekräften, die nach Deutschland gekommen sind. Tony ist Disco-Fan und der Grund dafür, dass die Gruppe an diesem Abend im «Display» gelandet ist. Den ganzen Tag hatten sie die Wände seiner neuen Wohnung tapeziert. Der Diskobesuch ist ein kleines, nicht uneigennütziges Dankeschön von Tony an seine Freunde. Nonita ist beeindruckt vom «Display». Der Dancefloor befindet sich in der Mitte des Raumes und ist tiefergelegt, darüber dreht sich eine riesige glitzernde Discokugel, an den Wänden sind flimmernde Fernseher angebracht, aus den Boxen dröhnen Discobeats. Nonita hat sich an diesem Abend wie immer schick gemacht. Über den lilafarbenen Lidschatten hat sie einen perfekten Lidstrich gezogen, die Lippen sind farblich passend dazu ausgemalt. Die schwarzen Haare fallen glänzend über die Schultern, sie trägt eine dunkle Bluse mit Trompetenärmeln, dazu eine weiße Schlaghose, darunter lugen zehn Zentimeter hohe Plateauschuhe hervor. Die Gruppe hat sich an einen Tisch gesetzt und bestellt Getränke. Während Tony und das Pärchen kurze Zeit später auf die Tanzfläche gehen, bleiben Victoria und Nonita sitzen und unterhalten sich in ihrem Heimatdialekt.

Etwa zu dieser Zeit betritt Slavko den Innenraum der Diskothek. Auch er ist zum allerersten Mal hier, mit seinem neuen Freund Giovanni. Slavko ist seit gut drei Jahren in Deutschland. Eigentlich wohnt er in Eichstätt, einer kleinen Universitätsstadt in Bayern, wo er im achten Semester Theologie studiert. Der große Wunsch seiner Mutter ist, dass Slavko Pfarrer wird. Er ist das älteste von acht Kindern, aufgewachsen in einem Dorf im bosnischen Teil Jugoslawiens. Als ältester Sohn katholischer Bauern darf er in einem Franziskaner-Internat Abitur machen und anschließend ein Theologiestudium in Sarajewo beginnen. Doch die strengen Regeln der Franziskaner und die Aussicht auf ein enthaltsames Leben als katholischer Geistlicher reizen ihn nicht sonderlich, und er entscheidet sich, sein Studium erst mal im Ausland fortzusetzen. Aber das kostet. In den Semesterferien sucht er sich deshalb Jobs, mit denen er sein Studentenleben finanzieren kann.

Weil er bei den Franziskanern Klavier spielen gelernt hat, will er es in diesen Semesterferien als Klavierlehrer im dichtbesiedelten Ruhrgebiet versuchen. Mit seinem weißen Ford 12 M düst er zu Beginn der Semesterferien von Bayern in den Pott und mietet sich ein Zimmer in Dortmund. Zunächst klappt alles nach Plan, jeden Tag gibt er ein paar Klavierstunden, bis zu einem Abend Anfang September, den er mit einem Studienfreund in einer Kneipe verbringt. Gegen Mitternacht setzt er sich in sein Auto, um nach Hause zu fahren. Auf den Straßen im Dortmunder Stadtzentrum ist um diese Uhrzeit nichts los. Kein Auto, keine Menschenseele weit und breit. Als Slavko auf einen Fußgängerüberweg zufährt und die Ampel in diesem Moment auf Rot schaltet, entscheidet er sich kurzerhand, einfach weiterzufahren. Sein Auto ist gerade über den Fußgängerüberweg gerollt, da blinkt es auf einmal blau. Ein Polizeiauto überholt den weißen Ford und stoppt ihn. Die Beamten lassen ihn in ein Röhrchen blasen. Den Führerschein ist er erst mal los. Damit sind die nächsten Wochen gelaufen, denn ohne Auto kann er keine Klavierstunden mehr geben. Er braucht dringend einen neuen Job, und den findet er kurz darauf über eine Zeitungsanzeige. Ein Farbenhersteller in Duisburg sucht Mischer, Studenten bevorzugt. Die Arbeit ist körperlich zwar anstrengender, aber der Lohn ist gut. Außerdem ist sein neuer Kollege nett – Giovanni, ein Gastarbeiter aus Kalabrien, ungefähr im gleichen Alter und ein großer Disco-Fan. Es dauert nicht lange, bis er Slavko überzeugt, ihn mal in die beste Disco Duisburgs zu begleiten, das legendäre «Display». Slavko zieht für den ersten

Discoabend in der neuen Stadt die schicksten Sachen an, die er besitzt: ein bunt gestreiftes tailliertes Hemd, eine graue Stoffhose mit ausgestelltem Bein, darüber die braune Strickjacke, die er fast jeden Tag trägt. Im «Display» angekommen, stürmt Giovanni gleich auf die Tanzfläche und lässt Slavko an der Theke allein zurück. Die Disco ist voll, die Stimmung ausgelassen. Sein Blick schweift durch den Raum und bleibt an einem Tisch hängen. Zwei Asiatinnen unterhalten sich, ab und zu nippen sie an ihren Cocktails. Die kleinere der beiden mit den hohen Schuhen und den langen Haaren gefällt ihm besonders, ihr Gesicht erinnert ihn an eine Puppe, außerdem lacht sie viel. Slavko nimmt all seinen Mut zusammen – was hat er schon zu verlieren? – und geht auf ihren Tisch zu. «Willst du tanzen?», fragt er sie.

Nonita und Slavko sind meine Eltern. Sie sind bis heute miteinander verheiratet, meistens glücklich. In den vergangenen vier Jahrzehnten haben sie drei Kinder bekommen, drei Häuser gebaut und, ihr Geburtsland mitgezählt, jeweils in drei Ländern gelebt, in zweien davon gemeinsam. Seit ich die Geschichte ihrer ersten Begegnung gehört habe, denke ich oft an diesen Abend im «Display». An das, was alles passieren musste, damit sich beide genau zu diesem Zeitpunkt an diesem Ort treffen konnten. Was wäre, wenn Nonita nicht den Mut gehabt hätte, mit 22 Jahren allein nach Deutschland zu ziehen? Was, wenn Slavko sich entschieden hätte, an der roten Ampel stehen zu bleiben? Was, wenn die Welt überhaupt eine ganz andere gewesen wäre, ohne ein geteiltes Deutschland mit fehlendem Pflegepersonal im Westen, ohne ein sozialistisches Jugoslawien, in dem es für Bauernjungen so schwer war zu studieren, was sie wollen? Aber wahrscheinlich ist es genau das, was das Leben ausmacht. Hinter jeder Begegnung verbirgt sich eine unbekannte Welt, hinter jeder Entscheidung ein mögliches Abenteuer, und zu jeder Zeit gibt es immer wieder die Chance auf einen Neuanfang.

Tobias Hülswitt
Granular

«Wir haben da nach wie vor das Problem, dass wir unsere Inhalte digital nicht verkauft bekommen», sagte Christian, ein Glas Wein in der Hand, im Foyer der Stiftung. Durch die großen Scheiben hinter ihm konnte ich das dunkle Wasser und die Lichter des Hafens sehen.

«Das kann nicht sein, das kann doch gar nicht sein», sagte ich, ein Bier in der Hand. «Es muss eine Lösung geben, wenn wir nur richtig nachdenken, ich bin ganz sicher.»

«Ja», sagte er und zuckte mit den Achseln. Er war mindestens zwei Köpfe größer als ich, ein paar Jahre älter, und in Anbetracht seiner beruflichen Stellung so freundlich, dass man es kaum für möglich hielt. «Aber welche?»

«Für die Musikindustrie gab es am Ende auch eine Lösung, nur dass nicht die Musikindustrie, sondern iTunes sie gefunden hat. Ihr müsst einfach schnell sein und das iTunes des Journalismus erfinden, bevor es jemand anderes tut.»

Danach war unser Gespräch erst einmal beendet, es trieb mich irgendwo anders hin, wo ich mit anderen Leuten redete, aber zwei Stunden später stand ich wieder mit einem Bier in der Hand vor ihm und sagte: «Christian, ich hab's! Ich weiß, wie es geht!»

«Na, erzähl mal», sagte er und sah mich freundlich an.

«Okay, pass auf: Wir nehmen eines von euren Themen, was weiß ich, egal, der Amerikanische Bürgerkrieg, das Heft von euch habe ich gerade gelesen, und …»

Ich erklärte ihm genau, wie man den Inhalt des Heftes aufbereiten müsste, um ihn digital bezahlfähig zu machen. Es dauerte nur drei Minuten.

Er hörte aufmerksam zu, und als ich fertig war, meinte er: «Verstehe, verstehe. Gute Idee! Nehme ich mit.»

Und ich dachte: Na herzlichen Glückwunsch, weg ist deine Idee, Schlaumeier Hülswitt.

Kurz zuvor war meine Tochter geboren worden, obwohl sie zu dem Zeitpunkt, als ich mit Christian sprach, noch gar nicht hätte auf der Welt sein sollen. Sie war drei Monate zu früh gekommen – beziehungsweise, sie war nicht gekommen, sie war geholt worden. Sie war nicht größer als ein Eichhörnchen und so dünn und fleischlos, wie solche Tiere ohne Fell aussehen. Sie hatte geschrien, kurz nachdem man sie geholt hatte, und das war ein Glück, aber als man mich zu ihr ließ, lag sie still im Brutkasten und rührte sich kaum, nur ab und zu zuckte ihr Arm in die Höhe. Es war ein winziger Arm mit einer winzigen Hand mit winzigen Fingern daran. Ein Mensch, aber alles an ihr war Miniatur. Ihr Kopf war im Vergleich zu ihrem roten Eichhörnchenkörper zwar riesig, aber tätsächlich war er nicht größer als ein Hühnerei.

Ich muss unter Schock gestanden haben. Ich hatte dem Arzt erklärt, dass ich im Zivildienst Rettungshelfer gewesen war und mich mit den Hygienevorschriften auskannte, und dann gab ich der diensthabenden Schwester zur Begrüßung die Hand. Sie verzog das Gesicht. Der Arzt sagte zu ihr: «Eigentlich kennt

Herr Hülswitt sich mit der Keimübertragung aus, nur jetzt gerade ist er etwas von der Rolle.»

Hätte man meine Tochter nicht geholt, wäre sie gestorben, und ihre Mutter auch. Ich hatte mich einige Jahre meines Lebens sowohl mit Utopien menschlicher Unsterblichkeit als auch mit der stetig zunehmenden tatsächlichen Verlängerung der durchschnittlichen und auch der maximalen Lebensspanne der Menschen in vielen Teilen der Welt beschäftigt. Mir war durchaus bewusst, dass der Anstieg des Durchschnittsalters vor allem auf die Verdrängung des Todes zu Beginn des Lebens zurückging, sprich auf die Reduzierung der Kindersterblichkeit. Aber jetzt, vor unserem Brutkasten, dachte ich, dass dies hier noch darüber hinausging. Hier ging es nicht nur darum, Mütter durch Hygiene und medizinischen Fortschritt vor Infektionen und Verletzungen bei der Niederkunft zu schützen und einst tödliche Kinderkrankheiten durch Medikamente und Impfungen zu besiegen. Was hier zum Einsatz kam, waren Antisterblichkeitstechnologien, die vor der errechneten Geburt ansetzten und dafür sorgten, dass ich von nun an mit zwei Menschen lebte, von denen der eine – meine Tochter – noch vor nur dreißig Jahren und der andere – ihre Mutter – noch vor hundertdreißig Jahren nicht überlebt hätte, weil man so extreme Frühchen erst seit kurzem am Leben erhalten kann und weil die meisten Frauen Ende des 19. Jahrhunderts noch beim Kaiserschnitt starben. Und eine Schwangerschaftsvergiftung, daran waren die beiden erkrankt, kann nur durch Schwangerschaftsabbruch geheilt werden. Erfolgt der Abbruch nicht, sterben Mutter und Kind unausweichlich. Ich lebe, das ging mir während der ersten Monate immer wieder durch den Kopf, von nun an mit zwei Eigentlichtoten zusammen.

In unserem Zimmer auf der Intensivstation standen immer zwei weitere Brutkästen neben unserem. Neben der Mutter und mir kümmerten sich mindestens sechs Computer, eine Schwester und ein Arzt um unsere Tochter und die anderen beiden Eichhörnchenkinder im Raum. Man sagte uns, dass unsere Anwesenheit wichtig sei, und das glaubte ich auch, ich wollte es glauben, aber dennoch fühlte es sich die meiste Zeit an, als könnten wir, die Eltern, von allen am wenigsten tun. Über dem Brutkasten hing ein Bildschirm. Drei Monate gab er ohne Unterbrechung Herzfrequenz, Atemfrequenz und Sauerstoffsättigung des kleinen Menschen an. Alle paar Minuten ließen die Computer im Raum Warntöne vernehmen, wenn die Sauerstoffsättigung abfiel oder der Atem aussetzte, was bei allen Kindern, auch bei K., unserer Tochter, regelmäßig geschah. Dann mussten wir schnell in den Brutkasten greifen und sie am Arm zwicken oder mit Daumen und Zeigefinger ihren Fuß kräftig drücken, damit sie aufschreckte und wieder Luft holte. «Schnauf weiter», rief ich dann immer, «schnauf weiter!», und ich weiß bis heute nicht, warum ich nicht «Atme!» sagte. Die Mutter übernahm das, auch sie rief jedes Mal: «Schnauf, mein Kind, schnauf!», und es muss in dem ganzen Elend der Station ein lustiges Bild abgegeben haben, wie wir panisch wurden und «Schnauf, mein Kind, schnauf!» riefen.

Wie auch immer, wir kamen durch. Andere nicht. Immer wenn ein Alarm losging, sahen wir zu unserem Bildschirm auf. Wenn dort nichts Rotes blinkte, kam der Alarm von einem anderen Kasten. Es war wie im Schützengraben oder auf einem Minenfeld – wir waren schockiert, wenn es die anderen traf, und erleichtert, dass wir selber ein weiteres Mal davonkamen. Manchmal stürmten Ärzte das Zimmer, jagten alle anwesenden

Eltern hinaus und begannen direkt am Brutkasten eine Not-OP – wenn einem Kind der Darm gerissen war, wenn es eine Hirnblutung erlitt oder sein Zustand sich aus anderen Gründen dramatisch verschlechterte, was nicht selten binnen Minuten geschah. Manche der Kleinen wurden während ihrer Wochen auf dieser Raumstation – so fühlte sich der Ort an – viele Male operiert; wir konnten uns gar nicht vorstellen, wie klein die Geräte sein mussten, mit denen die Ärzte zu Werke gingen ...

Die Alarmtöne waren keine schrillen Signale, sie hatten nichts an sich, was einen Kenntnislosen hätte an Gefahr denken lassen. Es waren sanfte, gongartige Töne, häufig in zwei verschiedenen, sich abwechselnden Noten: Bimm-bomm, bimm-bomm etwa, wenn die Sättigung abfiel. Wurde es gefährlich, dann wurden die Töne nicht schriller, sondern nur schneller und lauter. Irgendwann fiel mir auf, dass die Signaltöne aller Geräte harmonisch aufeinander abgestimmt waren, und zwar in Dur, nicht in Moll. Ihr ständiges Gebimmel, das aus allen Räumen drang, breitete einen weichen Klangteppich über die gesamte Station. Das Gefühl, das er vermittelte, begleitete mich bis in den Schlaf, und als wir das Krankenhaus nach drei Monaten verlassen durften, vermisste ich es ein paar Tage lang.

Am Ende unserer achten Woche auf der Station standen wir mit einer angehenden Ärztin an unserem Kasten. K. war so gut wie über den Berg, und ich war voller Zuversicht, aber sicher war dennoch nichts. Die junge Frau war sympathisch, zupackend, voller Elan, einer jener Menschen, die es schaffen, die Welt so zu sehen, dass sie ihnen Kraft gibt.

Wir schauten auf das schlafende Kind und sprachen lange miteinander. Ich hatte in all der Zeit noch mit niemanden auf der Station über Gefühle geredet, aber jetzt sagte ich: «Es heißt immer, man schenkt seinem Kind das Leben. Aber in Wahrheit schenkt man ihm genauso den Tod. Selbst wenn es etwas wie das hier überlebt und selbst wenn es danach noch hundert Jahre lebt, einmal wird es sterben. Und das haben wir ihm geschenkt.»

«Nein!», rief die junge Frau, «nein!» Solch eine Sicht der Dinge wollte sie auf keinen Fall gelten lassen.

Ein halbes Jahr nachdem ich bei Wein und Bier mit Christian gesprochen hatte, als meine Tochter schon eine Weile zu Hause war und ich endlich die Zeit dazu hatte, ließ ich meine App-Idee von einem Graphiker gestalten und besuchte mit den ersten Screenentwürfen Christian in seinem Büro. Ich musste eine Weile im Vorraum warten, aber dann empfing er mich mit der gleichen Freundlichkeit, die mich schon ein halbes Jahr zuvor so erstaunt hatte und die mir das Herz wärmte.

Das änderte nichts daran, dass ich nervös war, als ich vorgelassen wurde. Wie sich herausstellte, hatte er die Idee weder mitgenommen noch weiterentwickelt – er hatte sie schlichtweg vergessen. Worüber ich froh war. Er saß mit übereinandergeschlagenen Beinen auf der anderen Seite des Tisches und hörte mir zu, die Stirn gesenkt, die geballte Hand vor dem Mund.

Vor unserer ersten Begegnung hatte ich ein Buch von ihm gelesen, worin er die digitale Revolution analysierte und sie als einen Prozess beschrieb, bei dem alle Bereiche der Welt und des Lebens in so viele Daten aufgelöst werden, dass die Betrachtung und Erkenntnis des Einzelnen weit über das hinausgeht, was wir das Individuelle nennen. Es wird keine Krankheit auf der Welt mehr zweimal geben, weil wir über so viele Daten eines jeden Patienten verfügen, dass jeder seinen eigenen Mumps hat und man mehr Unterschiede zwischen zwei Mumpsen, pardon, zwei Mumpserkrankungen, sehen wird als Gemeinsamkeiten. Er beschrieb, dass alles aus immer kleineren, granularen Teilen besteht, weil wir *alles* mittels digitaler Werkzeuge immer höher auflösen können. Und er erklärte, dass digitale Medien und künstliche Intelligenz nicht unsere Feinde sind und dass diejenigen unterliegen, die sich gegen sie wehren – genauso wie die, die sich ihnen ganz unterwerfen. Obsiegen werden jene, die sich mit ihnen verbünden und sie zu nutzen wissen.

Als ich ihm alle Screens gezeigt und die Features der App erklärt hatte, saß er noch genauso da wie zu Beginn. Ich sah ihn an, und nach einer Weile sagte er: «Verdammter Mist! Warum bin ich da nicht selbst drauf gekommen?»

«Gute Frage», meinte ich, «es steht ja alles in deinem Buch. Die ganze Idee steht praktisch schon drin.»

Und ich erzählte ihm, wie dringend ich in der Zeit auf der Intensivstation Informationen gebraucht hätte über Frühchen und was man als Eltern für sie tun kann, und zwar auf mein Smartphone, das ich immer bei mir gehabt und immer wieder eingeschaltet hatte in der irrationalen Hoffnung, es käme irgendetwas heraus, was uns helfen könnte. Und dann dachte ich daran, wie der Arzt uns gezeigt hatte, wie man seine Hand über das Kind legt: wie ein Zelt, sodass es die Berührung und die Wärme spürt, aber keinen Druck.

3.
Zu meiner Zeit – Zeitgenossenschaft und Generationsgefühle

«Wer sich an das Absurde gewöhnt hat, findet sich in unserer Zeit gut zurecht.»

(Eugène Ionesco)

Philip Meinhold
Generation XY ... ungelöst

«Ich habe die Neunziger verpasst!» Es war Anfang des neuen Jahrtausends, ich saß mit meinem Mitbewohner in unserer Stammkneipe in Berlin-Moabit, und ein Erkenntnisschauer lief mir über den Rücken. Ich wusste nicht genau, was ich meinte, aber ich wusste: Es stimmte. Irgendetwas Wichtiges war passiert, und ich hatte versäumt, dabei zu sein. Hatte verpasst, was daraus zu machen. Mein Mitbewohner nickte. Wir hatten die Neunziger verpasst.

Dabei hätte es unsere Zeit werden können. Für die Achtziger noch etwas zu jung – die Neue Deutsche Welle hatte ich nur über ihre Ausläufer in der ZDF-Hitparade erlebt, einen Iro mir erst geschnitten, als Punk längst vorbei war –, hatte ich für die Neunziger das perfekte Alter. Als die Mauer fiel, war ich gerade 18, pünktlich zur Wiedervereinigung hatte ich mein Abitur in der Tasche. Die Möglichkeiten waren unendlich. Ich hätte eine IT-Klitsche gründen und an die Börse gehen können. Ich hätte DJ werden können oder der Vorzeigewessi der PDS oder wenigstens Star in einer Daily Soap. Ich hätte an den Kollwitzplatz ziehen können, bevor er Yuppie- und Touri-verseucht war, anstatt zu warten, bis Moabit zu Mitte gehörte.

«Aber was haben wir denn falsch gemacht?», fragte mein

Mitbewohner. Ich musste an Westbam denken, der kürzlich in einem Radio-Interview verkündet hatte: «Wenn ich an die Neunziger denke, dann denk ich an mich.» Wenn ich an die Neunziger dachte, dann wusste ich nicht, woran ich denken sollte. Sie kamen mir vor wie eine verwackelte, unscharfe Lomo-Fotografie: bunt und voller Bewegung, aber nichts zu erkennen.

Nicht, dass ich nichts mitbekommen hätte von den neunziger Jahren; irgendwo auf dieser Lomo-Fotografie war auch ich. Ich hatte *Pulp Fiction* gesehen und Nick Hornby gelesen, und wenn auf einer Party *Heroes del Silencio* lief, war ich mit den anderen auf die Tanzfläche gestürmt und hatte getanzt. Meine Wochenenden hatte ich Anfang der Neunziger in jenen illegalen Kellerclubs Ostberlins verbracht, die Adressen statt Namen hatten, und Silvester 1992 feierte ich in einem zum Techno-Club umfunktionierten Pissoir, unter einer Brache namens Potsdamer Platz. Ich hatte Sushi gegessen und Caipis getrunken und in Küchen gesessen, deren orangefarbene Wände mit Schwammtechnik gestaltet worden waren.

Ich war von Anfang bis Ende dabei gewesen – es fühlte sich nur nicht so an. Denn weder hatte ich das Gefühl gehabt, nach dem Hören von Nirvanas *Nevermind* mein Leben ändern zu müssen, noch war ich Techno-Aktivist der ersten Stunde gewesen. Im Gegenteil: Als ich 1991 bei der Love Parade 6000 «Party-People» zu Techno-Musik über den Ku'damm ziehen sah, fand ich das nur albern – während «Frontpage» schrieb: «Nie zuvor war die Unity des Movements so groß wie in diesen Stunden.» Für mich aber bestanden Songs immer noch aus Anfang und Ende und einem Refrain in der Mitte. Und Gitarren gehörten auch dazu. Aber womöglich hätte ich auch zu jenen gehört, die während der Studentenproteste 1968 versehentlich eine Banklehre angefangen hatten.

«Was hätten wir denn machen sollen?», fragte mein Mitbewohner. «Tamagotchi spielen? Baggys und Buffalos tragen? Uns die Bauchnabel piercen lassen?» «Irgendwo so richtig dazugehören», antwortete ich. Aber ich war mir nicht sicher. Wozu hatte man schon gehören sollen? Vorausgesetzt, man war nicht einer jener 6000 Glückspilze, die 1991 zur Unity des Movements gehörten. «Ich möchte Teil einer Jugendbewegung sein», hatten auch Tocotronic geklagt – ein Wunsch, der die Unmöglichkeit seiner Erfüllung schon enthielt. In den Achtzigern war man Punk oder Popper, Mod oder Mantic gewesen – man musste sich entscheiden, und man konnte es. In den Neunzigern gab es all diese Jugendgruppen zwar weiter, aber ihnen anzugehören hatte etwas Gestriges. Ganz so, wie es die Autoren der Shell-Studie im Jahr 1997 formulierten: «Die Jugendlichen verweigern die Forderung, mit der Entscheidung für einen bestimmten Stil gleichzeitig die Absage an andere Stile zu verbinden, und praktizieren nicht selten mehrere Stile parallel oder in rascher Folge.»

Dabei war es schon eine Herausforderung, zur eigenen Generation zu gehören. Denn die wurde – im Versuch zusammenzuschmeißen, was nicht zusammengehörte – zur Fiktion von Medien und Werbebranche. Nie zuvor wurden aus einer Generation so viele Generationen generiert wie aus unserer. Kaum hatte man sich daran gewöhnt, zu einer zu gehören, wurde bereits die nächste verkündet: «Generation X», «Generation @», «Techno-Generation», «89er», «Single-Generation». Die «Zeit» sprach skeptisch von der «skeptischen Generation», die «Süddeutsche» undurchsichtig von den «Undurchsichtigen». Der «Spiegel» entdeckte praktischerweise «die 95er» im Jahr 1995, «die 99er» im Jahr 1999 und pünktlich zum neuen Millennium die «Millenniums-Generation».

Vielleicht verband uns ja wirklich nicht mehr als die Nähe unserer Geburtsjahrgänge. Und vielleicht war es also auch nicht mein Fehler, die Neunziger verpasst zu haben, sondern das zwangsläufige Gefühl, das dieses Jahrzehnt produzieren musste: Überall passierte, entstand, verschwand etwas – und das auch noch parallel. Wie sollte man angesichts dieser unzähligen Möglichkeiten nicht den Eindruck vertaner Chancen haben? Wahrscheinlich war es noch nie so schwierig gewesen, bei etwas dabei zu sein, wie in den neunziger Jahren.

Der Gedanke beruhigte mich: Wahrscheinlich war man nie bei irgendwelchen Jahrzehnten dabei, sondern immer nur im eigenen Leben. Das war schließlich schwierig genug.

«Trinken wir noch eins?», fragte ich meinen Mitbewohner. Er nickte: «So jung kommen wir nicht mehr zusammen.»

Nie zuvor war die Unity des Movements so groß wie in diesen Sekunden.

Antje Rávic Strubel
Künstliche Dünung

Ich spreche zu dir vom Vergessen
mit dem Gedächtnis der Zukunft,
alles wiederholt sich und wiederholt sich nicht,
ich spreche von den Wassern des Vergessens,
ich lasse das Gedächtnis sein,
und es ist ein anderes.

(Mirkka Rekola)

Wir hatten einen Bungalow in Brieselang. Es war ein Fertigbungalow, Typ Romätha Nummer V. Die Fenster, holzgerahmt, waren hineingesägt in weiße Pressspanplatten unter einem mit Dachpappe gedeckten Pultdach. Spanholz trennte auch die beiden Zimmer voneinander. War das Mittagessen auf dem Propangasherd fertig, stellten meine Eltern die dampfenden Schüsseln auf die Durchreiche zwischen Küche und Wohnraum, mein Bruder und ich deckten den Tisch. Dann wuschen wir uns die Hände an einem Becken, das durch einen Plastikvorhang von der Küche abgeschirmt war, ein improvisiertes Bad. Eine Toilette gab es im Bungalow nicht. Sie war draußen im Schuppen, die Kloschüssel über einer Sickergrube, die von Holunderbüschen umwachsen war.

Vor meiner Geburt hatten meine Eltern ein Stück Land erworben, die alte Pferdekoppel einer Bäuerin, tausend verwilderte Quadratmeter, auf denen die Nachbarn jahrelang ihren Müll vergraben hatten. Pflanzenwurzeln hatten Schutt und Unrat zu einem dichten, zähen Geflecht verwoben, das Meter um Meter abgetragen werden musste. Als ich krabbeln konnte, wuchs schon Gras, erste junge Halme, die ich mir, bäuchlings auf der Babydecke liegend, in den Mund steckte, während meine Eltern Quecken und Flieder lichteten, Platz schafften für das Wochenendhaus, erstanden für achttausendsiebenhundert angesparte DDR-Mark.

Das Grundstück lag in zweiter Reihe am Oder-Havel-Kanal. In den siebziger Jahren war das Freibad noch in Betrieb gewesen. Der Sprungturm war angerostet, der Bootsanleger selbstgebaut, bei sonntäglichen Arbeitseinsätzen der Datschenbewohner. Jeden Sommer waren bis in die Nacht Geschrei und das Platschen zu hören, wenn die Jugendlichen mit angezogenen Knien und dem Hintern voran eine Bombe ins Wasser machten, bevor irgendwann Fische bauchoben im Kanal trieben, manchmal ein toter Hund. Den Hund sah ich vom Faltboot aus, als wir einen Paddelausflug machten. Er trieb auf Augenhöhe vorbei, an seiner Schnauze hatten sich Zweige verfangen, die Beine staken in die Luft.

Frau Wittkopp, die Bäuerin, erzählte Geschichten vom Ertränken. Sie wohnte in einem großen zugigen Haus ein paar Meter die Straße runter. Wenn die Katze geworfen hatte, schaffte Frau Wittkopp die Jungen weg. Sie mache das nicht gerne, sagte sie zu mir, als ich fünf war oder sechs. «Aber was soll man mit den Viechern?» Sie ertränkte sie in einem Sack, in dem Steine zur Beschwerung lagen. Empfindlichkeiten hatte sie sich abgewöhnt, seit sie als junges Mädchen mit einem Flüchtlingstreck von Osten über die Oder gekommen war.

In ihrem Garten standen krumme Obstbäume. Die Rinde war von Flechten bewuchert und bröselte ab. Wenn ich zu Frau Wittkopp ging, um einen Korb mit Äpfeln oder Pflaumen zu holen, den sie uns schenkte, kam sie in Holzpantinen die Treppe herunter. Wir standen im Windfang. Ein Arbeitskittel hing dort über fleckigen Gummistiefeln an der Wand, daneben eine Wattejacke, es roch nach Eingewecktem. Jedes Mal schien ihre Gestalt tiefer zur Erde gebogen, wie ihre Obstbäume im Garten, dachte ich als Kind. Wenn sie sprach, rollte sie das R. In die Haut ihrer Hände, die den Korb hielten, hatte sich die Erde gefressen, die Finger waren dunkel und narbig wie die Möhren, die sie aus dem Sand zog. Sie bestellte ihre Felder mit bloßen Händen, baute Kartoffeln, Kohlrabi, Schwarzwurzel, Rettich an. Im Frühjahr kniete sie in den Erdbeerbeeten, eine alte Decke auf der frühlingskalten Erde zum Schutz der Knie. «Ich jeh' Erdbeeren ruppen», rief sie meiner Mutter über den Gartenzaun zu, die Ankündigung, dass wir später eine Schüssel abbekamen. Erdbeeren waren damals rar.

Die Wochenenden meiner Kindheit spielten sich auf diesem Grundstück ab. Rechts des Zauns die Bauern, links die Berliner; Kettenraucher, die trotz der Sommerfrische später an Lungenkrebs starben. Hinter der Hollywoodschaukel hörten wir sie husten. Sie hießen Germann, und erst später, als ich in der Schule Englisch lernte, wurde mir die Doppeldeutigkeit des Namens klar. Wie gut dieser Name unsere Straße erfasste! Es gab hier keine Schrebergärten, keine Kleinstgehege im Schatten einer Fahne. Und doch war das Gesamtbild aller, die sich entlang der Straße angesiedelt hatten, typisch für das Deutschland der siebziger und achtziger Jahre auf der zugigen Seite der Mauer.

German-east waren auch die Leute mit dem Lada, Handwerker der Mann, Tischler oder Maurer, drahtig, gut gelaunt; machte den meisten Schmott privat am Wochenende. Auch die Alkis vor dem Getränkestützpunkt passten ins Bild. Der Gestränkestützpunkt war eines Tages da, eröffnet in einer Privatgarage, einem Betonbunker mit Gittern vor den Fenstern. Es roch nach Bier. Der Sommerwind trug den Geruch bis zum Kanal hinunter. Ich schlappte in Sandalen über die staubige Straße, freute mich aufs Eis am Stiel und war jedes Mal angespannt wegen der Männer, die auf umgestülpten Getränkekästen am Eingang saßen, Pullen in den Händen, Zahnlücken im Mund, auf den Oberarmen pralle Busen, ein nackter Arsch. Manchmal kam mein kleiner Bruder zur Verstärkung mit, wir waren sechs und elf, vielleicht schon sieben und zwölf Jahre alt.

Die Ortsansässigen lebten in großen Jahrhundertwendehäusern mit verfallendem Putz, herausgeschlagenen Klinkern, die Farbe an den Fensterrahmen nicht mehr frisch, wie Frau Wittkopp und ihr Bruder, der meine Eltern jahrelang großzügig mit Strom und Wasser versorgte, ehe der Bungalow ans Stromnetz angeschlossen wurde. Die Wochenendler wohnten in Datschen, die einander glichen von der Grundplatte zum Dach. Sie hatten ein Stück Land ergattert, um der Enge der Plattenbauwohnung zu entrinnen. Die einen legten auch sonntags den Grubber nicht aus der Hand und brachten ihre Ernte zur Obst-und-Gemüse-Kleinaufnahmestelle. Die anderen erwarben die Kürbisse, Tomaten, Radieschen von der OGS, ein lokaler Kreislauf, der die überregionale Mangelwirtschaft für ein Wochenende außer Kraft setzte und vielleicht sogar den Zusammenbruch des Staates hinauszögerte.

Sonnabends nach der Schule beluden auch wir vor unserem Plattenbau in Ludwigsfelde das Auto, einen blauen, alten MB 1000, und fuhren eine gute Stunde über Land. Erst als die Autobahn in Richtung Rostock fertig war, verkürzte sich die Fahrt. Jedes Wochenende, von Ostern bis zum Totensonntag, lebten wir auf dem Grundstück, bauten Rennwagen aus dem frischen Heu vom Rasenmähen, tobten, bis die Haut rot war und juckte. Zu Ostern spielten wir Eierkullern, Länderklauen im Sommer, Blätterschlacht im Herbst, und auf der Schaukel flogen wir zum Mond. Unsere Klamotten waren robust und ramponiert, die Haare wüst. Hier kam uns keiner nah. Kein Klassenkamerad würde mich so sehen, keiner von denen, die mich im Pionierhemd kannten, beim Fahnenappell, Altstoffesammeln, bei Besuchen der Patenbrigade im Autowerk und den jungen Komsomolzen in der sowjetischen Kaserne in Wünsdorf, um auf Russisch übers Briefmarkensammeln und sozialistische Helden zu reden. Kein Lehrer würde fragen: «Entspricht deine Haarlänge deinem Verhalten?» Nur Frau Wittkopp kannte mich, sie hatte mich schon im Kinderwagen ausgefahren. Jede Woche war die Welt für anderthalb Tage zum Halten gebracht.

Uns fehlte nichts.

Wir hatten Himbeeren, Brombeeren, Äpfel und Kirschen. Tomaten zog mein Vater im Halbschatten hinter dem Bungalow. Wir hatten eine Rasenfläche, auf der wir Federball und Fußball spielten, rechts von Birnbäumen, links von Nadelgehölz flankiert, Wacholder, Kiefer, eine Birke, die ein selbstgebautes Baumhaus hielt. Es sah aus, als hätte die Birke das Haus ausgetrieben wie einen neuen Spross. Ich war Kapitänin, Indianerhäuptling, Fußballprofi, mein Fahrrad hatte Zügel aus Schnur und hieß Ree wie das geliebte Pferd in einer amerikanischen Fernsehserie.

Hinter dem Grundstück war Weite, unbekanntes Land. Sumpfig, schwer und vollgesogen war das Ufer des Kanals, silberviolett vom Öl im Wasser, das aufsickerte im Schlamm, wenn ein Schlepper vorbeifuhr, unterwegs nach Polen, rauschhaft überschäumte, bis sich die künstlich angeschwollene Dünung langsam wieder legte. Ein Trampelpfad führte durch den Uferdschungel, vorbei an Schilf, Pollern, Pappeln, totem Holz. Wuchernde Raute, Nesseln, ins Uferlose schießende Balsaminen, Sumpfporst, Farn und Quecken durchbrachen die Erde mit ihrem Wurzelwerk, wühlten sie auf, tränkten sie mit Feuchtigkeit, die exotisch roch, nach einer verlockenden Ferne, von der selbst noch der Zaun kündete, den meine Eltern um die tausend Quadratmeter Grundstück gezogen und in heißen Sommern selbst gestrichen hatten wie Huckleberry Finn. Auch die Terrasse hatten meine Eltern selbst gebaut, den Betonmischer geliehen vom Maurer gegenüber.

Wir machten Lärm.

Wir waren wirklich.

Sonntagabend auf der Rückfahrt hatte ich, das Kind, das noch nichts von Symbolik verstand, jedes Mal Bauchschmerzen.

Erst später, als ich dreizehn, vierzehn war, fing es an, mich zu stören. Die klammen Bettdecken im Frühjahr störten mich, die beschlagenen Fenster im Herbst, wenn die illegal beschaffte Gamat-Propangasheizung in der Wand nicht gegen die durch den Boden dringende feuchte Kälte ankam. Mich störte der Gestank nach Schnaps im Getränkestützpunkt schon am frühen Nachmittag, der Raucherhusten der Berliner, die gelangweilt und ermattet zu uns rübersahen, der immer gleiche Uferpfad, auf dem die Brennnesseln an unseren Handgelenken brannten, das braun-verschlammte Wasser des Kanals. Dieses Auf-und-davon an jedem Wochenende störte mich.

Da hatte Frau Wittkopp schon an unserem Tor gestanden, weinend, weil sie immer öfter nicht nach Hause fand. Sie wusste nicht mehr, wo sie war. Sie klammerte sich an unser Gartentor, den Kopf gesenkt, den Blick auf ihren ausgetretenen Lederschuhen. Und da hatten die Ameisen den Fußboden des Bungalows bereits zur Hälfte zersetzt. Das Linoleum gab an vielen Stellen nach. Die Ameisen waren von unten und durch die Ritzen gekommen. Jeden Morgen zog sich eine Spur schwarzer Krümel von Zimmer zu Zimmer, jede Nacht fraßen sich die Tiere tiefer. Gift vertrieb sie nur vorübergehend; unter der Arbeit ihrer Mundwerkzeuge zerfiel die Pressspanplatte. Eines Tages konnten wir nur noch mit einem gezielten großen Schritt über die Schwelle ins Wohnzimmer gelangen, sonst wären wir im Boden eingebrochen.

Die Brieselanger Ameisen, so scheint es mir im Nachhinein, hatten eher als wir ein Gespür für das Ende.

Andreas Ulrich
Fußballer sind peinlich

«Zwei Dinge will ich nicht hören bei uns im Programm, irgendwas über Autos oder über Fußball!» Eher beiläufig hatte der Chefredakteur den Satz fallengelassen, bei einer der ersten Themenkonferenzen. Es war Spätsommer 1997 und radioeins seit ein paar Tagen auf Sendung.

Kein Fußball!

Die Runde nahm es achselzuckend zur Kenntnis, niemand protestierte. Schließlich sollte es im neuen Sender um die wirklich großen Themen gehen, um Politik und Popkultur, Rock 'n' Roll, neue Bands, Kino, Lifestyle.

Fußball war weder Rock 'n' Roll noch Lifestyle, damals, 1997.

Die Spieler bevorzugten noch Vokuhila-Frisuren, und Trainer trugen mit Vorliebe Jogginganzüge aus Ballonseide. Den Ton in der Bundesliga bestimmten noch Trainer der alten Schule, kettenrauchende, polternde oder schwadronierende Typen, die Klaus Toppmöller, Peter Neururer oder Werner Lorant hießen.

Spiele waren noch kein Event für die ganze Familie und Stadien noch nicht Multifunktionsarenen. In den Fankurven durften die Fans noch stehen, und die, die dort standen, waren nicht unbedingt SZ-Leser.

Wenn die Nationalmannschaft spielte, kam noch niemand auf die Idee, sich schwarz-rot-goldene Perücken aufzusetzen. Im Gegenteil. Wer zu Länderspielen mit deutscher Fahne anrückte, machte sich verdächtig, ein ausgemachter Chauvinist zu sein, wenn nicht gar Neonazi.

Dabei war die deutsche Nationalmannschaft erst ein Jahr zuvor Europameister geworden. Oliver Bierhoff hatte in der Nachspielzeit des EM-Finales das entscheidende Golden Goal geschossen.

Aber da war dieses mulmige Gefühl. Durfte man denn so völlig unbefangen «Deutsche Siege» bejubeln, auch wenn es nur um Fußball ging?

Selbst die Sportreporter im Fernsehen waren noch vorsichtig. Sprachen sie von der deutschen Mannschaft, war die Rede selten von «Deutschland», eher von der «DFB-Elf» oder – noch distanzierter – von «den Deutschen».

Natürlich gab es auch beim gerade gegründeten radioeins ein paar Fußballverrückte. Aber die hielten sich bedeckt. Im Radio gab es ganz andere Schwerpunkte. Interviews mit Musikern, Hausbesetzern, Visionären, die sich überall in Berlin Räume eroberten. Oder eine Sendung, in der eine Moderatorin mit einem Astrologen ausgiebig und mit großer Ernsthaftigkeit astrologische Fragestellungen erörterte. Nachmittags hatte ein stets gutgelaunter Börsenkorrespondent seinen Auftritt im Programm und berichtete fröhlich-optimistisch über die neuesten Performances am Aktienmarkt, über Cashcows und Renditen. Die Deutschen sollten lernen, risikobereiter zu werden, sich nicht mehr so sehr auf den Staat zu verlassen. Im Fernsehen machte der Schauspieler Manfred Krug Werbung für die Telekom-Aktie. Die ersten Kommunen verkauften ihre Wohnungsbaugesellschaften und Stadtwerke an private Investoren.

Deutschland machte sich auf den Weg in den Neoliberalismus.

Doch im Großen und Ganzen fühlte es sich 1997 noch nach kuscheligem Kapitalismus an. Bei den Bundestagswahlen ein paar Monate später befreite sich die Bundesrepublik obendrein vom ewigen Helmut Kohl. Das Land wurde jetzt rot-grün regiert, Kanzler Schröder, Außenminister Fischer.

Im Fußball hagelte es unterdessen Negativrekorde. Bei der Weltmeisterschaft in Frankreich 1998 unterlag die deutsche Elf im Viertelfinale Kroatien mit 0:3. Eine so hohe Niederlage hatte Deutschland zuletzt bei der WM 1958 kassiert. In der Folge wurde Bundestrainer Berti Vogts gefeuert. Für ihn übernahm Erich Ribbeck, der wegen seines gepflegten Äußeren und seiner Umgangsformen von der Boulevardpresse «Sir» Erich genannt wurde. Ribbeck war ein Schaumschläger, glänzte mit Allgemeinplätzen und ließ als wohl einziger Nationaltrainer der Welt noch mit Libero spielen, während alle anderen längst mit Viererkette verteidigten. Es kam, wie es kommen musste: Bei der EM 2000 schied die DFB-Elf bereits in der Vorrunde aus. «Sir» Erich musste seinen Hut nehmen. Sein Nachfolger Christoph Daum wurde sogar entlassen, noch bevor er das Amt richtig angetreten hatte, nachdem sein Kokainkonsum bekannt geworden war. Vogts, Ribbeck, Daum, Elend und Lachnummer zugleich. Es war der Tiefpunkt.

In einigen Funkhäusern verzichtete man inzwischen ganz auf Fußballberichte im Radio. Ausgerechnet jetzt rief mich der radioeins-Chefredakteur in sein Büro und verblüffte mich mit der Idee, eine Fußballshow zu starten, zwei Stunden an jedem Sonnabendnachmittag. Ich sollte ganz schnell ein Konzept entwickeln und damit als Moderator zu Beginn der neuen Bundesliga-Saison auf Sendung gehen.

An den Zeitpunkt dieses Paradigmenwechsels erinnere ich mich noch ganz genau.

Es war Montag, der 1. Juli 2002. Am Vortag hatte die deutsche Fußballnationalmannschaft in Yokohama im WM-Finale 0:2 gegen Brasilien verloren. Torwart Oliver Kahn hatte nicht seinen besten Tag, dafür hatten die Brasilianer Ronaldo, der beide Tore im Endspiel schoss. Das Turnier hatte in Japan und Südkorea stattgefunden. Wegen der Zeitverschiebung liefen die Spiele im Fernsehen bei uns frühmorgens und am Vormittag, obendrein wurden die meisten Partien nur im Bezahlfernsehen gezeigt. Ich saß morgens mit zwei Dutzend anderen Männern in einer Pay-TV-Kneipe im Prenzlauer Berg; Public Viewing war damals noch ausschließlich Männersache. Um halb acht tranken wir zum Fußball Latte macchiato statt Bier. Fußball und Latte macchiato – ein weiterer Tiefpunkt der Fußballgeschichte.

Und ausgerechnet jetzt also sollte der Fußball zu radioeins kommen, nach dieser für Fans beknacktesten Weltmeisterschaft aller Zeiten! Vier Jahre vor dem Sommermärchen 2006, als dann ganz Deutschland den Fußball entdeckte. Warum schon 2002?

War es der Sexappeal von Rudi Völler? Mit seiner Minipli-Dauerwelle, den blauen Augen und den dazu passenden hellblauen Hemden hatte Deutschland zum ersten Mal einen Bundestrainer, den auch die Frauen mochten.

Inzwischen trug kein Spieler mehr Vokuhila. Dafür hatten jetzt immer mehr Bundesligaprofis Abitur oder Verbindungen zur Musik. Nationalspieler Marco Bode studierte Philosophie an der Uni Bremen, Lars Ricken von Borussia Dortmund BWL; Didi Hamann, der sein Geld beim FC Liverpool verdiente, war befreundet mit Campino, dem Sänger der Toten Hosen. Mehmet Scholl vom FC Bayern München toppte das noch: Der bekennende Indierock-Fan moderierte beim Bayerischen Rundfunk seine eigene Musiksendung, Mehmets *Scholl*platten.

Fußball war jetzt Popkultur.

Vielleicht war es das, was radioeins damals erkannt hatte.

Plötzlich outete sich in der Redaktion ein Fußballfan nach dem anderen. Der Chef der Musikredaktion erinnerte sich an die Zeit als Pubertierender mit blau-weißer Fahne im Fanblock von Hertha BSC, eine Moderatorin schwärmte von den Kindheitsnachmittagen mit ihrem Oppa bei den Heimspielen von Schalke 04 im Gelsenkirchener Parkstadion. Sogar zwei Bayernfans gaben sich plötzlich zu erkennen.

Ab August 2002 war die legendäre ARD-Bundesliga-Konferenz dann auch auf radioeins zu hören. *Arena Liga Live* nannten wir die Show, einen Mix aus Stadionreportagen, Interviews und Musik. Zur Weltmeisterschaft 2006 in Deutschland lud der Sender zum Public Viewing in die Berliner Kulturbrauerei ein. An manchen Abenden kamen 10 000 Besucher, und stets waren es mehr Frauen als Männer. Fußball war zum Event geworden, mit Perücken und schwarz-rot-goldenen Fähnchen an den Autotüren.

Bands versuchten sich an möglichst eingängigen Fußball-Hymnen. Den Sportfreunden Stiller gelang der wunderbare Mitgröhlhit 54, 74, 90, 2006, während Herbert Grönemeyer in seiner schwerblütigen Art *Zeit, dass sich was dreht* näselte.

Fußball war jetzt sauber, modern, süß und sexy. Es gab Klinsmann, Löw, Poldi und Schweini und 2011 dann die Frauen-Weltmeisterschaft in Deutschland.

Fußball am Sonnabendnachmittag im Radio wurde für die Hörer von radioeins bald schon Teil ihrer Wochenendkultur – und ein Stück Heimat. Schließlich ist der typische radioeins-Hörer ursprünglich Rheinländer, Sachse, Westfale, Schwabe oder Mecklenburger. Am Samstagnachmittag dürfen all diese Exilanten in Berlin und Brandenburg am Radio mit ihren Landsleuten in der alten Heimat bangen, leiden oder jubeln, wenn «ihr» Verein spielt.

Übrigens, was das Verdikt von damals angeht, «Nichts über Autos und nichts zum Thema Fußball», eine Autosendung gibt es inzwischen auch auf radioeins. Aber das ist eine andere Geschichte ...

4.
Zeit totschlagen – über Langeweile

«Uns gehört nur die Stunde. Und eine Stunde, wenn sie glücklich ist, ist viel.»

(Theodor Fontane)

Nilz Bokelberg
Luxus Leerlauf

Langeweile hat mich als Kind verrückt gemacht. Wenn ich in meinem Zimmer auf dem Boden saß und mich nichts interessierte: Alle Bücher schon tausend Mal angeguckt, die Hörspiele konnte ich auswendig mitsprechen, meine Masters-of-the-Universe-Figuren hatten schon alle erdenklichen Abenteuer erlebt, mein bester Freund und Nachbar war nicht zu Hause, und in meiner Familie hatte niemand Zeit. Das waren die schlimmsten Momente für mich.

Manchmal, ganz selten, hab ich es dann geschafft, diese Langeweile in etwas Produktives umzumünzen. Ich hab mal an einem Nachmittag vier Comichefte gemalt, die hießen «Captain Atvencher» (und nein: ich wusste damals tatsächlich nicht, wie man «Adventure» schreibt). Auf die war ich so stolz, dass ich sie mir auch Jahre später noch immer wieder gerne durchlas. Die einzelnen gelochten Blätter wurden dabei – damit man besser die Seite umblättern kann – von grünem Draht zusammengehalten. Mein Stolz auf dieses Werk war so groß, dass ich sie sogar mal der Schulbibliothek zur Verfügung stellte, die sie dann auch verlieh. Mit Ausleihzettel hinten draufgeklebt. Aber da sie niemand auslieh und manche sie anscheinend sogar eher peinlich fanden, nahm ich diese Leihgabe schnell wieder zurück. Die Reste des gelben Leihzettels erinnerten mich immer daran.

Ach, wie schön die Momente, in denen es einem gelang, die Langeweile so zu kanalisieren. Meistens aber wurde ich stattdessen richtig wütend auf die Welt. Wie konnte sie es mir nur antun, Zeit so langsam verstreichen zu lassen?

Ich ging dann aus dem Haus, setzte mich auf mein Rennrad und fuhr durch die Gegend. Klapperte die Spielplätze ab, auf denen wir manchmal rumhingen. Nirgendwo war was los. Manchmal fing ich auch an, meine Lieblingsmusikplatten zu hören – aber an solchen Tagen konnten mich nicht mal Michael Jackson oder die Ärzte (die ja dann, einige Zeit später, selber ein schönes Lied über Langeweile geschrieben haben) beruhigen. Langeweile war das schlimmste Gefühl des Universums. Der Uhr beim Ticken zuzugucken und zu bemerken, dass Zeit einfach nicht vergehen will, wenn man darauf wartet – Albtraum.

Langeweile bedeutet, nichts zu tun zu haben. Das kann man, wenn man älter ist, genießen. Aber nur dann, wenn man zwischendurch viel zu tun hat (oder hatte). Wenn aber die Langeweile daraus entsteht, dass sowieso nie irgendwas passiert, dann kriegt die so einen fiesen Drall. Dann wollen die Leute, die das so erleben, die Geschehnisse selber in die Hand nehmen. Und etwas passieren zu lassen, wo eigentlich nichts passiert, führt dann schon mal zu dummen Ideen. Auf dem Land ist man nachts losgefahren und hat schlafende Kühe auf der Weide umgestoßen. Ich komme aus einer Kleinstadt zwischen Köln und Bonn. Weil uns da als Teenager oft genug langweilig war, haben wir unsere eigene Sportart erfunden: Hedge Diving. Dazu sind wir nachts (wenn davon ausgegangen wurde, dass wir bei jemandem übernachten) mit unseren Rädern durch die Siedlungen gefahren, haben uns Hecken ausgesucht, die wir besonders schön fanden, die keine Dornen hatten und nicht zu fest sein durften, haben uns davor aufgestellt, auf «Drei!» unseren mit Death-Metal-Tapes befüllten Ghettoblaster angemacht. Dann sind wir gleichzeitig in die Hecke gesprungen und sofort danach auf unseren schon in Fluchtposition gestellten Rädern abgehauen. Das ging so weit, dass wir uns in der Schule in den Pausen schon konspirative Nachrichten zukommen ließen, wenn wieder jemand eine besonders schöne Hecke irgendwo entdeckt hatte. Die wurde dann inspiziert und als Nächstes besprungen. Wir haben wirklich nur noch nach Hecken Ausschau gehalten – eigentlich seltsam, dass niemand aus dieser Clique Landschaftsgärtner geworden ist.

Als alle Hecken gedivt waren, haben wir eine ganze Zeit lang Gotcha mit Super Soakern gespielt. Super Soaker waren die ersten, krassen Wasserpistolen, bei denen man pumpte, um Druck darin aufzubauen. Unsere Eltern wunderten sich etwas, dass wir plötzlich alle wieder Wasserpistolen haben wollten, aber haben das so hingenommen. Wir suchten immer nach coolen Baustellen, auf denen wir dann spielen konnten. Rohbauten haben sich dafür perfekt geeignet (und in unserer Gegend wurde viel gebaut). Die Baustellen waren immer easy zugänglich, fast nie überwacht, und man hatte ganz viele Verstecke, in denen man seinen Gegnern auflauern konnte. Oftmals gab es sogar irgendwo einen frei zugänglichen und funktionierenden Wasserhahn, sodass man ewig nachladen konnte. Und auch, wenn wir regelmäßig verjagt wurden – das war spannend. Und ein guter Langeweilekiller.

Aber man wird älter. Und Langeweile wird plötzlich, kaum spürbar, zu etwas nicht mehr ganz so Doofem. Je älter ich werde, desto mehr lerne ich Langeweile zu schätzen. Diese Momente, in denen einfach mal nichts passiert. Man sitzt dann auf der Couch und überlegt, den Fernseher anzumachen oder die Konsole. Oder gleich die Stereoanlage? Und man macht: nichts. Man bleibt ganz still sitzen. Hört dem eigenen Atem zu. Lauscht, welche Geräusche von draußen eindringen. Wieso klingt dieser Vogel so komisch? Warum fährt das Auto langsam und beschleunigt dann so übertrieben? Irgendwas tickt. Ich bleib sitzen. Ich stehe jetzt nicht auf. Ich lass diesen Moment jetzt so. Was für ein Luxus, was für eine herrliche Nutzlosigkeit. Was für eine Rebellion gegen Zeitoptimierung.

Na klar, es gibt auch noch die unerträgliche Langeweile. Für manche Menschen ist der sonntägliche *Tatort* beispielsweise ein Muss, ein Ritual, ein klassischer Wochenausklang. Ich hingegen würde «im dunklen Zimmer sitzen» dem *Tatort* immer vorziehen – die Langeweile, die ich empfinde, wenn ich diese deutschen Laberkrimis sehe, ist nicht die coole, sondern die nervige. Die kann ich nur schwer ertragen. Aber ich muss es ja auch nicht gucken.

Ich langweile mich auch oft auf Konzerten. Klar, manche sind spannend oder aufregend, aber wenn da eine Band steht, die einfach nur ihre Lieder runterspielt, sodass ich als Zuschauer das Gefühl habe, ich müsste mich dafür entschuldigen, dass sie jetzt da oben stehen und spielen müssen, dann ist das leider auch nicht unbedingt die coole Variante von Langeweile, an die ich da denke. Und frage mich, ob denen dabei nicht auch öde ist? Stehen die auf der Bühne, weil sie müssen? Träumen sie eigentlich gerade davon, auf ihrer Couch zu liegen und Erdnussflips von ihrem Bauch zu essen?

Als meine Tochter im Grundschulalter war, habe ich sie manchmal dabei beobachtet, wie sie durch ihr Zimmer streunte. Sie hielt sich kurz an den Büchern auf, aber stellte sie wieder ins Regal. Dann machte sie eine Kassette an, aber nach der Titelmusik gleich wieder aus. Sie fing an, ein Bild zu malen, aber es blieb bei nur wenigen Strichen. Dann kämmte sie ihre Barbies, fast widerwillig. Und dann, ich wusste es immer, kam der Moment, an dem sie zu mir kam und mit der mitleiderregendsten Stimme, die ihr möglich war, maulte: «Mir ist laaaaaaaangweilig!»

Und dann hab ich gegrinst und gesagt: «Mir auch.» Und gedacht, wie sehr sie es eines Tages mal lieben wird, sich daran zu erinnern.

Bettina Rust
Nicht einfach mal nichts tun

Mit dem Begriff Nichtstun verhält es sich ein bisschen wie mit dem Wort Europa.

Asiaten oder Amerikaner mögen wissen, wohin sie wollen, wenn sie «nach Europa» fliegen, aber für einen Europäer ist diese Aussage viel zu allgemein. Trotz gleicher Währung und scheinbar identischer Fußgängerzonen gibt es ja zum Glück gravierende Unterschiede zwischen den verschiedenen Ländern dieses Kontinents.

Ähnlich verhält es sich eben mit dem Nichtstun, denn nichts zu tun hat viele Gesichter, von denen längst nicht jedes lächelt. Man kann sich etwas schwermütig der Lethargie ergeben, einfach nur passiv fühlen, sich erleichtert-müde von irgendetwas ablenken lassen, Löcher in die Luft starren und damit nicht aufhören können, in eine leichte oder mittlere Depression rutschen, geradezu gelähmt sein, man kann es genießen und jede Sekunde auskosten, dösen, oder erschöpft zur Ruhe kommen.

Sie unterscheiden sich schon sehr voneinander, die Nichtstuereien, ob nun das böse Zeittotschlagen mit der Strumpfmaske auf dem Kopf, die hässliche Langeweile mit den struppigen Haaren und der grauen Haut oder die Schönste im Reigen, die Muße: ein freundlicher, warmer Zustand mit Sternchen, ein lässiger und wunderbarer Moment mit sich und der Welt, ein willkommenes Vakuum. Muße ist die Königin der ruhigen, passiven Zeit, und wäre sie einfach zu erlangen, dann gäbe es wohl Begriffe wie Zeitverschwendung oder Lethargie nicht. Ein paar Naturtalenten mag es gelingen, ohne großes Training bohemiesk hineingleiten zu können ins Wohlige, in dieses innere Schnurren, das Loslassen und tiefe Genießen, dem kein schlechtes Gewissen etwas anhaben kann, kein Termin und kein schönes Wetter, das ans Fenster klopft und im Befehlston durch die Scheiben mahnt: «Komm raus und erlebe was.» Muße ist Verheißung, weil man situativ so zufrieden ist mit sich und dem großen Rest, weil man nicht zweifelt und nicht zerdenkt, und wenn man es täte, dann wäre es keine Muße.

Jeder weiß, dass zur Verfügung stehende Zeit nicht immer als angenehm empfunden wird und uns wie ein Bumerang ins Gesicht knallen kann. Ein freies Wochenende mag zwar gute Voraussetzungen haben, aber ob wir es dann auch schaffen, den Kopf aus- und das Schöne einzuschalten, ist nicht sicher. Unsere Vorstellungen gestalten wir präzise: die weiche Couch, im Idealfall regnet es draußen, keine Einladungen stehen an, der Kühlschrank ist gefüllt, auf dem Tisch sollen Schälchen stehen mit Keksen und Oliven und Käse, die Musik im Hintergrund wird nicht zu laut und nicht zu leise sein, wir wickeln uns in eine kuschelige Decke und umfassen die Tasse unseres Heißgetränks absichtlich mit beiden Händen, ganz so, als wäre uns kalt, denn auf diese Art wirkt Trinken immer gleich viel gemütlicher. Vor und neben uns liegen Bücher und Zeitschriften, die wir schon längst gelesen haben wollten. Wunderbar.

Der Zusatz «… die wir schon längst gelesen haben wollten» ist übrigens ein gut getarnter Muße-Killer, denn hier kollidieren freie Zeit und die Erwartung, Unerledigtes endlich zu erledigen, sobald sich die Gelegenheit dazu bietet. In unseren Wohnungen und Häusern lauert eine aufdringliche Clique stummer Vorwürfe in Gestalt nie aussortierter Fotokisten, nie nachgekochter Rezepte, noch nicht digitalisierter Musik, unerledigter Korrespondenz, nicht umgetopfter Pflanzen, nicht abgehefteter Quittungen und unangenähter Knöpfe. Unsere Dachböden, Keller und Garagen sind zumeist voller Ballast, Krempel, der uns zuruft: «Weg damit! Mach doch heute, hast ja Zeit», und wir möchten zurückrufen: «Also jetzt nun gerade nicht, ich will das Nichtstun genießen. Lasst mich in Ruhe.» Dieser Kram nervt und belastet uns längst, aber das schlechte Gewissen ist ein höchst elastisches Gefäß, in das erstaunlich viel hineinpasst. Wer den mahnenden Stimmen lediglich den Mund zuhält, der kann noch so viele Käse- und Olivenschälchen auf den Tisch stellen, noch so viele Kerzen anzünden oder in Zeitschriften blättern. Er wird schnell merken: der Bausatz allein reicht nicht, denn die innere Unruhe bleibt. So sieht man sich höchstens beim vermeintlichen Nichtstun und Genießen zu, das echte Gefühl aber wird nicht entstehen. Erst wenn die Selbstvergessenheit kommt, wenn Herz und Gehirn ihre Kompassnadeln auf «Entspannung» stellen, zeigt sich mit etwas Glück die scheue Muße.

Tja, oder die Langeweile, ein harter Gegner. Alles ist irgendwie eher Moll als Dur, uns fehlt die Lust zu allem, kein Impuls dringt durch. Unsere Dopamin-Rezeptoren stehen abgewandt mit verschränkten Armen im Gehirn herum und lassen sich partout nicht davon überzeugen, durch irgendetwas getriggert zu werden. Wie ein alter Kaugummi fühlt sich Langeweile an, zäh, freudlos, ohne Geschmack und klebrig. Haben wir das falsche oder zu wenig Werkzeug, um uns aus diesen Minuten und Stunden herauszufräsen? Wie machen das die anderen bloß?

Wenn sie Teil der Joghurt-Familie aus dem Werbespot sind, dann springen diese Anderen voller Freude ins «Weekend-Feeling», ein Fake, den wir gleichermaßen durchschauen und doch auch herbeisehnen. Diese Familie kommt mit gefüllten Körben und roten Wangen vom Einkaufen, wahnsinnig gut gelaunt und voller Vorfreude auf ein langes Wochenende mit freier Zeit und muckeligen Momenten. Vielleicht spielen die Eltern mit ihren sommersprossigen Kindern einvernehmlich Uno, gemeinsam schneidet man auf der Kochinsel lachend Tomaten in gleich große Stückchen, zupft bedächtig selbstgezogenes Basilikum vom Strang, isst und zieht sich anschließend satt und zufrieden auf ein Modul-Sofa zurück, das zu einer riesigen Fläche zusammengeschoben wird, alle lesen still auf ihren Tablets, blättern in ihren Büchern, und in der Mitte berühren sich zärtlich die Familienfüße unter einer sehr großen Decke, die sicherlich nicht kratzt. Auch so ein kollektives Ruhe- und Entspannungserlebnis kann Muße bedeuten.

In einer anderen Welt. Denn natürlich wissen wir, dass es auf diese Weise normalerweise nicht abläuft, weil der Mann irgendwann zum Sport geht und danach noch einen trinken, was so nicht abgesprochen war, aber «du machst ja eh, was du willst», der Sohn nur kurz schreiend aus seiner WhatsApp-Welt erwacht, weil er unterm Kanye-West-Sweatshirt den seit Wochen vergessenen, komplett dehydrierten, toten Hamster findet, die Tochter 3 Stunden durchheult, weil Lou-Anne und Anne-Jeanne heute ohne sie zum Voltigieren gefahren sind, und die Mutter sich fragt, wie wohl alles gekommen wäre, wenn sie dem Drängen eines Studienfreundes nachgegeben und ein freiwilliges soziales Jahr in Peru absolviert hätte, während sie heimlich aus dem Fenster des Gäste-WCs den traurigen Rauch ihrer Zigarette bläst.

Zur Hölle mit den Illusionen. Wir halten Familien für glücklicher, als sie es sind, Beziehungen für perfekter, und in die ruhigen Momente anderer interpretieren wir eine beneidenswerte Lebensqualität hinein, Savoir-vivre, weil wir uns an etwas orientieren möchten, oder einfach, weil uns diese Bilder durch Bücher, Filme und Songs bestens bekannt sind. Sie liefern die Szenen und den Soundtrack für unseren eigenen Lebensfilm, so autark wir auch sein mögen. Und wir leihen uns diese Phantasien gerne aus.

Für mein Leben wird dies am deutlichsten beim Muße-Klassiker «Frühstück im Bett». In der Theorie smooth, in der Praxis eine Bitch: Durch die elastische Matratze schwappt zuerst der Kaffee über den Rand der Tasse, dann springt der Hund auf das Kissen, woraufhin der Käse vom Brot aufs Laken fällt. Das Zeitunglesen mag gemütlich wirken, ist aber anstrengend, weil man die Arme ausstrecken muss. Beim Umblättern kippt schließlich das Glas mit dem Orangensaft auf die Decke – vielen Dank, dieser Phantasie kann ich schon mal nicht frönen. Dafür kann ich Sonntage, und zwar sehr. Der Sonntag ist meine Legitimation und mein Steigbügel für genießerisches Nichtstun, für die Chance auf echte Muße, vorausgesetzt, die *Hörbar* ist bereits aufgezeichnet. Ein wunderbarer Tag mit einer Konsistenz wie warmer Honig, gemacht, um sich darin zu versenken. Die äußeren Umstände helfen dabei: leere Straßen, geschlossene Geschäfte, keine E-Mails, alles ist stiller. Es gibt ja viele Menschen, die sonntags in eine Schwere rutschen, in ein dumpfes 24-Stunden-Loch, nicht umsonst existiert die Formulierung «Sonntagsblues». Morrissey singt «Everyday is like Sunday, everyday is silent and grey», gut, das kann in seinem Fall durchaus auch am Eisenmangel liegen. K. D. Lang, die ein bisschen gesünder aussieht, sagt «Sunday, Sunday, the one day, I revere, let no one interfere ... when the world disappears, let the world disappear». K. D. kann der Stille und dieser eigentümlichen Leere etwas abgewinnen, sie käme gar nicht auf die Idee, Zeit totschlagen zu wollen, eher tanzt sie mit ihr, very slowly, of course.

Apropos Tanzen: ich müsste jetzt eigentlich noch ein paar CDs zusammenstellen und die Papiere in meinen Fächern ordnen. Hatte ich mir vorgenommen. Und ich wollte was kochen, aber mir fehlt die Energie. Ich drehe mich vom Schreibtisch um und sehe auf meinen Freund, den Kamin. Seit es ihn gibt, ist es so leicht geworden mit dem inneren Dahingleiten. Gleich werde ich aufstehen, die Glastür hochschieben, ein paar Scheite hineinlegen und das Feuer entzünden. Augenblicklich wird es da sein, das ruhige Knistern, das mir hilft, Post und Belege, E-Mails, ungelesene Bücher und ungekochte Eintöpfe zu vergessen, den Streit zwischen Etwas-machen-Müssen und Nichts-tun-Wollen beizulegen. Gleich wird das Licht flackern, und die Hypnose beginnt, eine Ruhe breitet sich aus, und die Muße setzt sich neben mich aufs Kissen. Dann tue ich mit größter Zufriedenheit und ohne jedwede Langeweile einfach nur: nichts.

Wolfgang Müller

Die Langeweile, sie lebe hoch, hoch, hoch!

Die langweiligste Stadt der Welt liegt in Niedersachsen und heißt Wolfsburg. Ich darf das behaupten, denn ich bin dort geboren. Das war im Jahr 1957. Als Kind wuchs ich hauptsächlich mit den Erzählungen meiner Mutter über Ostpreußen auf. Am Ort ihrer Geburt und ihrer Jugendzeit war nämlich alles wunderschön, und es wurde vor allem niemals langweilig, in ihren Erzählungen.

Meine Mutter Edith war gerade einmal fünfzehn Jahre alt, als sie mit ihrem Vater, ihrer Mutter und den fünf Geschwistern von Königsberg aus vor der Roten Armee über die Ostsee nach Kiel flüchtete. Von dort aus zog die Familie weiter und landete in einer Stadt, die 1938 mit der Grundsteinlegung des Volkswagenwerkes durch Adolf Hitler gegründet wurde. Sieben Jahre lang, bis Kriegsende im Mai 1945, trug die Stadt den provisorischen Namen «Stadt des KdF-Wagens bei Fallersleben». Auf Drängen der britischen Besatzungsmacht wurde sie am 25. Mai 1945 in Wolfsburg umbenannt, nach dem gleichnamigen, nahegelegenen Schloss.

Meinen Vater Rudolf lernte Edith ein paar Jahre später in Wolfsburg kennen. Der hatte gerade seine Tischlerlehre beendet, als er in den 1940er Jahren von der Wehrmacht eingezogen und als Soldat in Norwegen auf einem Kriegsschiff stationiert wurde. Davon erzählte er nie etwas. Nach zweijähriger englischer Kriegsgefangenschaft landete mein Vater 1947 in Wolfsburg. Auch von seinem Geburtsort in Böhmen erzählte er seinen Kindern fast nichts. Es war Althabendorf, in dem er aufwuchs und seine Jugend verbrachte: Stráž nad Nisou. Die nächstgelegene größere Stadt nannten die deutschen Bewohner Reichenberg, die tschechischen Liberec. In unserem Wohnzimmer hing ein gerahmtes Foto seines Elternhauses mit dem Schriftzug Althabendorf. Mit einer Kopie dieses Fotos fuhr ich dreißig Jahre nach dem Tod meines Vaters nach Stráž nad Nisou und fand tatsächlich dieses Haus. Auf den Holzbänken des kleinen Bahnhofs saßen Menschen mit Weidenkörben, voller Steinpilze, Maronen, Perlpilze und Pfifferlinge. Nun glaubte ich zu wissen, warum das Pilzesammeln für meinen Vater immer eine so große Rolle gespielt hatte. Wenn er nämlich mal Freizeit hatte, nach der Arbeit im Schichtbetrieb am Fließband von VW, dann wollte er am liebsten Pilze sammeln gehen, in den Buchenwäldern der Umgebung, mit der ganzen Familie. Soweit ich mich erinnere, fand meine Mutter das Pilzesammeln weniger interessant. Edith Müller ging lieber zu den Versammlungen der ostpreußischen Landsmannschaft, sang dort im Chor und tauschte Jugenderinnerungen mit Kriegerwitwen aus. Mir gefiel das Pilzesammeln ziemlich gut, dieses Waldbodenscannen. Beim Säubern, Schälen und Kleinschneiden der Pilze ging meine Mutter äußerst behutsam vor. Sie hatte Angst, es könne ein Giftpilz darunter sein. In der Tat ähnelt so ein Knollenblätterpilz sehr stark dem Perlpilz. Vielleicht schmeckte Perlpilzsuppe mir deshalb nicht, im Gegensatz zu gebratenen Maronen und Steinpilzen mit Schinkenwürfeln.

Da in Wolfsburg fast nie etwas los war, die Stadt sterbenslangweilig, begann ich zunächst den gesamten Bücherschrank meiner Eltern durchzulesen, jedes einzelne Buch von oben bis unten. Irgendwann hatte ich alle Bücher durch, von Theodore Dreiser «Eine Amerikanische Tragödie» bis Pearl S. Buck «Und fänden die Liebe nicht». All die Schwarten, die der Bertelsmann Lesering meinen Eltern im Abonnement ins Haus geliefert hatte. Wenn ich zwischendurch aus dem Fenster schaute, sah ich kleine Vögel, die in unserem Garten herumflogen. Ich blätterte durch das Kosmos-Bestimmungsbuch «Was fliegt denn da?» und fand ihre Namen. Es waren Buchfink, Dompfaff, Stieglitz, Hausspatz, Feldsperling, Amsel, Drossel, Klappergrasmücke, Kohl- und Blaumeise. Irgendwann kannte ich alle. Plötzlich war ich zum Vogelspezialisten der Familie geworden, aus reiner Langeweile.

Sämtliche Langspielplatten, die ich als Jugendlicher in Wolfsburg kaufte, stammten aus dem Ramschregal eines Plattengeschäfts der Porschestraße. Vor dem Laden stand ein Tisch mit ausrangierten, im Preis stark heruntergesetzten Langspielplatten. Hier entdeckte ich die Platten von Velvet Underground, David Bowie und Roxy Music – allerdings immer zuerst über ihre Cover. Zu den ersten LPs, die ich aus dieser Grabbelkiste erwarb, zählt *Soon Over Babaluma* von Can. Es war das silberne Plattencover mit der bizarren Mondlandschaft, das mich neugierig machte. Die Musik passte tatsächlich perfekt dazu. Solche Musik wurde seinerzeit sehr selten im Radio gespielt, und wenn, dann vermutlich irgendwann nach Mitternacht. Auf dem Flohmarkt vor dem Rathaus erstand ich 1975 das Doppelalbum *Metal Machine Music* von Lou Reed. Der Verkäufer hatte die LPs gerade selber erst erworben, angespielt und sofort auf den Flohmarkt gebracht. Er warnte mich, die Musik sei total monoton und nerventötend. Deshalb wollte er auch nur eine Mark dafür.

Außerhalb der Stadtgrenzen von Wolfsburg, in der Gemeinde Kästorf, gab es eine kleine Diskothek. Dort lief am Wochenende manchmal Musik, die mir gut gefiel. Die Besitzer waren griechische Migranten und hatten ihren Laden *Mykonos* genannt. Aus Wolfsburg engagierten sie junge DJs, die sogenannte progressive Rockmusik und Glamrock spielten. Immer wenn Lou Reed's *Walk on the Wild Side* erklang, tauchten plötzlich die New Yorker Superstars von Andy Warhols Factory auf, Holly Woodlawn, Candy Darling, Joe Dallesandro, Jackie Curtis und Joe Campbell. All die schwulen Ikonen, Drag-Queens und Transgender-Stars beschreibt Lou Reed in diesem Song: Holly Woodlawn trampt von Miami quer durch die USA nach New York – und landet nun in Wolfsburg, in der Diskothek *Mykonos*.

Als Jugendlicher trampte ich außerdem oft von Wolfsburg nach Westberlin. Das war ganz einfach, da die Grenze zur DDR nur zwanzig Kilometer entfernt war. Anhalter mussten vom Fahrer wegen der Visa durch die gesamte DDR bis nach Berlin mitgenommen werden. In Westberlin war immer etwas los. Manche Lokale und Kneipen waren durchgehend geöffnet. Ständig traf ich Menschen, die gerade künstlerische Projekte planten, die Verlage, Fanzines oder Theater- und Musikgruppen gründeten.

Langweile gab es im Grunde nie. Irgendwann vermisste ich sie, die Langweile. Es war einfach zu viel los. Die Langweile ersetzte vielleicht mein Heimweh, das ich ja gar nicht kannte. Und das begann so: In Westberlin zeigte das Arsenal-Kino eine Reihe von Andy-Warhol-Filmen: *Trash*, *Flesh*, *Heat*, *My Hustler*, *Women in Revolt* und *Lonesome Cowboys*. In diesen Filmen ereignete sich in manchen Phasen fast nichts oder nichts Besonderes. Aber selbst wenn sich wenig oder fast nichts ereignete, jemand nur eine Banane aß, sich manikürte, sich ausgiebig rasierte oder einfach nur stumm herumsaß, schaute ich sehr gerne zu. Die Filme hatten eine anregend-entspannende Wirkung auf mich, ähnlich wie das Vogelbeobachten oder Pilzesuchen.

Im Jahr 1979, im Alter von neunzehn Jahren, zog ich nach Westberlin. Dort bestand ich ein Jahr später die Aufnahmeprüfung an der Kunsthochschule und gründete mit einem Kommilitonen eine Band, die wir «Die Tödliche Doris» nannten. Bereits nach fünf Monaten, wir hatten überhaupt erst drei oder vier Songs im Repertoire, bot uns ein Hamburger Produzent einen Schallplattenvertrag über mehrere Alben an. Gleichzeitig erhielten wir erste Konzertanfragen. Und nach Veröffentlichung unseres Debütalbums 1982 lud uns die «Biennale de Paris» und ein Jahr darauf bereits «The Kitchen» in New York ein. Diese Jahre waren dermaßen aufregend und vergingen dermaßen schnell, dass mein Bedürfnis wuchs, nun endlich auch die immer als extrem langweilig bezeichneten Filme von Andy Warhol zu sehen, die in keinem einzigen Kino liefen, nämlich *Sleep* und *Empire*. Letzterer ist ein achtstündiger Schwarz-Weiß-Stummfilm, der aus unbewegter Perspektive die oberen Etagen und die Spitze des Empire State Building in New York City bei einbrechender abendlicher Dunkelheit bis tief in die Nacht um 2:42 Uhr zeigt. «Könnten wir den Film vielleicht in voller Länge im Frontkino während unserer ‹Tödliche Doris›-Party zeigen?», schlug ich Jeanne und Dieter, den Betreibern des halblegalen Kreuzberger Lichtspielhauses, vor. Die Party sollte an Pfingsten 1984 bis 3:00 Uhr morgens stattfinden. Doch *Empire* oder *Sleep* wurden von keinem einzigen Vertrieb in ihrem Verleihprogramm angeboten. Ersatzweise zeigten wir im Frontkino dann einen halbstündigen Zusammenschnitt, der kurze Sequenzen aus Warhols Filmen *Kiss*, *Kitchen*, *Haircut* und *Sleep* enthielt, im Loop, immer und immer wieder.

Noch größer als bei *Empire* war mein Wunsch, *Sleep* einmal vollständig zu sehen. In diesem Film ist fast sechs Stunden lang ein unbekleideter Mann beim Schlafen zu sehen. Das klingt natürlich zunächst sehr langweilig, aber wenn man beispielsweise beginnt, während des Zuschauens darüber nachzudenken, was dieser Schlafende da alles so träumt, dann wird der Film plötzlich spannend. Man fragt sich: ist es überhaupt möglich, sich träumend zu langweilen? Also, ist es möglich, dass Schlafende erschreckt aufwachen, weil sie sich träumend langweilen oder ihr Traum todlangweilig ist? Schwer vorstellbar. Mitten aus einem Traum bin ich bisher nur aufgewacht, weil dort viel zu viel oder weil etwas Schreckliches geschah. Aber nicht zu wenig. Andy Warhol fand *Sleep* übrigens auch nicht langweilig, besonders weil damals so viele Menschen Speed nahmen und stolz darauf waren, tagelang nicht zu schlafen: «Maybe it's time to do a movie about somebody who sleeps all night», schrieb er in sein Tagebuch.

Als 1984 der New Yorker Veranstaltungsort The Kitchen meine Band einlud, begegnete ich in der U-Bahn-Station Penn in Manhattan zufällig dem Schlafenden aus *Sleep*, dem Schriftsteller John Giorno. Selber erkannt hätte ich ihn nicht, aber mein Begleiter John war befreundet mit ihm und stellte uns vor. Ich fragte den Poeten, ob er sich noch erinnern könne, was er damals geträumt habe, während er von Warhol, seinem Lover, gefilmt wurde. An seine Träume könne er sich nur selten erinnern, meinte er, er schlafe eigentlich tief und fest.

In einem New Yorker Geschäft erwarb ich einen kleinen Toshiba-Kassettenrecorder KT-R1 mit eingebautem Mikrophon. Nach meiner Rückkehr nach Berlin erwartete ich im Frontkino den Privatgelehrten Bruno Hoffmann aus Hannover. Er sollte dort seinen Vortrag über das *Große Glas* von Marcel Duchamp halten. Bruno Hoffmann hatte seinen von eingeblendetem lautstarken weißen Rauschen begleiteten Vortrag bisher noch nie zu Ende führen können. So fingen bei seinem FU-Vortrag in Berlin-Dahlem nach sechzig Minuten die Studenten an, unruhig zu werden. Genervt fragten sie, wann das denn zu Ende sei. Ähnliches erlebte ich auch bei seinem Vortrag im Büro des MERVE-Verlags: Anwesende zogen sogar den Stecker des Mikrophons und Diaprojektors heraus und versuchten, Hoffmanns Redeschwall gewaltsam zu beenden – aber er drückte den Stecker immer wieder zurück in die Steckdose. Im Kreuzberger Frontkino könne Bruno Hoffmann seinen Vortrag über das *Große Glas* nun erstmals zu Ende führen, das hatte ich ihm im MERVE-Verlag versprochen. Und tatsächlich hörten und schauten die etwa zwanzig anwesenden Punks ihm stundenlang zu, ließen den Privatgelehrten reden, obwohl sie, wie auch ich, vermutlich kaum etwas verstanden, bis zum Ende gegen drei Uhr morgens. Mit meinem neuen Kassettenrecorder nahm ich alles auf, insgesamt fast fünf Stunden. Am Ende hört man im Publikum die zaghafte Stimme von Karsten Rodemann alias Graf Haufen: «Ist das jetzt zu Ende?»

Heute, nach über dreißig Jahren, ist es mir ökonomisch möglich, die inzwischen digitalisierten Tonaufnahmen dieser Veranstaltung auf Vinylschallplatte zu übertragen. Daraus ergaben sich insgesamt neun Langspielplatten, die ich 2017 in einer Gesamtauflage von fünf Boxen veröffentlichen werde: *Die Hyperinterpretation von Marcel Duchamps Großes Glas durch Bruno Hoffmann im Frontkino Westberlin 1984*. Für die meisten Menschen mag dies die langweiligste und überflüssigste LP-Edition der Welt sein – doch ich bin glücklich, diesen Vortrag endlich auch auf Vinyl materialisieren zu können. Wäre diese 9er-Vinyledition überhaupt entstanden, wenn ich nicht in Wolfsburg, sondern in einer anderen, weniger langweiligen Stadt aufgewachsen wäre? Das glaube ich kaum.

Lea Streisand

Die schreckliche Stimme und das langweilige Leben

Der erste Rat, den die Kollegen mir gaben, als meine Kolumne *War schön jewesen* 2014 auf Sendung ging, war: «Lies nicht die Kommentare!» Natürlich hatte ich nichts Eiligeres zu tun, als sofort alle Kommentare zu lesen. In allen sozialen Netzwerken.

«Wie kann eine so junge Frau eine so alte, unangenehme Stimme haben?», war der erste. Den fand ich lustig. Bisher hatte ich Bühnenliteratur gemacht. Das Publikum sah mich, bevor es mich hörte. Ein wackeliges Ding mit langen Haaren und dünnen Beinen, das Richtung Mikrophon taumelte. Und dann die Stimme. Tief. Alt. Die ersten Lacher hatte ich schon, wenn ich nur «Tach!» sagte.

Im Radio ist meine Stimme allein, ohne den Körper als Kontrast, nur mit den Texten, die nicht zum Alter der Stimme zu passen scheinen. Irgendwie komisch. Für manche eine Zumutung.

«Ich weiß», sagte ich neulich zum Tontechniker eines Fernsehteams. Er hatte mich mehrere Minuten lang angestarrt, dann von oben bis unten gemustert und völlig fassungslos gemurmelt: «Du bist Lea Streisand?!»

«Ja, ich weiß», sagte ich. «Bild und Ton passen nicht zusammen.» Und der Tontechniker schüttelte den Kopf und sagte: «Nee, gar nicht.»

Es ist ein merkwürdiges Ding mit dem Radio. Man ist so nah dran an den Leuten. Gerade morgens, in der verletzlichsten Phase des Tages. Der Morgen ist der Montag unter den Tageszeiten. Und meine Kolumne läuft montagmorgens, da ist nicht nur die Nacht vorbei, sondern auch das Wochenende. *War schön jewesen* ist das Gegenstück zum freitäglichen geflötet-gebrummten «Wochenende!» der Kollegen Rupp und Azone. Nachdem meine Kolumne gelaufen ist, müssen die Leute in den Schacht, in die Schule, aufs Amt, zur Arbeit. Menschen müssen sich mit Menschen auseinandersetzen. Das Grauen geht von vorne los. Sisyphos spuckt in die Hände und beginnt sein sinnloses Tagwerk von vorn. Meine Stimme ist die Verheißung all dessen. Kein Wunder, dass sie unangenehm klingt!

Welch merkwürdige Intimität uns aber auch mit dem Radioapparat verbindet! Er ist dabei, wenn wir duschen oder Zähne putzen, frühstücken oder im Stau stehen. *She's got nothing on (but the radio)*, singen Roxette.

Man ist ja auch so wehrlos gegen den Apparat. Man schaltet ja nicht einfach um, wenn einen das Programm nervt, so funktioniert das nicht. Radiohören ist viel intimer als Fernsehen. Das Grundprinzip des Fernsehens ist Zappen, stetiges Umschalten. Das Radio dreht man höchstens lauter, wenn ein guter Song läuft – oder lautlos, wenn die schreckliche Stimme kommt. Fernsehen ist wie Tinder-Dating; das Verhältnis zu einem Radiosender dagegen ist wie eine Ehe. Ich wechsele ja auch nicht einfach zum nächsten Mann, weil mir meiner gerade auf die Ketten geht. (Und das tut er bisweilen, gerade morgens!)

Ich verstehe den Schock, wenn da plötzlich eine neue Stimme im Radio ist. Als würde der Gatte plötzlich mit neuer Frisur nach Hause kommen. Da muss man sich ja auch erst einmal dran gewöhnen. *Mein Baby war beim Friseur, jetzt mag ich sie nicht mehr*, singen die Ärzte. Und Geräusche gehen tiefer als Bilder, direkt ins Unbewusste, in die Eingeweide der Seele sozusagen. Ist ja auch kein Wunder. Hören konnten wir schon vor unserer Geburt, richtig sehen dagegen erst, als wir schon monatelang auf der Welt waren.

Als die Kolumne ein paar Wochen lief, wurden die Kommentare explizit. Ich kannte das schon. Es ist immer dasselbe. Wenn Frauen in dem, was sie tun, erniedrigt werden sollen, wird über ihren Nutzen als Sexualobjekt verhandelt. Es ist ein Gesetz. Entweder heißt es: «Mit der will doch keiner schlafen, deswegen macht sie das!», oder: «Die hat sich doch hochgeschlafen, deswegen macht sie das!» Ganz kreative Köpfe kommen sogar auf die Kombination: «Die hat sich doch hochgeschlafen, und jetzt will sie keiner mehr. Deswegen macht die das!» Manchmal finde ich das lustig, manchmal traurig, manchmal macht es mich wütend. Aber meistens ist es einfach nur langweilig.

Apropos langweilig, mittlerweile lauten die Kommentare zu den Kolumnen eher: «Wann hört diese Frau mit der schrecklichen Stimme endlich auf, uns mit langweiligen Geschichten aus ihrem langweiligen Leben zu nerven?»

Über den hab ich lange nachgedacht.

Es tut mir leid, wenn sich Leute bei meinen Texten langweilen.

Langeweile kann ein unangenehmer Zustand sein, jener der Unterprivilegierten, der Kranken, Armen und Pensionisten, derer, die aus unserer Gesellschaft rausgefallen sind, wie Mehlstaub durch ein Sieb beim Kuchenbacken. Langeweile ist das Gefühl, nichts Sinnvolles tun zu können. Das macht Angst. Und arm. Denn Zeit ist Geld. Kant nennt die Langeweile eine «Anekelung der eigenen Existenz aus Leerheit des Gemüts».

Als mir das letzte Mal richtig langweilig war, war ich schwerkrank. Das war schlimm, weil ich keine Kontrolle mehr über die Zeit hatte. Über meine Zeit. Ich war eingetaktet in einen Rhythmus, der von Medikamenten und Maschinen bestimmt war. Und in den Pausen musste ich einfach nur warten. Und Warten ist die Folter unserer Gegenwart.

Schopenhauer schreibt, gewohnt lebenslustig: «So ist offenbar, daß, wie bekanntlich unser Gehn (Sic!) nur ein stets gehemmtes Fallen ist, das Leben unseres Leibes nur ein fortdauerndes gehemmtes Sterben, ein immer aufgeschobener Tod ist: endlich ist ebenso die Regsamkeit unseres Geistes eine fortdauernd zurückgeschobene Langeweile.»

Langeweile ist also wie Stolpern, das gefällt mir. Mit Stolpern kenne ich mich aus. Passiert mir nämlich ständig. Deswegen fahre ich so viel Fahrrad. Andere Geschichte.

Johann Wolfgang von Goethe, die alte Arbeitsmaschine, findet dieses Stolpern sogar gut. Er hat der Langeweile eine Ode gewidmet. Mehrere Oden. Für ihn ist sie «die Mutter der Musen», aus ihr entsteht alle Kunst. Das finde ich super!

Während ich dies schreibe, ist es Nacht geworden. Im Fernsehen läuft *Sherlock*. Ich gucke wahnsinnig gerne nebenbei Fernsehkrimis, wenn ich nachts schreibe. Es bringt alltägliche Geschäftigkeit in mein Arbeitszimmer. Als säße ich in einem Gemeinschaftsbüro. Nur dass ich diese Kollegen abschalten kann, wenn sie mir auf die Nerven gehen. Krimis motivieren mich. Weil sie letztlich immer Geschichten gelingender Arbeit sind. Es gibt ein Problem (den Mord), und fleißige Menschen tun so lange ihre Pflicht, bis das Problem beseitigt und der Mord aufgeklärt ist. Genau das ist der Unterschied zum Thriller, und genau das macht Krimis so beruhigend, so befriedigend, so wunderbar langweilig! Kein Wunder, dass der *Tatort* sonntagabends läuft! Was sollte uns besser auf den Montagmorgen und die neue Arbeitswoche vorbereiten?

Sherlock, diese BBC-Serie mit dem katzenäugigen Benedict Cumberbatch in der Titelrolle, erzählt übrigens vom Wettbewerb zweier Genies – Sherlock Holmes und seinem Gegenspieler James Moriarty –, deren beider Antrieb nichts anderes ist als Langeweile. Aus purer Langeweile mordet der eine und ermittelt der andere.

Das ist ein Ansatz, mit dem ich mich anfreunden kann. Womöglich treibt die Qual meiner Kolumnen Menschen dazu, das zu tun, was sie wirklich wollen. Das wäre doch schön.

Langeweile ist auch das grundlegende Erzählprinzip der Serie, im Fernsehen genauso wie im Radio. Eine Serie ist die ständige Wiederholung und Variation des Immergleichen. Genau darin imitiert die Fernsehserie den Alltag, den sie begleitet. Und Radio ist in seiner Beiläufigkeit noch viel alltäglicher als Fernsehen. Radio wird immer nebenbei gehört, während Fernsehfilme von mindestens zwei Sinnen ignoriert werden müssen, um, zum Beispiel, nebenbei zu arbeiten.

Genau deshalb bin ich so froh, eine Serie im Radio zu haben. Weil das gewissermaßen der Gipfel der Alltäglichkeit, der Langeweile ist. Und genau darauf will ich ja mit meinen Kolumnen die Aufmerksamkeit lenken; auf das, was immer übersehen wird, auf die unwichtigen, die stinknormalen Dinge. Die Stiefkinder unserer Wahrnehmung, die interessieren mich. Ich finde das Langweilige so wahnsinnig spannend!

Mittlerweile ist es Montag, fünf Uhr morgens. Die Jungs im *Schönen Morgen* gehen auf Sendung, auf der Standspur der A 100 sind Radfahrer unterwegs. In meinem Fernseher steht Sherlock Holmes gerade nackt im Buckingham Palace.

Ich gehe schlafen. Das ist mir alles viel zu aufregend.

Und meine eigene Stimme höre ich sowieso nicht gern im Radio.

5.
Zurück in die Zukunft – Zeitreisen aller Art

«Passen Sie beim Wiedereintritt in die Zeit auf,
da wird's 'n bisschen holprig.»

(Marty / Zurück in die Zukunft)

Knut Elstermann
Unterwegs in der Zeit

Der Film ist, wie alle erzählenden Kunstformen, ein sich in der Zeit ausbreitendes Medium, er nimmt eine gewisse Erzählzeit in Anspruch. Rückblenden und visionäre Vorgriffe der Geschichte gehören zu den gängigen Mustern, in gewissem Sinne sind das Zeitreisen im Kopf der Figuren, die sich erinnern oder phantasieren. Da das Kino immer etwas Verspieltes hatte, durchbrachen die Filme schon bald die Unerbittlichkeit des Zeitstrahls, machten Reisen in andere Epochen möglich, hoben die knallharte Logik des Vorher und Nachher auf. Die Helden wurden mittels ausgetüftelter Zeitmaschinen in die Vergangenheit versetzt, manchmal mit eigenwilligen Fahrzeugen oder durch bloße Willensanstrengung, gelegentlich einfach nur durch einen kräftigen Schlag auf den Kopf.

In *Three Ages*, einem Stummfilm von 1923, wandert die stets ernste Figur des genialen und heute leider fast vergessenen Komikers Buster Keaton ohne weitere Erklärung durch drei Zeitalter: Steinzeit, römische Antike und Gegenwart. Dort will er immer das gleiche Mädchen erobern, was man als Ausdruck größter Treue beurteilen könnte.

Ganz wundervoll poetisch löste der große tschechische Regisseur Karel Zeman, ein Meister des phantastischen Kinos, das Problem der Zeitreise. In *Reise in die Urzeit* von 1955 paddeln vier abenteuerlustige und wissensdurstige Jungen mit einem Ruderboot auf einem Fluss in eine Höhle hinein. Der Strom ist natürlich ein Symbol für die fließende Zeit. Sie gelangen darauf in das Altertum der Erde, begegnen Dinosauriern und anderen Urzeit-Tieren, die Zeman liebevoll animierte und mit dem Realfilm verband, ohnehin eine seiner Spezialitäten. Das ist sehr anschaulicher Erdkunde-Unterricht für die Jungen und für uns.

Eher technisch ging Regisseur George Pal seine Zeitreise in der Verfilmung von H. G. Wells' berühmtem Roman *Die Zeitmaschine* von 1960 an. Der Apparat, dessen Wirkungsweise naturgemäß etwas nebulös bleiben muss, ist eine schöne, detailreiche, rotierende, blinkende, verrückte Maschine mit einem roten Plüschsessel, in dem man sicher auch weiteste Zeitentfernungen ohne Blessuren überstünde.

Ob *Zurück in die Zukunft*, *Superman* oder *Star Trek* – diese Filme geben ihren Figuren die wunderbare, uns verwehrte Chance, sich frei in der Zeit zu bewegen. Zeitreisen finden sich selbst in romantischen Liebesfilmen wie *Das Haus am See* (2006) mit Sandra Bullock und Keanu Reeves, übrigens ein sehr viel besseres Werk als der kitschige und überladene Film *Die Frau des Zeitreisenden* von 2009 mit Eric Bana und Rachel McAdams.

Als ein überragender Spezialist für Touren durch die Zeit erwies sich Ex-Monty-Python-Star Terry Gilliam schon in seinem phantasiesprühenden *Time Bandits* (1981), in dem sechs Zwerge zusammen mit einem kleinen Jungen durch Löcher im Universum in verschiedene Epochen reisen. Sein Zeitreise-Meisterwerk schuf er aber mit *12 Monkeys* von 1995. Bruce Willis reist darin als Freiwilliger aus einer schrecklichen Zukunft in das

Jahr 1996, um das Virus zu finden, das fast die gesamte Menschheit hinwegraffen wird. Der raffiniert gebaute, verschachtelte Film, mit seinen Reisen in die Zeit und das Unterbewusstsein ist so fesselnd, dass man sich logische Fragen erst sehr viel später stellt, wenn überhaupt. Die Magie des Kinos lässt hier die Kontinuität der Zeit überzeugend hinter sich.

Zeitreisen, die leider ein rein theoretisches Abenteuer sind, stellen die Philosophen vor ein spannendes Problem, über das man endlos nachdenken kann, das sogenannte Großvater-Paradoxon. Reiste ich nämlich in die Vergangenheit, um etwa meinen Großvater, aus welchen Gründen auch immer, zu ermorden, sollte ich das zu einem Zeitpunkt tun, da er meinen Vater bereits gezeugt hat, sonst verschwände ich augenblicklich von der Bildfläche. Das ist nur eine sehr einfache Variante des Paradoxons, es ließe sich auch sehr viel subtiler und unendlich komplizierter entwickeln. Kann die Zeitreise überhaupt stattfinden, wenn ich die Voraussetzungen dafür in der bereisten Vergangenheit beseitigt habe? Könnte ich mir selbst begegnen? Der von mir sehr verehrte Science-Fiction-Autor Philip K. Dick, der die Vorlagen zu Film-Klassikern wie *Blade Runner*, *Minority Report* und *Total Recall* lieferte, hat sich in vielen seiner Werke mit diesem Gedankenexperiment auseinandergesetzt, mit diesen Reisen in eine Vergangenheit, die zu einer anderen Gegenwart führen würden. So tritt auch der berühmteste aller Zeitreisenden in die Filmgeschichte, der Terminator, der bekanntlich nackt aus der Zukunft in das Jahr 1984 kommt, um Sarah Connor umzubringen, damit diese nicht den späteren Anti-Maschinen-Rebellen John zur Welt bringen kann, also Revolutions-Verhinderung durch prophylaktisches Töten. Aber es müssten gar nicht solche blutigen Mordaktionen sein, schon die kleinste

Veränderung in der Vergangenheit, der sprichwörtliche Sack Reis, den ich zum Beispiel in China umstieße, könnte ungeahnte, verheerende Wirkungen für die Gegenwart entfalten, könnte meine eigene Existenz aufheben. In der Vergangenheit wären wir alle, ob wir es wollten oder nicht, Elefanten im Porzellanladen. Grandios spielte dies der Film *The Butterfly Effect* mit Ashton Kutscher durch, der mit Zeitreisen seine Freundin retten will, aber die Wirkungen auf die Gegenwart nicht absehen kann. Der Flügelschlag eines Schmetterlings kann einen Tornado auslösen ...

Für radioeins, dessen 20. Geburtstag schließlich der Anlass dieser kleinen Zeit-Grübelei ist, bedeutet diese Erkenntnis ganz einfach: Würden wir zu den Anfängen zurückreisen, als uns ein wirklich eisiger Wind entgegenschlug, als wir angesichts der Neuartigkeit dieser Radio-Idee, aber natürlich auch unserer Anfängerfehler mit viel Kritik und Häme übergossen wurden, würden wir versuchen, genau unsere damaligen Schwächen nachträglich abzustellen, wären wir heute nicht die, die wir sind. Und das wäre doch wirklich schade.

Ulrike Sterblich

Onkel Heinz und Christopher Mayhew fallen aus der Zeit

Gestern ist Onkel Heinz gestorben. Zuletzt hatten wir Tante Gitti und Onkel Heinz an einem Karfreitag besucht. Früher sah man sich bei Familienfeiern, aber irgendwann konnte Heinz nicht mehr so gut raus, und Gitti wollte ihn nicht allein lassen, deshalb blieben sie zu Hause.

Wahrscheinlich hatte ich sie davor seit gut einem Jahr nicht mehr gesehen, oder waren es schon zwei? Zwei Jahre, das ist immerhin doppelt so lang wie ein Jahr, und trotzdem schien mir beides gleichermaßen möglich.

Bei Gitti und Heinz zu Hause war es schon immer so sauber und aufgeräumt wie sonst nirgendwo. Früher, als sie noch ein Auto hatten, war auch das immer tipptopp. Als sie noch mitten in Schöneberg wohnten, hatte Onkel Heinz seinen Opel in einer extra angemieteten Garage untergestellt. Vor dem Einsteigen, so erzählte es meine Mutter, musste man sich die Schuhe abbürsten, die Bürste wurde dann sorgfältig ausgeschüttelt, in eine Tüte verstaut und in den Kofferraum gepackt. Später kaufte Opel ihm den Wagen wieder ab, als Ausstellungsstück, weil es ein derart gut erhaltenes Modell dieser Baureihe sonst kaum noch gab. Noch später meldete sich ein Mann bei Gitti und

Heinz, ein Autoliebhaber, der den Wagen seinerseits wieder von Opel gekauft hatte und sich nun unbedingt mal die Leute ansehen wollte, die es geschafft hatten, das Auto in einem so makellosen Zustand zu konservieren.

Es erfreut den Menschen, wenn etwas Altes aussieht wie neu. Umgekehrt eher nicht. «Du hast dich gar nicht verändert» geht als Kompliment durch, «Bist du aber alt geworden» sagt man selbst dann nicht, wenn es den Tatsachen entspricht.

Heinz war U-Bahn-Fahrer gewesen. Nachdem er in Rente ging, sind Gitti und er von Schöneberg nach Steglitz gezogen, wo sie sehr beschaulich am Botanischen Garten wohnten, mit Blick auf das Tropenhaus.

Als wir zur Tür hereinkamen, strahlte Heinz mich an und rief mit seinem sehr ostpreußischen Zungenschlag: «Ist die groouuusss geworden! Mann! Was biste groouuusss geworden, Mädel!»

Ich bin deutlich über vierzig.

Wir gingen ins Wohnzimmer, Tante Gitti hatte Rhabarberkuchen gebacken. Bevor ich mich setzte, sagte Heinz: «Ist das Mädel groouuusss geworden!»

Wie sich herausstellte hielt er mich für meine Mutter. Die kannte er nämlich auch schon als Kind. Dann sagte er Sachen auf Russisch. Er rede jetzt oft russisch, erzählte Gitti, dabei war Russland 65 Jahre her. Heinz war nicht im Krieg, er wurde mit sechzehn Jahren aus Ostpreußen verschleppt, um auf sowjetischen Äckern und in Bergwerken zu arbeiten. Und genau da war er nun wieder, während wir Rhabarberkuchen aßen.

«Um Mitternacht kommse rin: wieder zehn Tote. Immer Mitternacht.»

«Jetzt hör auf mit den Gruselgeschichten, Heinz», sagte Gitti mit Blick auf meinen Sohn.

«Zehn Tote, alle nackt, hamse schon ausjezogen die Kleider denen. Mussten wir die Toten im Schnee vergraben.»

«Heinz!»

Mein Sohn schaufelte ungerührt weiter Kuchen in sich rein.

«Und die Wölfe hamse wieder ausjegraben, in der Nacht.»

«Heinz!»

Erschöpfung, Erfrierungen, Karzer, verschüttet im Bergwerk und überall der Tod. Immer wieder sagte er: «Die Toten!», in dieser ostpreußischen Art, mit einem T, das fast so weich klingt wie ein D, *die Douden.*

Onkel Heinz sah sie deutlich vor sich, wie er da saß, in Pantoffeln und fast ohne Zähne. Er war, wie es bei zugeschalteten Korrespondenten in den Nachrichten heißt, «live vor Ort». Wir anderen hingegen sahen durch die Terrassentür aufs Tropenhaus, an einem sonnigen Karfreitag. Wir befanden uns im selben Raum, aber dennoch auf unterschiedlichen Zeitachsen.

Als wir aufbrachen, packte Gitti uns noch Kuchen ein, und Heinz rief: «Mensch, Mädel, was biste groouuusss geworden!»

Auf YouTube kann man sich ansehen, wie sich der britische Parlamentsabgeordnete Christopher Mayhew im Jahr 1955 einem Experiment aussetzt. Angeleitet und überwacht vom seinem Freund, dem bekannten englischen Psychiater Humphry Osmond, nimmt er Meskalin, ein halluzinogener Stoff aus dem mexikanischen Peyote-Kaktus. Mayhew ist da vierzig Jahre alt. Das Ganze wird für die BBC-Sendereihe «Panorama» gefilmt.

Bei Einsetzen der Wirkung beschreibt Mayhew zunächst mit

großer Freude das herrlich leuchtende Rot des Vorhangs, von Osmond kommentiert mit den Worten: «Für mich handelt es sich hier um einen ziemlich uninteressanten roten Vorhang.»

Danach lässt das Interesse am Vorhang auch bei Mayhew nach, denn er wird von einem anderen Phänomen ganz in Anspruch genommen: einer massiv veränderten Wahrnehmung von Zeit.

In einer seltsamen Mischung aus eigener Verblüffung und Beglückung, zusammen mit der Ahnung, das aktuelle Erleben auch mit größtem Bemühen verbal nicht angemessen vermitteln zu können, versucht er zunächst, Osmond zu erklären, dass zwischen dem Beginn und dem Ende eines gesprochenen Satzes gerade eine sehr viel größere Zeitspanne liegt als gemeinhin angenommen. Der Psychiater nickt freundlich und macht: «Hm hm.»

Doch Mayhew lässt nicht locker. Er ist kein Esoteriker und kein Drogenfreak. Er ist noch nicht einmal Künstler. Er ist Oxford-Absolvent und früherer Staatssekretär im Außenministerium. Er macht hier gerade eine außergewöhnliche Erfahrung, und er möchte sie artikulieren. Mit klarer Stimme und geradem Blick in die Kamera erklärt er schließlich: «In diesem Augenblick bewege ich mich zeitlich um Monate weiter, in eine andere Zeit hinein, und wieder zurück. Sehr bewusst bewege ich mich durch die Zeit. Es gibt keine lineare Abfolge der Dinge, es gibt keine bedingungslose Zeit, keinen bedingungslosen Raum. Das sind nur Konzepte, die wir der äußeren Welt überstülpen.»

Das Material wurde nicht gesendet. Eine Kommission der BBC befand es nicht etwa für zu kontrovers oder gefährlich, sondern für irrelevant.

Erst dreißig Jahre später verwendete der Sender die erstaunlichen Aufnahmen für eine Dokumentation über LSD, in der sich der inzwischen zum Baron geadelte Mayhew die alten Aufnahmen seines Trips erneut ansieht und dazu Stellung nimmt. Der mittlerweile 70-Jährige erzählt noch einmal, wie er während des Experiments (das er niemals wiederholt hat) mehrmals die Zeit verlassen habe. Oder die Zeit ihn. Dass Augenblicke zu Monaten wurden, sogar zu Jahren, was jedoch nicht quälend, sondern immens beglückend war. Er nennt es eine der bemerkenswertesten Erfahrungen seines Lebens.

Humphry Osmond, aber auch sein eigener Verstand, hätten ihm hinterher klargemacht, das alles sei natürlich Humbug, Trugbild, Illusion. Er könne im Film ja selber sehen, dass insgesamt nicht mehr als ein paar Stunden vergingen.

«Und das ist mir ja auch klar», sagt Mayhew.

Es sei alles ein drogeninduzierter Effekt, den man in der Psychiatrie als «Auflösung des Selbst» bezeichne, hätten Osmond und andere ihm beteuert. «Und auch hier stimme ich zu. Zugleich muss aber festgestellt werden: sie haben diese Erfahrung eben nicht gemacht. Und wenn ich mich jetzt, dreißig Jahre später, daran erinnere, kann ich nur sagen, dass die Erfahrung vollkommen real war. Und meine Erklärung dafür ist, dass sie außerhalb der Zeit stattfand.»

Es gibt keine bedingungslose Zeit, keinen bedingungslosen Raum, proklamiert Christopher Mayhew im Jahr 1955 auf Meskalin in eine BBC-Kamera. Fünfzig Jahre vorher war Albert Einstein durch physikalische Theoriebildung zum gleichen Ergebnis gekommen: Zeit und Raum sind relativ. Was sicherlich nicht bedeutet, dass Meskalin das Physikstudium ersetzen kann. Vielleicht aber, dass Menschen auf unterschiedlichen Wegen zu ähnlichen Resultaten kommen können. Der Gedanke, dass die Zeit von ganz anderem Wesen sein könnte, als wir sie konventionell wahrnehmen, findet sich schließlich auch in der Literatur immer wieder, zum Beispiel bei Kurt Vonnegut in *Slaughterhouse-Five*, wo der Protagonist nach einer Entführung zum Planeten Tralfamador ebenfalls mit neuen Erkenntnissen über die Zeit zur Erde zurückkehrt. Er berichtet, dass für die Tralfamadorier alle Zeitebenen nebeneinander existieren, Vergangenheit, Gegenwart und Zukunft, und dass sie dabei jeden einzelnen Zeitpunkt in seiner Dauerhaftigkeit wie ein Monument betrachten können. «Dass ein Augenblick an den nächsten gereiht ist wie Perlen auf einer Schnur, dass ein einmal vergangener Augenblick für immer verloren sein soll, ist nur eine Illusion, die wir hier auf der Erde haben.»

Welche Wahrnehmung die Illusion ist und welche die vermeintliche Wahrheit ist also Ansichtssache, und die psychiatrische Klassifizierung einer Erfahrung sagt etwas aus über deren Abweichung von der Norm, aber nicht über deren Realitätsgehalt. Weiß ja eigentlich auch jeder, wie subjektiv zeitliches Erleben ist. In der Kindheit erlebt man Zeit anders als im Erwachsenenalter, und real im Sinne des Erlebens ist trotzdem beides.

Es sagt doch nichts über das Wesen der Zeit aus, dass sie sich uns gegenüber als irgendwie lineare Abfolge darstellt, sondern allenfalls über den Menschen und seinen Wahrnehmungsapparat. Und dass man mit kleinen chemischen Veränderungen in diesem Apparat zu völlig veränderten Aussagen über die Zeit gelangen kann, beweist das nicht eher, dass unsere Auffassung der Zeit sehr eingeschränkt ist und Alternativen durchaus möglich sind?

Vermutlich ist die Zeit verschachtelt und verschwurbelt, dreht sich um mehrere dilatierende Achsen und krümmt sich durch eine elfdimensionale Supergravitation. Man kann das möglicherweise errechnen, aber wahrnehmen kann man es nicht, oder vielleicht teilweise, mit etwas Glück und Meskalin, aber wahrscheinlich nimmt man dann auch wieder nur einen anderen kleinen Aspekt von Zeit wahr, der genauso verzerrt ist wie der, den wir sonst erleben.

Vermutlich, möglicherweise, vielleicht, wahrscheinlich. Ich weiß offensichtlich auch nichts Näheres, ich äußere nur Spekulatives. Aber in hoffnungsvoller Absicht. Denn aufs engste mit der linearen Zeit verknüpft ist das Konzept des Endgültigen und damit auch die Endgültigkeit des Todes («das Zeitliche segnen»), während die Meskalin-Zeit, die relative Zeit, die Tralfamadorzeit, die verschwurbelt dilatierende Zeit neue Perspektiven eröffnet. Darauf, dass niemand einfach verschwindet, sondern einen Platz hat, innerhalb der Zeit.

Alf Ator

Zeit = Zeit?

Es waren einmal zwei Freunde namens Leo und Theo, die lebten in einer Geschichte. Dieser Geschichte. Längst hatten sie durch logisches Denken herausgefunden, dass ihre ganze Welt nur eine relativ unbedeutende kurze Story war. Das machte ihnen aber nichts, denn der Autor war so nett, ihnen Reichtum, schönes Wetter und viele hübsche Frauen zu bescheren. Ob ihnen der Sinn gerade nach ausufernden Besäufnissen stand oder ob sie sich spannende Schießereien mit der Mafia wünschten, alles war möglich. Der Vorteil einer Story gegenüber der richtigen Welt war nämlich, dass keine Jahrmillionen vergehen mussten, um Ozeane, Gebirge, Dinosaurier oder Vergnügungsparks entstehen zu lassen. Der Autor musste den gewünschten Sachverhalt lediglich aufschreiben, und schon war er da. Man konnte Unmengen von Honig essen, ohne dass auch nur eine einzige Biene vonnöten gewesen wäre. Zwar existierte in der Tat exakt eine einzige Biene in der Story, aber nur, weil sie im Zusammenhang mit dem Honig erwähnt worden war.

Es fehlte ihnen an nichts. Eines Tages, sie saßen gerade auf der Aussichtsplattform eines gläsernen Wolkenkratzers, aßen ein unverschämt leckeres, veganes Eisbein und erlebten einen Sonnenuntergang, der so unbeschreiblich schön war, dass der

Autor gar nicht erst den Versuch unternahm, ihn irgendwie zu beschreiben, kam Leo plötzlich eine bedeutende Frage in den Sinn. «Sag mal, steht unsere Zeit eigentlich mit der Zeit des Autors in Beziehung?»

«Hä?» Theo zog etwas überfordert die Augenbrauen hoch.

Plötzlich klatschte Leo laut in die Hände, sodass Theo zusammenzuckte. «Ich meine, wenn ich in die Hände klatsche, passiert das in dem Moment, wenn der Autor schreibt, dass ich in die Hände klatsche?»

Theo überlegte. «Ich dachte eigentlich immer, dass es in dem Moment passiert, wenn jemand die Geschichte liest.»

«Auch möglich. Aber was ist, wenn es von mehreren Leuten zu verschiedenen Zeiten gelesen wird? Dann müsste ich ja für jeden Leser einmal klatschen.»

«Meinst du? Vielleicht passiert dies alles ja immer wieder, ohne dass wir es merken. Mann, da dreht sich einem ja der Kopf!»

«Außerdem dauert ein Klatscher nur eine Zehntelsekunde. Aber um es zu lesen oder aufzuschreiben, benötigt man länger: ‹Plötz – lich – klatsch – te – Le – o – in – die – Hän – de.› Das sind 6 Wörter bzw. 10 Silben. Also mindestens 2 oder 3 Sekunden.»

«Ich hab's!», rief Theo. «Was wir hier erleben, muss passiert sein, BEVOR der Autor es schrieb.»

«Wieso?»

«Na, weil alles im Präteritum gehalten ist. Du kannst es gern ein paar Zeilen höher nachlesen: Leo KLATSCHTE in die Hände. Damit war es in dem Moment, da es aufgeschrieben wurde, schon Vergangenheit.»

Leo schüttelte den Kopf: «Aber wenn das, was wir als Gegenwart empfinden, noch gar nicht geschrieben wurde, wie

kann es dann existieren? Das hier ist doch eine Geschichte. Am Anfang war das Wort. Oder etwa nicht?»

«Es gibt nur eine Lösung: Das hier ist gar keine Geschichte!»

«Hör auf! Das ist Autorenlästerung!»

«Und wennschon, was soll denn passieren?»

«Na, der Autor könnte die Lust an der Geschichte verlieren und einfach aufhö

Marion Brasch

Eine Geschichte, in der Zeit vergeht. Und auch wieder nicht

Es war einmal eine Frau, die träumte davon, einen Dichter zum Mann zu haben. Einen Poeten, dem sie Muse sein würde, wenn er es brauchte. Wenn er es nicht brauchte, würde sie ihm Essen kochen und dafür sorgen, dass seine Rechnungen bezahlt wären. Sie träumte von einem poetischen Leben in einer großen Stadtwohnung mit hohen Räumen und leichten, hellen Stoffen vor den Fenstern. Und sie träumte von einem kleinen versonnenen Häuschen auf dem Lande. Im Sommer würde der Dichter morgens im nahegelegenen See schwimmen, ihr anschließend einen zarten Kuss auf die Stirn hauchen, um sich dann der Geschichte zuzuwenden, an der er gerade arbeitete. Einer Geschichte, die von einer Frau handelte, die ihren Mann verlässt, weil dieser kein Wort mehr spricht.

Dieser Mann war eines Tages zu der Erkenntnis gelangt, dass alles gesagt sei, und hatte beschlossen, den Rest seines Lebens schweigend zu verbringen. Das letzte Wort, das er sprach, war ein Fluch, und er richtete ihn gegen sein Spiegelbild, nachdem er sich beim Rasieren geschnitten hatte. Danach sagte er nichts mehr. Die Frau versuchte alles, um ihren wortlosen Mann zu verstehen, doch es gelang ihr nicht. Also packte sie ihre Koffer und ging, um niemals zurückzukehren.

Sie lief zur Straßenbahn und beobachtete im Vorbeigehen einen Hund, der gegen ein an die Hauswand gelehntes Fahrrad pinkelte. Der Hundebesitzer war ein kleiner, untersetzter Herr mit Hut, der dem Tun seines Tieres keine Beachtung schenkte. Seine ganze Aufmerksamkeit galt der Kirchturmuhr, die in diesem Augenblick die volle Stunde zu schlagen begann. Der pensionierte Erdkundelehrer schaute auf seine Armbanduhr und nickte zufrieden. Es war eine schöne Uhr, ein Erbstück seines Vaters, der sie wiederum von seinem Vater bekommen hatte. Die Uhr funktionierte tadellos und war nur ein einziges Mal stehengeblieben, doch das war schon lange her.

Der Mann war damals noch sehr jung gewesen und hatte vergessen, die Uhr abzulegen, bevor er ins Becken des städtischen Schwimmbades stieg. Schuld war die junge Frau, die an der Kasse vor ihm gestanden hatte. Hinter ihrem rechten Ohrläppchen hatte sie einen kleinen Leberfleck, der in seiner Form Numfor ähnelte – einer Insel im Pazifik, über die er gerade etwas in einer geographischen Fachzeitschrift gelesen hatte. Es war der Artikel eines japanischen Wissenschaftlers, der im Zweiten Weltkrieg als Soldat auf der Insel stationiert war. Der Forscher beschrieb ihre Lage und Topographie und berichtete von seltenen Vogelarten, die in den Mangrovenbäumen des Regenwaldes lebten. Einmal sei ihm sogar das scheue Baumkänguru begegnet. Es habe sich nach einem Angriff der Amerikaner in eine der Höhlen im Dschungel verirrt, in denen die Japaner sich und ihr Kriegsgerät versteckten.

Der Wissenschaftler musste lächeln, als er an das Baumkänguru dachte. Das verstörte Tier hatte die ganze Nacht in einer Ecke der Höhle gekauert und ihn nicht aus den Augen gelassen. Auch damals hatte er an seiner Schreibmaschine gesessen und geschrieben. Nur war es kein Artikel für eine Zeitschrift, sondern ein Brief an seine Frau, die mit seinen beiden kleinen Töchtern in Osaka lebte. Er erzählte ihr von dem nächtlichen Besucher und fügte seinem Brief eine Zeichnung bei. Das Bild war nicht besonders gelungen, weil er das Tier im Halbdunkel nicht gut sehen konnte.

Nachdem er den Brief beendet hatte, legte sich der Soldat auf seine Pritsche und schlief sofort ein. Am nächsten Morgen war das Baumkänguru fort. Es hatte sich in der Dämmerung davongestohlen und war in der Tiefe des Dschungels verschwunden.

Fort war auch das Postboot, das den Brief des Soldaten mitnehmen sollte. Für gewöhnlich ankerte es jeden Mittwoch an der Westküste der Insel und legte um zehn Uhr ab. Der Kapitän des Bootes war über Funk benachrichtigt worden, dass seine Frau auf dem Festland in den Wehen lag, und so hatte er eine Stunde früher als sonst die Anker gelichtet. Als er atemlos im Krankenhaus ankam, hatte seine Frau ein kräftiges Mädchen geboren. Seltsamerweise schrie das Kind nicht, als es das Licht der Welt erblickte. Und auch als es in das Alter kam, in dem andere Kinder zu sprechen begannen, blieb es stumm.

Kurz vor seinem zweiten Geburtstag wurde festgestellt, dass das Mädchen gehörlos war. Doch es bewegte sich sicher und klug durch seine stille Welt, wuchs heran, studierte und wurde eine erfolgreiche Psychologin. Wenn es ihre Zeit zuließ, spielte sie in einem Gehörlosentheater. Nach der Vorstellung ging sie manchmal mit den anderen Schauspielern in ein kleines Restaurant und aß Curryhuhn. Meistens schaffte sie die Portion nicht, ließ sich das Essen einpacken und wärmte es am nächsten Tag auf. Dann saß sie an ihrem Küchentisch, aß und las dabei Zeitung.

So erfuhr sie auch von einem Mann, der ein Fastfood-Restaurant überfiel, den Angestellten mit einer Spielzeugpistole bedrohte und die Einnahmen aus der Kasse verlangte. Der Verkäufer erklärte ihm daraufhin, dass er die Kasse nicht öffnen könne, ohne eine Bestellung eingegeben zu haben, worauf der Räuber Zwiebelringe verlangte. Nachdem der Angestellte ihm zu verstehen gegeben hatte, dass Zwiebelringe zum Frühstück nicht erhältlich seien, verließ der Mann frustriert das Lokal. Als die Polizei kam, war er schon über alle Berge. Der Beamte befragte die Leute im Lokal, doch niemand hatte den Mann zuvor gesehen. Nur die Frau ganz hinten am Fenster kannte ihn, hatte aber von dem Geschehen im Restaurant keine Notiz genommen, weil sie laut Musik hörte und aus dem Fenster schaute, während sie davon träumte, einen Dichter zum Mann zu haben.

Später stieg sie auf ihr Fahrrad, das an der Hauswand lehnte. Sie ahnte nicht, dass gerade ein Hund drangepinkelt hatte.

In Anlehnung an eine Geschichte aus dem Roman *Die irrtümlichen Abenteuer des Herrn Godot* (Voland & Quist, 2016)

6.
Aus der Mode gekommen – wie der Zeitgeist uns bestimmt

«Es gibt eine Zeit für die Arbeit, und es gibt eine Zeit für die Liebe. Mehr Zeit hat man nicht.»

(Coco Chanel)

Jörg Thadeusz
Schick im flauschigen Sack

Hier schreibt der Falsche. Ein Modetrampel.

Höchstrichterlich entschieden.

Durch günstige Umstände bin ich vor Jahren in eine Jury geraten, die über Modekollektionen urteilen sollte. Alles war, wie es sich Modeweltler erträumen. Der Berliner Hauptbahnhof war nagelneu und deshalb noch für einige Wochen schick. Die Modenschau war nicht kommerziell, sondern Benefiz. Für etwas angesagt Gutes. Das war damals schon der Kampf gegen rechts. Mit Antikommunismus würde das merkwürdigerweise nicht klappen. Trotz Millionen von Toten, die auf das Konto sozialistischer Diktaturen gehen, sammelt niemand Entschlossenheit, damit uns eine weitere blutige Arbeiterherrschaft erspart bleibt. Auch Wohltätigkeit unterliegt dem Zeitgeist.

Ich war ehrenamtlicher Modebeauftragter, qualifiziert lediglich durch antifaschistischen Eifer. Saß neben echten Modekundigen am fußkalten Tiefgleis des Hauptbahnhofs. Irgendwann trappelten Leute über den extra bereitgestellten Güterwagen, der hier als Catwalk diente. Ich muss «Leute» schreiben, weil ich nicht erkennen konnte, ob es sich um Männer oder Frauen handelte. Die flauschig anmutenden Säcke, die die Leute trugen, verbargen alles. Die Farbe der hoppelnden

Säcke ähnelte dem Ton von Fensterkitt, der längst nicht mehr frisch ist.

Mein Kommentar war dementsprechend unterwältigt. Aber wohl auch zu laut für den Geschmack der Juryvorsitzenden. Sie war das fleischgewordene Klischee einer Modejournalistin. Selbstverständlich in Schwarz, selbstverständlich teuer frisiert. Sie sprach mit mir, als wäre ich nicht einfach nur ein unverbesserlicher Sitzenbleiber, sondern als würde ich lebenslang aus ihrer höheren Zivilisationsklasse verbannt.

Im Angesicht dieser Frau spürte ich zum ersten Mal im Leben das Bedürfnis, fleischfarbene Leggins zu tragen. Oder etwas anderes Schlimmes. Hauptsache, es könnte diese Medusa ästhetisch quälen.

Wahrscheinlich erkannte sie wiederum auch in mir den Teufel, denn ich habe mir Persönlichkeiten zum modischen Vorbild genommen, deren Umgang mit Kleidung das Ende aller Mode bedeutete.

Mein Opa zum Beispiel wäre nie auf den Gedanken gekommen, sich neue Schuhe zu kaufen. Warum denn? Er hatte die Schlappen für den Kohlenkeller, die Bequemen für den Weg zum Markt am Samstag. Die Royals in seinem Schuhschrank waren die glänzend Schwarzen. Für Beerdigungen und Hochzeiten. Ewige Schuhe. Modewirtschaftlich gesehen ein Albtraum. Mein Patenonkel Siegfried holte eine ganz bestimmte Kombination aus dem Kleiderschrank, wenn es aus seiner Sicht ernst wurde, also bei Taufen, sonstigen kirchlichen Feiertagen und Auftritten mit dem Männergesangsverein. Um den Hals gehörte eine Krawatte. Alles jenseits jeder Farbenfreude. Wir sahen an Onkel Siggi Schwarz, Grau und Blau. Mit diesen beiden Männern im Gedächtnis hätte ich mit der bösen Modefrau über die Unisex-Fensterkittbeutel diskutieren können. Meine Verwandten wären höchstens zum Spaß im Sack rumgelaufen. Mein Onkel und mein Opa brachten mit ihrer förmlichen Kleidung aber nicht nur zum Ausdruck, welchem Geschlecht sie angehörten. Ihnen ging es zusätzlich um Würde: Sie würdigten den Anlass und sie würdigten sich selbst. Beide keine Chefs, ein Eisenbahnbeamter und ein Bergmann. Wenn der eine bei der Witwe eines Verstorbenen kondolierte, oder der andere mit seinen Sangesbrüdern «La Montanara» schwellen ließ, dann sagte ihr Äußeres: Wir sind keine «kleinen Leute», sondern gestandene, ernstzunehmende Persönlichkeiten.

Selbstverständlich spielt Mode mit Rollen und ist in ihrer höchsten Form viel mehr als nur angemessene Kleidung. Mode provoziert, Mode inspiriert, Mode kann Kunst sein. Mode lässt sich aber in einem weiteren Sinn auch als das Gegenteil von Einzigartigkeit verstehen. Als Gegenspieler des unabhängigen Einzelnen. Alle machen eins und müssen sich konzentrieren, um nicht aus der Reihe zu tanzen. Denn es gibt feine Unterschiede, die zwischen «modisch» und «geht ja gar nicht» unterscheiden. Unter Bewohnern gewisser Stadtteile Berlins ist beispielsweise der Besitz eines Ferienhauses Mode geworden. Jedes Paar, das auf sich hält und möglichst zwei Kinder hat, die sich ohne allzu heftigen Widerstand zum Pflaumensammeln in die Uckermark verschleppen lassen, hat so was. Heißt selbstverständlich nicht «Ferienhaus». Sondern «Datsche». Wir sind bescheiden, und wir kultivieren die Naherholungskultur der untergegangenen DDR. Und wir lassen uns schon gar nicht auf die vergifteten Ausdrücke unserer Eltern ein. Deswegen ist «Ferienhaus» verboten. Die Datschen-Mode-Mitmacher ziehen sich selbstverständlich auch nicht an, als stammten sie aus der Ostzone. Die Frauen tragen eine Boyfriend-Jeans, als wären sie rasch in das reingeschlüpft, was gerade rumlag. Die Männer tragen keine ausgemusterten Armee-Klamotten. Ist zwar praktisch, aber so was macht ein Bauer, nicht jemand, der in Datschen-Mode ist. Facebook-Posts vom Land müssen einen entschleunigten und möglichst auch veganen Eindruck machen. Fühl- und Food-Trends sind zum Glück recht einfach zu erspüren.

Wenn politische Themen Mode werden, kann das gute Folgen haben.

Wann war ein politisches Problem je so ‹hip› wie die Aufnahme von Flüchtlingen in Deutschland? Es hat alles, was ein Trend braucht, um Fett anzusetzen. Starke Kontraste: hier die verfroren wirkenden Flüchtenden mit den Augenringen und ihrer gesamten Habe in Billigrucksäcken, dort die schöne, stramme Münchner Studentin, die sich nur eben ihre schicksten Yoga-Klamotten übergeworfen hat, um in Mitmenschlichkeit zu baden.

Außerdem eine trendige englische Begrüßungsformel: «Refugees welcome». Und noch mehr Gutaussehende, die mitmachen. Fernsehprominente, die mit grobem Unfug berühmt wurden, raunen über Verantwortung, die sie nicht übernehmen müssen. Ein Beamter des BAMF sieht hingegen selten richtig cool aus. Macht aber nichts, denn so sind Moden halt. Sie dauern von jetzt bis gleich, für Details und Zwischentöne bleibt keine Zeit.

Moden sind offenbar unwiderstehlicher, als sein eigenes Ding zu machen. Auf dem Höhepunkt der Flüchtlingskrise hörte ich ständig, welcher Bekannte und welche Kollegin jetzt auch in einer Flüchtlingseinrichtung hilft. In der gesamten Zeit saßen Senioren einsam in ihren Altenheimen. Oder unbeachtete Hunde im Tierheim. Aber Alten vorlesen oder mit einem Problem-Rottweiler Gassi gehen war eben nicht en vogue. Ein Freund, K., entfaltet schon seit einigen Jahren gehörigen Schub, um die medizinische Betreuung von Mukoviszidose-Patienten zu verbessern. In all den Jahren ist er von keiner einzigen Radiostation um einen O-Ton gebeten worden. K. besucht Künstler, um ihnen Bilder für seine Wohltätigkeits-Versteigerungen abzuschwatzen. Wenn die Künstler nicht mitmachen wollen, gibt er ihnen Geld, besorgt ihnen eine Wohnung oder was sie sonst so haben wollen. Dann stellt er einen Katalog zusammen, lädt Leute ein und ersteigert am Ende selbst die Bilder, die sonst keiner haben will.

Dass nur einige wenige Leute wissen, was der K. da Tolles macht, hat etwas damit zu tun, wie wenig modetauglich er und sein Unterfangen sind: Mukoviszidose kann man sich kaum merken, geschweige denn schreiben. Außerdem ist es keine Krankheit, vor der man sich durch Fastenkuren oder eine nussreiche Ernährung in Sicherheit bringen kann. Also kaum Trendpotenzial. Mein Freund K. trägt zudem nicht diese Anzüge aus der Kinderabteilung, in denen erfolgreiche junge Männer darauf warten, dass sie ihnen wie bei Pep Guardiola vom Körper platzen. Er ist eher der gemütliche Toskana-Typ, der die Sonne mag. Und Wein, den diese Sonne schön dunkel macht. Also leider nicht #fitness.

Dabei könnte es doch sehr interessant sein, was dabei herauskommt, wenn mehr Menschen Modemuffel würden. Einfach machten, was sie wollten. Im Beruf Gas geben, auch wenn entsprechende Coaches, die mit «Work-Life-Balance» Geld verdienen, Achtsamkeitsteilzeit zum Modethema gemacht haben. Oder es dem Frührentner im Ruhrgebiet gleichtun, der in seiner Garage Lord Nelsons Schiff, die *HMS Victory*, nachbaut. Ohne dass Nelson oder Seekrieg oder Modellbau je modisch gewesen wären. Kann nicht Eigenbrötlertum Trend werden? Die Freiheit dazu hätten wir. Sie müsste sich nur gegen die Mode durchsetzen.

Thea Dorn
Warum ich niemals gerne jung war

Irgendwann in den späten Achtzigern, kurz vor dem Abitur, muss es gewesen sein, dass mein damaliger Deutschlehrer, Weltkriegsveteran, zu mir sagte: «Fräulein Scherer, bisweilen habe ich den Eindruck, Sie sind älter als ich.» Nach wie vor empfinde ich diesen Satz als eins der schönsten Komplimente, die mir je gemacht worden sind. Selbst heute, wo die Vorboten des Alters unmissverständlich anklopfen – ich erwähne nur das perfide, von Martin Walser in einem seiner Romane geprägte Wort vom «Gorgonzolabein», das langsam Gestalt annimmt –, will es mir nicht gelingen, mich nach jener Zeit zurückzusehnen, in der ich laut Ausweispapieren als «jung» zu gelten hatte. Andererseits halte ich das Gerede vom «Best Ager», das sich seit einer Weile auch bei uns breitgemacht hat, für verzweifelten Unsinn, den sich lediglich eine veralternde Wohlstandsgesellschaft ausdenken kann, die sich weismachen will, sonst keine Probleme zu haben. Warum also mag ich keine Ode auf die Jugend singen, obwohl mir vollkommen klar ist, dass Altern bedeutet, sich nach und nach von Schönheit, Kraft und Gesundheit zu verabschieden?

Offensichtlich halte ich es für nicht so wichtig, schön, kräftig und gesund zu sein, auch wenn dies Eigenschaften sind, deren Wert kein vernünftiger Mensch leugnen sollte. Aber haben all diese erfreulichen Begleiterscheinungen des Lebens *irgendetwas* mit dem zu tun, was unser Menschsein im Kern ausmacht?

Ich höre das Gelächter der Hohepriesterinnen und -priester des Körperkults, der Beauty Victims, der Workout Junkies, der Health Freaks, kurz: eines nicht unerheblichen Teils meiner Zeitgenossen. Ich gönne ihnen ihr Gelächter und lache meinerseits, wenn ich sehe, wie sich einstmals lebendige Gesichter im Laufe der Jahre in immer angestrengtere Gummimasken verwandeln; wie sich loses Fleisch über den Jogging-Parcours schindet; wie die 24 Stunden des Tages gar nicht mehr ausreichen, um all die gesunden Körner zu picken, all die lebensverlängernden Grünkohl-Smoothies zu schlürfen und all die Vorsorgetermine beim unerbittlich anschwellenden Heer der Fachärzte zu absolvieren. Meine herzliche Sympathie gilt denjenigen, die versuchen, ihre Falten und ihr mürber werdendes Fleisch mit würdiger Gefasstheit durch die Welt zu tragen; die weder so krampfhaft durch die Gegend berserkern, als wären sie 17, noch sich selbst zu Lebzeiten einmotten, als wären sie bereits tot; die freundlich zu ihrem Körper sind und ihm die Zuwendung schenken, die er braucht, wohl wissend, dass er letzten Endes doch den Weg allen Fleisches gehen wird.

Aber verlassen wir den Kampfplatz des Körperlichen und gestehen der Jugend zu, dass sie dort in aller Regel den Sieg über das Alter davontragen wird. Weit interessanter ist es zu fragen, was das Jung- beziehungsweise Altsein in unserem Geist und unserer Seele anrichtet.

Für die Jugend spricht unbedingt, dass sie dumm ist. Wer erst noch zu entdecken hat, dass es eine Welt jenseits des eigenen Bauchnabels gibt, kann gar nicht anders als dumm sein. Doch tritt diese jugendspezifische Dummheit gemeinsam mit ihren Geschwistern «Neugier», «Entdeckerlust» und «Ungestüm» auf, ist sie etwas schlichtweg Herrliches.

Deshalb muss ich Jugendverächterin mich an dieser Stelle bestürzt fragen, ob ich wohl eins jener Trauerkloß-Kinder gewesen sein mag, die dumpf in der Ecke ihres Laufstalls sitzen bleiben, in den sie von Mama, Papa, Opa oder sonst wem gesteckt werden, und sich allenfalls ein bisschen regen, wenn ihnen einer den Schnulli wegnehmen will. Glaube ich den Geschichten, die in unserer Familie kursieren, kann dies eigentlich nicht der Fall gewesen sein. Der zornig herausgekrähte Satz: «Kann Christiane selber machen!» gellt meinem Vater angeblich heute noch im Ohr – und soll die verlässliche Eröffnungsfanfare zum nächsten Haushaltsmissgeschick gewesen sein. Wenn ich also schon in jüngsten Jahren das gewesen bin, was mein Vater einen «unruhigen Geist» zu nennen pflegt – warum war und ist mir dann das Kompliment meines ehemaligen Deutschlehrers, ich sei in Wahrheit steinalt, so lieb?

Ich merke, wie ich mich langsam dem nähere, was mir an der Jugend eigentlich suspekt ist – und ich vermute, dass es mir schon suspekt war, bevor ich dieses Wort überhaupt kannte: Jugend kann sich wegducken. Jugend darf sich hinter Mamas oder Papas Hosenbein verstecken. Jugend muss für nichts wirklich geradestehen. Bis zur Vollendung des 14. Lebensjahrs gilt uneingeschränkt das Prinzip: Eltern haften für ihre Kinder. Bis zur Vollendung des 18. Lebensjahrs herrscht eine Verantwortungsgrauzone.

Natürlich hat dieser Welpenschutz seinen guten Sinn, Stichwort «Dummheit». So gesehen genießen alle Eltern meine größte Bewunderung, die ihre Sprösslinge nicht Tag und Nacht ans Gängelband nehmen, sondern in der Welt herumtoben lassen, um anschließend den Kopf hinzuhalten für das Unheil, das die kleinen Desaster-Produzenten wieder angerichtet haben. Wenn man das Glück hat, in einem mehr oder weniger unautoritären Haushalt aufzuwachsen – und dieses Glück genießen zumindest in der westlichen Welt seit einer bis zwei Generationen viele –, bedeutet Jugend den unfasslichen Luxus, in maximaler Freiheit bei minimaler Selbstverantwortung leben zu dürfen.

Der Ehrlichkeit halber muss ich bekennen, dass ich dieses Aufwachsen in maximaler Freiheit nur von meinen Klassenkameraden kenne oder von gleichaltrigen Freundinnen, die mir später von ihrer Kindheit und Jugend erzählt haben. Bei uns ging es zwar nicht wirklich autoritär zu – meine Mutter war ein halber Hippie gewesen und hatte zeit ihres Lebens darunter gelitten, dass ihr kleinbürgerlicher Seelenanteil ihr nicht erlaubte, so über die biographischen Stränge zu schlagen, wie sie es vermutlich gern getan hätte, und mein Vater ist ein viel zu harmoniebedürftiger Mensch, als dass er zur «harten Hand» neigen würde –, aber die Leine wurde kurzgehalten. Umso früher lernten mein Bruder und ich, dass Freiheitsspielräume nichts Selbstverständliches sind, sondern hart erfochten werden müssen. Ist es ein Zufall, dass wir alle beide Lebenswege eingeschlagen haben, die ein hohes Maß an Freiheit mit einem hohen Maß an Eigenverantwortlichkeit verbinden: mein Bruder als Alpinist, ich als frei(!)berufliche Schriftstellerin?

Ich beginne zu ahnen, dass mein Unbehagen mit der Jugend nicht wirklich ein Unbehagen mit dem Jungsein ist – sondern mit der Bedeutung, die das Jungsein in jener Zeit, in jenem Land, in dem ich aufgewachsen bin, angenommen hat: in den siebziger und achtziger Jahren in der alten Bundesrepublik. Vielleicht ist es nichts als der nachträgliche Neid derjenigen, die – anstatt mit ihrer Mutter über die elegantesten Verhütungsmethoden zu diskutieren, wie manch pubertierende Schulfreundin dies tat – bis zu ihrem 14. Lebensjahr darum kämpfen musste, an Klassenfahrten teilnehmen zu dürfen. (Das offizielle Argument meiner Mutter gegen diese Art von Vergnügung lautete allerdings nie: «Aber die Jungs!», sondern stets: «Ich brauche dich, am Wochenende wird bei Oma und Opa Marmelade eingekocht» oder: «Wozu mit denen wegfahren, machen wir nicht genug Urlaub?») Aber eigentlich glaube ich nicht, dass ich meiner Mutter ihre bizarren Launen von damals noch immer übelnehme. Im Gegenteil. Ich bin dankbar, dass sie meinem Unabhängigkeitsdrang Widerstand entgegengesetzt hat. Nur so konnte jener sich zu einem Pathos der Freiheit entwickeln, zu dem Stolz, den ich bis heute empfinde, unabhängig – und damit für mich selbst verantwortlich – zu sein; zu einem Stolz, den ich bei den meisten meiner Generationsgenossen West vermisse.

Je nach Tagesform macht es mich traurig oder wütend zu sehen, dass es Gleichaltrige gibt, die nach wie vor glauben, es sei das höchste der Güter, ewig jung sein zu dürfen. Wenn wir unterstellen, dass Jugend eine Art von Heimat ist, weil Heimat den Ort – oder eben den Zeitraum – bedeutet, an bzw. in dem man etwas zum ersten Mal gesehen, gerochen, gefühlt, gehört, geschmeckt hat, dann kommen mir diese in ihrer eigenen Jugend Verhafteten vor wie jene Heimatvertriebenen, die selbst Jahrzehnte nach dem Ende des Zweiten Weltkriegs nicht wahrhaben wollten, dass die Orte ihrer Kindheit unwiederbringlich verloren waren.

Damit keine Missverständnisse aufkommen: Es liegt mir fern, die Idee der «Heimat» als solche herabzusetzen. Kluge, sensible Geister wie der Poet Joseph von Eichendorff oder der Philosoph Theodor W. Adorno haben erkannt, dass Heimat stets das Verlorene ist – und die Trauer um dies Verlorene oder die Sehnsucht danach ein zutiefst menschlicher Zug. Heikel wird es mit der Heimatliebe erst, wenn die Heimatvertriebenen das Verlorene um jeden Preis zurückerobern und für vermeintliche Ewigkeiten festhalten wollen. Erst wenn das stille Sehnen, das einem keiner nehmen kann, zum revisionistischen Programm wird, werden die Wehmütigen zu Reaktionären. Ganz gleich, ob es die räumliche oder zeitliche Heimat ist, die sie wiederhaben wollen.

In diesem Sinne habe ich nichts dagegen, wenn die Jugendvertriebenen unserer Tage davon *träumen*, immer noch so verantwortungslos und dennoch wohlbehütet leben zu dürfen, wie es damals in den Siebzigern und Achtzigern in der alten Bundesrepublik der Fall war. Nur sollten sie erkennen, dass diese Ära in Wirklichkeit vorbei ist. Dass eine Welt, die rasant auf neue Unfreiheit, neuen Autoritarismus und neue ideologische Verblendungen zutrudelt, Menschen braucht, die bereit sind, gegen diese Übel mit Leidenschaft und Augenmaß zu kämpfen.

Natürlich kann es nicht darum gehen, das verlorene Kinderparadies zurückerobern zu wollen. Es geht darum, die Geschichte der Freiheit, der Emanzipation, der Zivilität weiterzuschreiben. So gesehen sollten wir den kalten Wind, der unserem westlichen Laisser-faire seit einer Weile aus vielen Himmelsrichtungen entgegenbläst, nicht als Unglück bejammern, sondern als Wetzstein begreifen, an dem sich unsere Freiheitsliebe schärfen lässt.

Noch will ich die Hoffnung nicht aufgeben, dass aus Kindern, die das historische und geographische Glück hatten, Freiheit gratis zu genießen, auf ihre mittelalten Tage nicht doch noch Freiheitskämpfer werden können.

Dies mag allerdings nur gelingen, wenn alle, die das 18. Lebensjahr vollendet haben, sich endlich dazu bekennen, erwachsen zu sein. Wenn Altern nicht primär als Verlust an Schönheit, Gesundheit, Kraft und gutem Gewissen, verantwortungslos sein zu dürfen, beäugt wird, sondern begrüßt als Zugewinn an seelischer und geistiger Freiheit.

In der Vergangenheit sind die meisten Revolutionen von jugendlichen Hitzköpfen getragen worden. Wie schön wäre es, wenn es diesmal Erwachsene wären, die sich dem Irrsinn der Zeit mit gelassener Altersbrust entgegenstellten.

Oliver MacConnell
Abends ein Schmetterling

Die einzige Dimension der Mode ist die Zeit,
die sie ausdrückt.
(Coco Chanel)

«Das ist wirklich ermüdend!» Mit einem leichten Seufzen ließ sie sich energisch-erschöpft neben mir auf der Parkbank nieder und begann, leise zu sich sprechend, an ihrem makellos sitzenden Kostüm zu zupfen. «Paris wird immer geschäftiger. Diese Touristen ... grässlich», und während sie fast beiläufig ihren Kopf samt Hut in meine Richtung drehte, fuhr sie murmelnd fort: «Eine kleine Unachtsamkeit, und schon hat man sich verlaufen. Ich frage mich manchmal wirklich ...»

Sie schaute mich an, stockte und musterte meine Erscheinung mit offensichtlichem Unverständnis, das zügig und glaubhaft in Rat- und dann rasch in Fassungslosigkeit überging: «Was tun Sie da bloß?»

«Ich binde meine Schuhe», entgegnete ich.

«Das sehe ich, aber – mein Gott – was um Himmels willen tragen Sie denn für abscheuliche Kleidung?» Sie starrte auf meine Sporthose, dann auf die neonfarbenen Laufschuhe und war aufrichtig irritiert, was natürlich wiederum mich überraschte.

«Na ja, meine Jogging-Sachen», sagte ich verwundert.

«Schogien? Ist das eine neue Nachmittagsmode? Also wirklich, junger Mann, niemand schätzt Sportivität in der Garderobe wohl mehr als ich, aber das geht entschieden zu weit!»

Sie schwieg entrüstet, und nun starrte ich wiederum sie an. Sie war um die 75 bis 80 Jahre alt, hatte blitzwache, schmale Augen, leicht strohiges, schwarzes Haar und ein sehr dynamisches Gesicht, in dem sich fortwährend ein kommentierendes Mienenspiel erkennen ließ – und es war in diesem Moment überwiegend missbilligend. Sie war schmal, fast hager und trug auffallend viel extravaganten Schmuck, dazu ein tadellos geschnittenes, klassisches cremefarbenes Kostüm, passende flache Schuhe und besagten kleinen Hut aus feinem Stroh. Alles war wie aus einem Guss.

«Oh, Sie tragen ja von Kopf bis Fuß Chanel, wie ungewöhnlich», bemerkte ich.

«Ich *bin* von Kopf bis Fuß Chanel. Und wieso sollte das ungewöhnlich sein?», gab sie zurück.

«Wie meinen Sie das?»

«Mein Name ist Gabrielle Chanel.»

«Sie sind *die* Gabrielle Chanel, genannt Coco?», nun war ich es, der entgeistert war.

«Aber ja, Gabrielle Chanel – und zwar genau DIE», sie rollte mit den Augen, «und wer sind Sie, wenn ich fragen darf?»

«Oliver MacConnell, angenehm.»

«Da bin ich mir noch nicht so sicher» war ihre prompte Antwort, und weiter, aber versöhnlicher «Nun ja, Ihre Erscheinung irritiert mich».

Sie zündete sich eine Zigarette an.

«Ihre mich aber auch», gab ich zu.

Meine Äußerung quittierte sie mit einem Achselzucken und einem tiefen Zug an ihrer Zigarette. Dann fasste sie offensichtlich den Entschluss, diese für sie wohl recht unerfreuliche Begegnung möglichst rasch zu beenden.

«Hören Sie, sosehr ich unsere Unterhaltung auch ...», sie pausierte und hob die Augenbrauen, «... genieße – ich habe es ein wenig eilig. Auf dem Weg vom Hotel Ritz zu meinem Atelier in der Rue Cambon bin ich wohl zwei-, dreimal falsch abgebogen und irrtümlich hier in den Tuilerien gelandet. Wo ist denn der nächste Ausgang zur Rue de Rivoli? Ich will nicht unhöflich scheinen, aber ich muss wirklich ...»

Sie stand auf, löschte die Zigarette mit einem eleganten Dreher ihres Absatzes und strich mit den Handflächen über ihren Rock, um ihn zu glätten.

«Ich muss wirklich zur Anprobe ...», da stand sie nun, bereit für den Abgang, kerzengerade vor mir, «... man erwartet mich, und ich komme nur ungern zu spät. Das ist nämlich ausgesprochen respektlos gegenüber Kundinnen und Näherinnen gleichermaßen, wissen Sie.»

«Sie befinden sich nicht in Paris und auch nicht in den Gärten der Tuilerien», platzte es aus mir heraus, «Sie sind in Berlin, im Park von Schloss Charlottenburg, und es ist der 23. Mai des Jahres 2017!»

Ich weiß auch nicht genau, warum ich mich zu dieser Bemerkung hinreißen ließ. Denn entweder war diese sehr elegant gekleidete Frau tatsächlich die berühmte Gabrielle Chanel und durch mir unbekannte Umstände ins Hier und Jetzt gelangt, oder aber es handelte sich um einen Menschen, der sich für sie ausgab beziehungsweise tatsächlich für sie hielt. In beiden Fällen war mein Hinweis einer vielversprechend kurzweiligen Unterhaltung abträglich.

Sie reagierte jedoch weniger überrascht, als ich befürchtet hatte, und entgegnete: «Es wurde schon viel dummes Zeug unternommen, um mich in Gespräche zu verwickeln. Aber Ihr Versuch ist – ich gebe es zu – wenn auch nicht sonderlich originell, so doch wenigstens nicht langweilig. Begleiten Sie mich ein wenig», das klang eher nach einem Befehl als einer Bitte, «um den Ausgang zur Rue de Rivoli zu suchen. Zu zweit finden wir ihn schneller, und mich interessiert Ihr, pardon, ungewöhnlicher Aufzug. Verraten Sie mir doch, wo Sie *das da* herhaben.» Sie fuchtelte kreisend in Richtung meiner Outdoor-Jacke. «Das Material scheint interessant, auch wenn Sie darin komplett lächerlich aussehen.»

«Es ist ein Stretchstoff, eine Maschenware, üblich für Sportbekleidung im 21. Jahrhundert», erklärte ich.

«Eine Maschenware, soso, also eine Trikotage, wie wir heutzutage dazu sagen!»

Sie bestand offensichtlich auf ihrer Gegenwart, ebenso wie ich auf der meinen.

Mit ironischem Lächeln und einem Ruck drehte sie sich um und begann überraschend unelegant, aber in beachtlichem Tempo in Richtung Karpfenteich zu marschieren.

«Nun kommen Sie schon», rief sie ungeduldig, ohne sich umzuschauen, «ich habe Ihnen doch schon ausführlichst erklärt, dass ich im Atelier erwartet werde. Worauf warten Sie denn noch?» Ich sprang auf und folgte ihr.

«Maschenware, soso», wiederholte sie und musterte mich von der Seite, ohne ihren Schritt zu verlangsamen, «als ich mit dem Herzog von Westminster liiert war, habe ich viel von den traditionellen englischen Herrenstoffen und auch die Trikotage in die Tagesgarderobe der Frauen überführt.»

«Wissen Sie», bekräftigte ich, «wir haben Ihnen heutzutage viele Klassiker zu verdanken. Sie haben die Frauen von steifen Stoffen und hindernden Accessoires wie riesigen Hüten befreit und ihnen mit der Nutzung von Jersey neue Freiheiten gegeben. Sie waren schon immer sehr für Natürlichkeit, liest man.»

«Natürlichkeit ja, Nachlässigkeit nein», schoss es scharf in meine Richtung mit nach wie vor missbilligendem Blick, diesmal auf meine Jogginghose. Den Kopf schüttelnd und sich dabei von mir wendend, fuhr sie fort: «Sehen Sie dort drüben die Radfahrerin?» Sie stocherte mit ihrem kräftigen Zeigefinger durch die Luft in Richtung einer jungen Frau, die in einem einfachen hellen Sommerkleid radelnd den Weg am Karpfenteich kreuzte. «Frauen müssen sich bewegen können. Das können sie aber nicht, wenn sie mit Stoffen zugemauert sind und als Dekorationsartikel, nicht als menschliche Wesen gesehen werden. Natürlichkeit heißt Bewegung! Damals in den zwanziger Jahren war es Poiret *(Anmerkung: Paul Poiret, berühmter Pariser Modeschöpfer, Anfang des 20. Jahrhunderts)*, der die Frauen zwar des Korsetts entledigte, sie aber als Accessoire an ihre Männer ketten wollte. Dieser Verräter, dieser Couture-Poet!»

«Ach das kennen wir heute auch», stimmte ich lächelnd zu. «Das, was Sie Couture-Poesie nennen, heißt heutzutage Marketing. Die Modeunternehmen versuchen so, ihre Mode mit großem Aufwand und Brimborium an den Mann bzw. die Frau zu bringen. Es ist zwar lästig, aber von alleine verkauft sich nun mal nichts, und begehrte Klassiker neu zu erfinden gelingt auch nicht alle Tage. Apropos, wann hatten Sie eigentlich die Idee zu Ihrem Kostüm?»

«Aaah, der Zweiteiler – das war vor genau zehn Jahren!»

Ich fragte lächelnd: «2007?»

«Nein, 1954!», antwortete sie leicht genervt.

«Ist ja auch nebensächlich», lenkte ich ein, denn ich wollte mehr über sie und die Entstehungsgeschichte des berühmten Chanel-Kostüms erfahren. «Wie kamen Sie denn auf die Idee?»

«Es war einfach an der Zeit. Hören Sie, eine Jacke ist eine Jacke, man muss die Arme kreuzen können. Das sagt schon alles. Wenn das Kostüm dann noch gut geschnitten ist: bravo! Als ich das erkannte, konnte ich allen Tand entfernen und nur das Wesentliche bestehen lassen. Ich habe einfach wie eine Bildhauerin alles entfernt, was nicht nötig war. Na ja, ganz so einfach war es natürlich nicht, denn die Frauen standen sich häufig noch selbst im Weg. Sie begriffen nicht, dass eine solche Garderobe ihnen hilft, ein wirklich modernes Leben zu führen.»

«Da fällt mir ein Zitat ein: ‹Sei tagsüber eine Planierraupe und abends ein Schmetterling›.»

«Wunderbar – von wem ist das?», fragte sie sofort.

«Von Ihnen! Sie sagen es, soweit ich weiß, in ungefähr drei bis vier Jahren», antwortete ich lächelnd.

Nun lächelte sie zum ersten Mal.

Während wir weiter zügig den Karpfenteich entlangliefen, fuhr ich fort: «Wenn wir heute, also 1964, über Modernität reden, dann ist die Zeit ja stark geprägt von der sogenannten Emanzipations- oder Jugendbewegung.» Der Mimik nach zu urteilen, braute sich aufgrund meiner Äußerung gerade ein größerer Ausbruch ihrerseits zusammen. «Wie fließt das denn in Ihre Arbeit ein?», konnte ich noch hinzufügen.

Schon tobte sie los: «Jedenfalls nicht mit Miniröcken und dem ganzen abscheulich engen Zeug! Es ist mir ein Rätsel, was sichtbare Kniekehlen mit Emanzipation zu tun haben – da kann man ja gleich auch jedem den Ellbogen entgegenstrecken, das ist dann genauso modern. Wenn ich die ‹Raumfahrt›-Kreationen der Herren Cardin oder Courrèges sehe (*Anmerkung: Pierre Cardin und André Courrèges, berühmte Modeschöpfer in den sechziger Jahren, beide besonders bekannt für ihre an die Raumfahrt angelehnten ‹Space-Kollektionen›*), denke ich mehr an abgerichtete Zirkustiere als an emanzipierte Frauen.» Sie schäumte geradezu und schnitt mit ihrer Handkante so gezielt horizontal durch die Luft, dass ich nicht umhinkonnte, vor dem geistigen Auge die Köpfe bestimmter Modedesigner rollen zu sehen.

«Und noch eins sage ich Ihnen», fuhr sie zischend fort, «nicht dass Sie das falsch verstehen: Ich stelle mich nicht über die Kundin, ich bewahre sie vor bahnbrechendem Unsinn. Ich habe der Frau ihre Freiheit gegeben – ich werde sie ihr ganz sicher nicht wieder durch lächerliche Dekorationen nehmen.»

Dann hob sie den Kopf, und ihr Blick erhellte sich sofort: «Ah ... sehen Sie. Wir sind da! Der Ausgang zur Rue de Rivoli, und gleich gegenüber ist die Rue Cambon, bis zum Atelier ist es nicht weit. Ich danke Ihnen für die Wegbegleitung.» Ich folgte ihrem Blick und tatsächlich: wir befanden uns am Eisenzaun der Tuilerien an der Rue de Rivoli in Paris! «Bevor ich es vergesse», hob sie an und wandte sich mir zu, «Sie hatten mir doch eine kleine Stoffprobe der Maschenware von Ihrem Schogien-Anzug versprochen.»

«Hatte ich?» Meinen Einwand ignorierend, zückte sie eine kleine Stoffschere, die sie in der Tasche ihres Kostüms aufbewahrte.

«Wenn ich interessante Stoffe sehe, schneide ich mir immer ein wenig ab, wer weiß – vielleicht ist etwas Interessantes für die nächste Saison dabei. Und eine Trikotage aus dem Jahr 2017 ist nun doch ein imposanter Fund», feixte sie.

Die Aussicht, der berühmten Gabrielle Chanel eine mögliche Inspirationsgrundlage zur Verfügung stellen zu können, stimmte mich nun doch freudig.

«Na gut», erwiderte ich deshalb, «aber bitte nehmen Sie es von der Kragenunterseite, dann kann ich die Jacke noch nutzen.»

Kaum war es ausgesprochen, hatte sie auch schon ein kleines Stück des Stoffes gekonnt herausgelöst und in der Tasche ihres Rockes verschwinden lassen.

«Besten Dank, junger Mann. Nun muss ich mich aber wirklich beeilen, à bientôt!» Mit diesen Worten drehte sie sich um und ging, ohne sich noch mal umzuschauen, durch das Eisentor. Ich sah ihr nach, bis sie in der Menge verschwand. Es war beeindruckend, wie – ein anderes Wort würde es wirklich nicht besser treffen – zeitgemäß sie im Vergleich zu all den anderen Menschen wirkte.

Es traf mich wie der Blitz: Ich war also im Paris der sechziger Jahre gelandet! Was für eine Chance! Durchatmen und nachdenken. Ich brauchte Ruhe und beschloss, mich auf den Weg zu der Stelle zu machen, wo diese wundersame Reise begonnen hatte. Die Bank war jedoch unauffindbar. Bald sah ich allerdings die Umrisse des Schlosses Charlottenburg. Ich ging weiter, verließ den Schlosspark und stand wenig später auf dem Spandauer Damm. Hatte das alles überhaupt stattgefunden, oder war ich nur ins Träumen geraten?

Zwischenzeitlich war es windig und kühl geworden. Als ich gedankenverloren an meinen Jackenkragen fasste, um ihn aufzustellen, bemerkte ich den fehlenden Stoff und musste lächeln.

7. Morgens bin ich immer müde – Tages- und Nachtzeiten

«Die Freunde, die man um vier Uhr morgens anrufen kann, die zählen.»

(Marlene Dietrich)

Jens Balzer
Sounds gegen die Zeit

Oh, schon wieder hell draußen! Und hörst du, wie lieblich die Vögel brüllen? Zu den schönsten Momenten einer in einem schummrigen Klub durchtanzten Nacht zählt natürlich das Hinaustreten in die Frische des folgenden Morgens oder – je nach Kondition – des folgenden Nachmittags. Das ist der Moment, in dem einen die Erkenntnis ereilt, dass, während drinnen im Klub die Zeit stillzustehen schien, die Welt draußen sich weitergedreht hat; dass, während man drinnen bei gleichbleibenden Beleuchtungsverhältnissen in der endlosen Schleife eines minimalistischen Beats sich in den Zustand eines ewigen Jetzt hineintanzte, draußen immer noch die lineare Chronologie der unerbittlich verstreichenden Zeit gegolten hat. Es wird hell, und es wird wieder dunkel; was vorhin noch Gegenwart war, ist jetzt schon wieder Vergangenheit. Wenn man diese lineare Chronologie beim Tanzen vollständig vergisst, dann hat der DJ seinen Job gut gemacht – dann hat er seine Tracks derart ineinandergemixt und seine musikalischen Dramaturgien derart gestaltet, dass Abwechslungsreichtum und Monotonie in die rechte Balance geraten und die Körper der Tanzenden in jenen trancehaften Zustand, in dem sie sich einfach nur genauso weiterbewegen wollen wie in diesem

Moment. In diesem Sinn kann man den DJ auch als Künstler der Zeit-Gestaltung betrachten: Er entkoppelt mit seiner Musik die zeitliche Realität der Tänzerinnen und Tänzer von der ablaufenden Zeit in der realen Welt.

Für die Popmusik der Gegenwart ist der DJ die zentrale Figur, doch ist er mitnichten der einzige Typ eines Popkünstlers, für den die Gestaltung der Zeit ein wesentliches Betätigungsfeld ist. Musik ist eine Zeit-Kunst, und das heißt nicht nur, dass sie stets Klänge und Töne in einer zeitlichen Abfolge organisiert. Für die Popmusik gehört die Inszenierung von Zeit und die Zeitlichkeit der Inszenierung zu den zentralen ästhetischen Einsätzen: Ob ein Musiker, ein Stil, ein musikalisches Genre auf die endlose Dehnung und Dauer setzt oder auf den maximal verknappten und verdichteten Song, ob man nach der maximalen Beschleunigung sucht oder nach Langsamkeit und Entschleunigung – das sagt allein schon viel aus über die Musik und die Zeit, in der sie entsteht; und es sagt auch viel aus über die spezifischen Formen der Rebellion – also darüber, wie Musik sich als Opposition gegen ihre Zeit inszeniert.

Vielleicht könnte man eine ganze Geschichte der Popmusik anhand ihrer sich wandelnden Zeitlichkeiten erzählen. Am Anfang muss alles ganz schnell gehen. In der Frühzeit der Popmusik herrscht die Knappheit des Song-Formats, kein Song darf länger als drei Minuten und fünfzehn Sekunden sein, das ergibt sich aus den technischen Beschränkungen der Vinyl-Single – und aus den Anforderungen des Radios, das in den ersten Jahrzehnten des Pop dessen zentrales Distributionsmedium ist. Darum ist der erste große Bruch in der Pop-Geschichte auch mit einer Dehnung der musikalischen Zeit und einer Entgrenzung der Formate verbunden: Ab circa 1967 wird das Album zum Leitmedium des Pop; und hier werden entweder – wie auf *Sgt. Pepper's Lonely Hearts Club Band* von den Beatles – aus immer noch kurzen Stücken lange erzählerische Einheiten geflochten. Oder aber die Musik öffnet sich wie auf dem zeitgleich erschienenen Pink-Floyd-Debüt *The Piper at the Gates of Dawn* gleich in kosmische Längen; das Herzstück der Platte, *Interstellar Overdrive*, dauert bis dahin unfassbare 9 Minuten und 41 Sekunden.

In der Musik der späten sechziger und frühen siebziger Jahre wird der «Jam», das endlose Daddeln und Improvisieren, zum zentralen Format. Gegen die Taylorisierung der Arbeits- und Lebenswelt, gegen den strengen Takt des standardisierten Spießer-Lebens setzen die Hippies und Freaks auf das lustvolle Nicht-fertig-Werden und Immer-weiter-Machen. Das gilt für die psychedelische Musik etwa von den Grateful Dead ebenso wie für den Prog- und Artrock von King Crimson und den frühen Genesis oder den deutschen Krautrock von Can, Neu! und Tangerine Dream. Passend dazu wird die Musik immer langsamer: Black Sabbath stimmen nicht nur ihre Instrumente herunter, sondern bringen die Geschwindigkeit ihrer Riffs bis nah an den musikalischen Stillstand; und bei den Pionieren des elektronischen Pop wie Klaus Schulze und Co. dauert es oft minutenlang, bis sich aus den auf- und abschwellenden sphärischen Synthesizerklängen überhaupt so etwas wie eine musikalische Form entwickelt. Kein Wunder, dass die nächste Rebellion im Rock wieder auf Kürze und Tempo setzt. «1-2-3-4», rufen die Ramones ironisch, bevor sie in ihre ruppigen Hochgeschwindigkeitslieder starten, und auch bei den Sex Pistols dauert kein Song länger als vier Minuten. Gegen den zur selbstvergessenen Kunstfertigkeitsdudelei regredierten Hippie-Rock setzt der Punk auf Dilettantismus, rohe Intensität – und auf Tempo, Kürze, Verdichtung, Verknappung.

Auch die besondere Zeitlichkeit der endlosen Dauer, wie sie bis heute die Klubmusik prägt, bildet sich Anfang der siebziger Jahre heraus. In den Klubs in New York beginnen die DJs, die von ihnen gespielten Platten so ineinanderzumixen, dass daraus ein gleichmäßiger musikalischer Fluss entsteht. Ab Mitte des Jahrzehnts wird diese Technik auch bei der Produktion von Schallplatten verwendet: Auf der A-Seite des ersten Albums von Gloria Gaynor, *Never Can Say Goodbye* aus dem Jahr 1975, gehen erstmals drei Titel ohne Pause bruchlos ineinander über. Der Produzent dieser Platte, Tom Moulton, ist als Erfinder des Disco-Mixes einer der größten Zeitlichkeits-Gestalter der Popmusik; zu Beginn seiner Karriere arbeitet er noch mit Tonbändern, Schere und Klebstoff, um die Stücke übergangslos ineinanderzumixen. Später wird Moulton auch den Remix erfinden, also die variierende Bearbeitung von Singles, bei der man die Stimmen von den Instrumental-Parts trennt und das Ganze wieder neu zusammensetzt. Ein Remix von ihm ist 1976 auch das erste Stück, das jemals als extended version auf eine Maxi-Single gepresst wird: *So Much For Love* von Moment of Truth.

So öffnet sich, während die Punkrocker zurück zum Drei-Minuten-Song streben, auf den Dancefloors der Siebziger die Musik in die endlose Dauer. Dieses Zeitmaß wird die gesamte elektronische Tanz- und Klubmusik prägen, die sich in den folgenden Jahrzehnten aus der Disco entwickelt, also: House und Techno ebenso wie die britische Rave-Musik und den Dubstep, die maskulin-harte Electronic Body Music wie die verschiedenen Spielarten des hippiehaft weichen, psychedelischen Trance. In den neunziger Jahren wird diese endlose Dehnung zur alles beherrschenden musikalischen Form des Pop; es wird getanzt und getanzt, als ob die Party niemals endet, in den Klubs ebenso wie auf der Love Parade und den Raves.

In der Rockmusik wechseln sich hingegen Entschleunigung und Tempo in immer kürzeren Zyklen ab. Auf den hektischen Hardcore der Achtziger folgen die verlangsamten, klanglich verschlammenden musikalischen Formen des Grunge der Neunziger; um die Jahrtausendwende flackert mit Bands wie den Strokes und den Libertines noch einmal die hastige Rohheit des Drei-Minuten-Punk-Songs auf; danach übernehmen die bärtigen Schrate und harfenden Elfen des Weird-Folk-Revivals mit ihren endlosen Kollektivimprovisationen die musikalische Leitrolle. Bis zum Ende der nuller Jahre scheint die Musik kontinuierlich gedehnter und langsamer zu werden. Gerade auch der erste Underground-Pop, der unter den Bedingungen der neuen sozialen Netzwerke und der immer dominanter werdenden Digitalisierung entsteht, erprobt sich am kompletten Kontrast zur Beschleunigung der Lebensverhältnisse: In der «Witch-House»- und «Chill-Wave»-Musik werden populäre Charts-Songs in extrem verlangsamten 800%-Slower-Versionen auf YouTube gestellt. Bands wie die Doom-Metal-Gruppe SunnO))) bieten – in einer Radikalisierung des alten Black-Sabbath-Hardrocks – auf ihren Konzerten nur noch zeitlupenartig gedehnte, monotone Bassrückkopplungen dar und erringen damit bei breiten Publikumskreisen eine erstaunliche Popularität.

Hingegen breitet sich in den zehner Jahren, also unserer neuesten Gegenwart, wieder eine Ästhetik der Hyperbeschleunigung aus: im Avantgarde-Pop, etwa des Londoner Labels PC Music, wie in den massenbegeisternden Boller-Breakbeats der Electronic Dance Music (EDM). Deren Superstars wie Skrillex und Diplo wollen die rasende Geschwindigkeit unserer turbodigitalisierten Moderne noch einmal überbieten; in ihren Konzerten lassen sie dazu Stroboskope blitzen und Buffbomben explodieren und inszenieren sich als Zeremonienmeister einer protzenden Geschwindigkeitshexerei. Dabei verbinden sie – das ist das Interessante bei ihnen – die klubmusikalische Zeitlichkeit der endlosen Dauer mit der Hektik des Punkrock und Hardcore. Es gibt keine Pausen in ihren Konzerten, und doch wechseln im rasenden Tempo die Rhythmen, Klänge, Temperaturen. Im genauen Gegensatz zur trancehaften Gleichförmigkeit minimalistischer DJ-Sets herrscht hier eine nicht zu beruhigende Nervosität vor: eine Ästhetik des Aufmerksamkeitsdefizitsyndroms, ADS.

Man findet diese Nervosität nicht nur bei den EDM-DJs und -Produzenten, sondern auch in den Konzert-Inszenierungen der aktuellen Pop-Superstars: Justin Bieber und Rihanna zappen sich bei ihren Auftritten in anderthalb Stunden einmal durch ihr gesamtes Repertoire und bleiben dabei selten mehr als zwei Minuten bei ein und derselben Melodie stehen. So hoch ist das Tempo, so groß ist die Unruhe, dass sie kaum eins ihrer ohnehin schon kurzen Lieder noch ausspielen möchten. Oft gibt es nur eine Strophe und einen Refrain, manchmal sogar nur einen markanten Beat oder einen Riff anzuhören, bevor es zum nächsten Thema, zum nächsten Song, zum nächsten

Erinnerungsreiz weitergeht. Das Publikum scheint sich daran ebenso wenig zu stören wie an dem Umstand, dass hier so gut wie nichts mehr live gesungen oder musiziert wird. Vielleicht könnte man sagen: Das rasende Tempo der digitalen Gesellschaft wird hier in einer kollektiven Dezentrierung gespiegelt, aus der weder das Schnell-fertig-werden-Wollen des klassischen Drei-Minuten-Songs spricht noch das Nicht-zum-Ende-Kommen der Psychedeliker und Freaks – sondern vielmehr der paradoxe, nicht zu erfüllende Wunsch, alles zugleich wahrzunehmen, was die Welt bietet. Die Zeitlichkeit dieser Musik ist von der Verschwendung von Klängen ebenso geprägt wie vom Mangel an Zeit, vom Keine-Zeit-Haben. Vielleicht könnte man den von ihr beschworenen Zustand als ewiges Noch-nicht beschreiben. Für die Gegenwart des Pop ist dieser ebenso prägend wie das ewige Jetzt der minimalistischen Klubmusik. Deren Staunen darüber, dass es draußen schon wieder hell ist, kann es in der Musik des Noch-nicht gleichwohl nie geben. Im Dauerfeuer der Überreiztheit ist die Erinnerung daran, dass es auch mal dunkel werden könnte, schlichtweg verschwunden.

Marco Seiffert
Elf Sekunden bis zur Toilette

«… und läuft uns die Zeit davon, dann ist das eine Sünde!» Na, aus welchem Film ist dieses Zitat? Ein leitender Angestellter eines Logistikunternehmens drängt seine Mitarbeiter zur Eile: «Tick-Tack-Tick-Tack» – ständig setzt er sie unter Zeitdruck, damit die Päckchen und Pakete rechtzeitig beim Kunden ankommen. Dann wird er nach einem Flugzeugabsturz auf eine einsame Insel gespült – und hat auf einmal alle Zeit der Welt.

Der Film ist inzwischen 17 Jahre alt, Uhren ticken nur noch selten, die meisten Europäer gucken aufs Smartphone, wenn sie wissen wollen, wie spät es ist. Aber auch wenn *Cast away – Verschollen* schon im Jahr 2000 entstanden ist, fühle ich mich oft wie die Hauptfigur Chuck Noland, allerdings *bevor* der von Tom Hanks gespielte Manager auf der einsamen Insel strandet. Auch ich sehe beim Kampf gegen die Uhr oft kein Land – auch wenn mein Name abgekürzt nicht «C. Noland» lautet (englisch aussprechen). Wann also werde ich auf die einsame Insel gespült, auf der die Zeit nicht mehr mein Leben dominiert?

Ich werde das Gefühl nicht los, dass ich selber schuld bin. Vielleicht einfach mal lockerlassen, nicht mehr Minuten und Stunden zählen. Aber wie soll das gehen?

Morgens klingelt der Wecker. Um 3:13 Uhr. Diese Zeit hat sich als sinnvoll herausgestellt, wenn ich um 4:35 Uhr im radioeins-Studio ankommen möchte. Es war eine Zeitlang 3:10 Uhr, aber ich war dann oft einige Minuten zu früh da. Und als ich ausrechnete, dass mir die drei Minuten mehr Schlafenszeit pro Frühsendung sechseinhalb Stunden Schlaf im Jahr einbringen, bin ich auf 3:13 Uhr umgeschwenkt. Klingt verrückt, ist aber so.

Bei radioeins ist Timing einer der zentralen Punkte einer Frühsendung. Wie lang darf welcher Titel sein, wie lange können wir reden, wie lang ist die Werbung heute?

Auch menschliche Bedürfnisse müssen genau getimt werden, nach zehn Jahren bei radioeins kenne ich Zeiten und Entfernungen ziemlich genau. Während jeder Frühsendung gehe ich in der Regel zwei Mal zur Toilette, der Ablauf ist immer ähnlich:
Weg zur Toilette: 11 Sekunden.
Zeit vom Türabschließen bis zum Sitzen (ja, ich sitze): 8 Sekunden.
Aufenthalt (inklusive Blick auf die Uhr): 24 Sekunden.
Händewaschen und -trocknen (inklusive Blick auf die Uhr): 32 Sekunden.
Rückweg ins Studio: 11 Sekunden.
Gesamtzeit: 1 Minute und 26 Sekunden.

Das schaffe ich während jedes Songs, der bei radioeins läuft. Mit permanentem Blick auf die Uhr auf Toilette zu gehen, gehört zum Alltag. Ohnehin ist, seit ich den *Schönen Morgen* auf radioeins moderiere (und auch schon vorher bei den *Radiofritzen*), die Uhr einer der wichtigsten Begleiter. Zeit und Zeiten sind in meinem Leben extrem wichtig.

Oft fragen mich Freunde, wenn sie einen Song hören: «Du kennst dich doch mit Musik aus: Wer singt denn den Song, der gerade läuft?» Manchmal kann ich helfen, häufiger sage ich aber: «Du, keine Ahnung, aber das Stück ist 3:46 Minuten lang.» Songlängen prägen sich im Laufe der Jahre ein. Da die Nachrichten immer um «halb» und «voll» beginnen sollen, gehört gutes Timing zu einer der Hauptaufgaben von Radiomoderatoren. Fast jeder Radiomoderator weiß, dass, wenn er mal dringend einen kurzen Song benötigt, Blur mit «Song 2» (Länge: 2:02 Minuten) eine gute Wahl ist. Empfehlen kann ich auch das Album «It's Alive» von den Ramones: 28 Songs, davon sind 16 unter zwei Minuten lang. Übrigens: Wer einen langen Song benötigt, liegt mit Coldplay und den Red Hot Chili Peppers fast immer richtig.

Ja, auch ich weiß, dass man Lieder aus Zeitgründen manchmal früher ausblenden kann: einfach eine Stelle abwarten, an der der Refrain ein- oder zweimal gesungen wurde, und dann sanft ausblenden. Muss manchmal gemacht werden, aber wer jemals neben zum Beispiel Judith Holofernes gesessen hat, während sie ihre neue Single unter Kopfhörer das erste Mal im Radio hört und euphorisch etwas sagt wie «Bitte nicht vorher ausblenden, achte mal darauf, wie der Song kurz vor Schluss noch mal Fahrt aufnimmt», der weiß: Wann immer man einen Musiktitel früher ausblendet, stirbt irgendwo das Leuchten in den Augen eines Musikers.

Es gibt Untersuchungen, die sagen, dass nach spätestens drei Minuten Gespräch im Radio die Aufmerksamkeit und Geduld der Mehrheit der Hörerinnen und Hörer endet. Das führt dazu, dass viele Chefs von Radiosendern ihre Moderatoren anweisen, Interviews nach 2:30 Minuten zu beenden. Da das in einer Live-Situation kaum eingehalten werden kann, werden bei diesen Sendern die meisten Interviews aufgezeichnet und anschließend passend geschnitten. Das ist nicht richtig oder falsch, das ist einfach *eine* Philosophie. Ich glaube entgegen vielen Untersuchungen von Radioforschern immer noch, dass die Aufmerksamkeitsspanne vom Thema und von der Art des Gesprächs abhängt. Wir bei radioeins haben uns entschieden, Interviews in der Regel in einer Zeit von ca. vier Minuten zu führen. Ausnahmen bestätigen die Regel. Dass die Zeit für Interviews nicht unbegrenzt ist, wissen natürlich auch professionelle Gesprächspartner, zum Beispiel Politiker. Deswegen ist bei vielen Interviews, die wir mit Politikern führen, auch das «Reingrätschen», das Unterbrechen, Teil des Interviews.

Ich habe mal vor einem Interview mit einem heutigen Bundesminister das Vorgespräch mitgehört, das er mit seinem persönlichen Referenten geführt hat. Sinngemäß sagte der Referent (während ich danebensaß): «Egal, was der Moderator fragt: Wir müssen folgende drei Botschaften unterbringen:» Und dann zählte er drei politische Ziele auf, die so überhaupt nichts mit meinen Fragen zu tun hatten. Und da kommt wieder die Zeit ins Spiel: Er möchte im Interview seine drei Botschaften unterbringen, *ich* möchte, dass er meine Fragen beantwortet. Beides wird in vier Minuten nicht gelingen – hier beginnt manchmal der Kampf.

Wer hier unhöflich ist, muss der Zuhörer entscheiden: der Moderator, der den Politiker unterbricht mit dem Ziel, seine Fragen beantwortet zu bekommen, oder der Politiker, der die Fragen des Moderators nicht beantwortet, weil er lieber seine Botschaften unterbringen möchte. Das Duell muss nach vier Minuten entschieden sein; die Zeit ist auch hier der gnadenlose Schiedsrichter.

Zumindest in den Wochen, in denen ich den *Schönen Morgen* auf radioeins moderieren darf, begleitet der Kampf mit der Zeit mich auch nach der Sendung. Ich bin ständig auf der Suche nach Zeit zum Schlafen. Wenn ich abends um 22:30 Uhr schlafen gehe, bleiben, falls ich sofort einschlafen könnte, 4:43 Stunden Schlaf. Nach der Sendung bin ich manchmal privat oder beruflich verabredet. Dann geht die Rechnerei los. Auch nach all den Jahren Frühsendung schaffe ich es nicht, die verbleibende Schlafzeit aus meinen Gedanken zu verdrängen, selbst in den tollsten Momenten. Zu Beginn eines Farin-Urlaub-Konzertes in der Wuhlheide dachte ich: «Noch sieben Stunden und 13 Minuten bis zum Aufstehen.» Als die Zugaben begannen: «Noch 4:43 Stunden.» Ich war sogar zur Aftershow-Party eingeladen, aber selbst als ich Farin Urlaub die Hand schütteln durfte, dachte ich: «Wahnsinn! Aber nur noch drei Stunden und 45 Minuten.» Zu Hause zeigte mir dann die digitale Technik meine Zeitgrenzen auf. Meist nutze ich mein Smartphone als Wecker. Beim Stellen zeigte das Display humorlos: «Alarm in 0 Stunden, 53 Minuten». Ein Luxusproblem, ich weiß!

Bleibt die unbeantwortete Frage: Wie schaffe ich es, wie schaffen Sie es, auf die einsame Insel zu kommen, auf der die Zeit keine Macht hat? Der von Tom Hanks gespielte Chuck Noland brauchte einen Flugzeugabsturz. Das kann ja nicht die Lösung sein.

Ich versuche schon vieles zu unterlassen, was unnötig Zeit kostet: Facebook halte ich für einen hungrigen Zeitfresser, weswegen ich mich immer noch weigere, mir einen Account anzulegen. Ich halte mich von Serien mit Suchtpotenzial wie *Breaking Bad* und *Game of Thrones* fern; *House of Cards* ist mir da ein mahnendes Beispiel, denn nachdem ich eingestiegen bin, möchte ich keine Folge mehr verpassen.

Doch trotz dieser Zeitsparmaßnahmen ist das Fatale: Wenn ich endlich mal Zeit habe, schaffe ich es zwar, entspannt auf der Couch zu sitzen, habe aber am Ende des Tages dennoch ein schlechtes Gewissen, dass ich Zeit verschwendet und «nichts geschafft» habe. Wenn ich also keine Zeit habe, sehne ich mich nach Freizeit, wenn ich Freizeit habe, habe ich ein schlechtes Gewissen. Ein Teufelskreis. Und auch Tom Hanks kannte in *Cast away – Verschollen* keinen Ausweg: «Die Zeit – sie beherrscht uns gnadenlos. Ihr ist es egal, ob wir gesund sind oder krank, hungrig oder betrunken, ob wir Russen oder Amerikaner sind oder ob wir vom Mars kommen. Zeit ist wie Feuer. Sie kann uns vernichten oder hält uns wach.»

Vielleicht hilft mir die Erinnerung an eine Anekdote aus einem südafrikanischen Township, die ich vor einigen Jahren ausgerechnet in der «ZEIT» gelesen habe. Die Autorin beschrieb ihre Irritation darüber, dass der Unterricht dort nicht etwa mit dem Klingeln der Schulglocke begann, sondern ungefähr eine halbe Stunde später. Die Glocke nutzten Schüler UND Lehrer eher als Zeichen, dass irgendwann demnächst die Schule beginnt. Die Südafrikaner konterten die Verunsicherung der Autorin mit einem afrikanischen, später von den Taliban missbrauchten Sprichwort: «Die Europäer haben Uhren, wir haben Zeit.» Vielleicht sollte ich mich zukünftig daran orientieren. Aber seien Sie dann auch bitte nicht böse, wenn die 8-Uhr-Nachrichten auf radioeins zukünftig gegen 8:11 Uhr beginnen ...

Übrigens: Im Schnitt benötigt man für 220 Wörter ungefähr eine Minute Lesezeit. Davon ausgehend, haben Sie sich fast acht Minuten Zeit fürs Lesen dieses Textes genommen. Danke!

Fanny Tanck
Montagdreizehnbissechzehnuhr

Die Stimme unter dem Gaumensegel
sticht in See
wagt den ersten Blick in die Weite
greift in die Luft
das außer ihr ist außer mir
noch da: Atmosphäre
sie reitet auf Schallwellen
probeweise
frisst sie sich durch den Äther
Die Radioraupe
nimmersatt
stellt sich die wildesten Dinge vor
wie Wogen aus Worten
über die Lippen schwappen und Brandung auslösen
am Poppschutz
Immer wieder
taucht sie den Kopf in den Ozean
die hohen Frequenzen zuerst
gleitet durch süßen und sauren Stoff verstimmt sich
sie spricht weil sie muss
und der Atem ist frei

Ideentransport
gutes geistiges Eigentum
verstaut sie auf Gedankenzügen
macht mitten auf freier Strecke
halt: schwache Worte werden abgeladen
Darwin liebte die Buchstabenevolution
Da klettert ein starkes Wort
die Resonanzleiter empor
berührt sogar fast unbemerkt
den Himmel
die eine Wolke wo du ich wir
zusammen kommen und wie auf Teppichen
fliegen
in richtiger Konsistenz
und in gesunder Nähe zur Welt
dort wo wirklich nichts als ein Ton mehr
zwischen uns passt können sich
Raupenworte entpuppen
Dann öffnet sich langsam
die Schranke vor den Zähnen
und Schmetterlingsschwärme flattern
unter dem Gaumensegel hervor
hinaus
in ihr neues Leben

Boris Aljinovic
Zeitrausch

Es ist jetzt neunzehn Uhr und fünfundvierzig Minuten. In etwas mehr als einer Viertelstunde werde ich auf der Bühne sein und vor Hunderten Menschen zum ersten Mal das lang Studierte vorführen. Ich bin Schauspieler, und ich habe in diesem Augenblick einen wunderbaren und gleichzeitig erschreckenden Rausch. Da alles getan ist, kommt die Zeit der Untätigkeit: Beim Warten vor dem Start kann ich nichts tun außer warten; schon in vollem Lauf auf das Ziel muss ich nun stillhalten. Während die Ängste sich in den Wochen vorher verschieben ließen, ist jetzt jeder Aufschub unmöglich, denn es ist Zeit für Angst und für nichts sonst. Sie ist schmerzhaft, und sie steigt plötzlich auf wie ein Geysir. Sie schießt in den Körper, als hätte jemand plötzlich den Hahn zum Adrenalin aufgedreht. Es ist jedoch nicht die eigentliche Angst, denn ich weiß, im Grunde kann mir nichts passieren. Ich werde nicht sterben, ich habe geübt und gelernt. Die Angst teilt sich vielmehr mit als Angst vor der Angst, die einen später lähmen könnte. Ich kenne diese Minuten genau. So schmerzhaft sie sind, sind sie für alle im Theater gleich. Sie sind für alle Bergsteiger und Seefahrer gleich; Fußballer haben sie beschrieben, und jeder Prüfungskandidat kennt sie. Es ist die letzte Gelegenheit, vor der Gefahr wegzulaufen. Wenn die ersten Worte auf der Bühne gesprochen wurden, wenn der erste Haken in die Wand geschlagen ist, die letzte Leine von Land gelöst wurde, der Rasen im weiten Rund des Stadions erlaufen wird oder der Stift die erste Antwort auf die Prüfungsfrage auf das Papier kratzt, ist die Angst oft ganz vorbei – falls man sich gut vorbereitet hat! Falls nicht, begleitet sie einen weiter und man ahnt, man kann den Abend, die Wanderung, die Reise, das Spiel oder die Prüfung nicht vollends bestehen. Im Augenblick habe ich also nicht einfach nur Angst, sondern Angst vor der Angst. Der Leerlauf bei zu hoher Drehzahl lässt meinen Motor einschüchternd kreischen. Im Theater ist dieser Moment geheiligt durch ganz eigene Rituale. Das Spucken über die Schulter, das «Toi, toi, toi». Die Bergsteiger berichten über Gebete, die Segler opfern Rasmus einen Schluck, was Fußballer machen, ist mir zwar nicht bekannt, aber Prüflinge haben die absonderlichsten Marotten, das weiß ich selber. Wir brauchen jetzt Rituale. Ich glaube, es gibt sie nur, damit man mit ganz einfachen Beschäftigungen die Wartezeit füllen kann, Tätigkeiten, die kaum Übung brauchen und im praktischen Sinne nutzlos sind. Der Übergang vom Intellekt zum Instinkt ist immer schmerzhaft. Gelingt er, können wir fliegen! Wenn ein Stück Fels sich löst, ein Segel reißt, ein Ball kommt oder eine Prüfungsfrage uns völlig überrascht, dann muss das Geübte, das Studierte instinkthaft und ohne Überlegung angewandt werden. Man springt zur Seite, man zieht eine Leine, tritt einen anfliegenden Ball oder gibt eine Antwort, ohne Zögern! Ich werde gleich auf der Bühne eine umfassende Prüfung mit solchen Anforderungen haben. Ich werde gleich möglichst traumwandlerisch die Worte, Bewegungen und Reaktionen nahezu passieren lassen, gleichzeitig offen sein für alles, was anders läuft und sich etwas anders anfühlte, als noch keine Zuschauer da waren. Das Timing wird sich verändern und vor allem: ich bin nicht alleine, denn meine Kollegen, die Technik, alle haben einen ähnlichen Druck, alle sind alert, und auch das wird die Dinge leicht verändern, und ich muss und will darauf gut reagieren! Es wäre jetzt neunzehn Uhr und sechsundvierzig, und ich würde, wie jedes Mal, beobachten, dass die Uhr an der Wand eingeschlafen zu sein scheint. Die Zeit steht nahezu still. Das eben Gedachte dauert in so einem Zustand weniger als eine Minute. Das ist ein gutes Zeichen, mit so viel Adrenalin im Blut bin ich übermäßig wach. Eben noch in der Garderobe, ohne dass ich etwas an mir bemerkte, hat die vertraute Maskenbildnerin kurz die Hände von meinem Gesicht gehoben. «Boah, du glühst ja», sagte sie lachend. Die Anspannung, schon bevor mir die Angst bewusst wird, schien sie zu spüren. Erstaunt bleibe ich weiter vor der Uhr stehen, die nicht vorwärtskommt. Nicht zum ersten Mal denke ich, dass sich meine Wahrnehmung der Zeit in diesem Zustand völlig verändert hat. Wenn die Zeit nun langsamer vergeht, bin ich wohl in der Lage, schneller als sonst zu reagieren; ich scheine schneller zu denken, oder, anders gesagt, die Welt um mich herum bewegt sich in Zeitlupe, doch ohne dabei wie im Film klebrig träge zu sein, sondern als wären die Augenblicke vergrößert, ohne aber verlangsamt zu sein. Das ist ein Vorteil, den mir das Adrenalin verschafft.

Horaz bat seine Geliebte, sich nicht an der babylonischen Berechnung zu versuchen. Er meinte damit die Uhr der Antike, welche die Zeit am Lauf der Planeten maß. Er bat sie in diesem Moment der Gemeinsamkeit inständig, weder nach vorne noch zurück zu schauen. Er bat sie, ganz gleich, ob jetzt irgendwo ein Sturm tobe, nur zu tun, was zu tun sei, ohne auf die Folgen zu achten oder nach Gründen zu suchen. Die grausame Zeit sollte ihnen nicht durch Reden oder Nachdenken das Im-Hier-und-Jetzt-Sein rauben. «Umarme, schütze, genieße diesen Tag, diesen Augenblick», ruft er leidenschaftlich. Horaz ist verliebt! Ein ganz ähnlicher Zustand wie der, in dem ich mich befinde, nur weicher, ruhiger, schöner, gänzlich schmerzfrei, aber auch ein Gefühl der Zeitlosigkeit. Er will das Schöne am zeitlosen Sein festhalten. «Carpe diem!» Als erlange man Unsterblichkeit im Verweilen in dem Augenblick, wo in vollem Bewusstsein die Zeit angehalten werden konnte und das Glück ein Schweben ist, und nicht in der Unendlichkeit nach dem Tod. «Nutze den Tag» schien mir immer die verballhornte preußische Variante zu sein, die eher auffordert, deshalb nicht nachzudenken oder gar zu träumen, damit man praktische Arbeiten nicht liegenlässt. Was einerseits als gutgemeinter Rat gelten darf für alle Vorbereitung, ist für mich fassungslos ungenügend übersetzt. In meinem Fall darf ich nicht nur sagen, ich hätte mir den Rausch durch gewissenhafte Vorbereitung moralisch verdient, nein, ich gehe noch weiter: dieser Rausch ist nicht nur Belohnung, sondern unumgänglich zum Erreichen bestimmter Ziele. Die Angst ist ein Geschenk der Natur. Zu Risiken und Nebenwirkungen, ob die Angst berechtigt ist, fragen Sie Ihr Gewissen oder einen Philosophen Ihrer Wahl.

Es ist jetzt neunzehn Uhr und fünfzig Minuten. Nachdem ich noch einmal auf der Toilette war, beschleunigen sich die Dinge noch einmal. Draußen folgen die Umarmungen, das Bespucken, das Surren und Summen, und endlich treffe ich auf meinen wichtigsten Partner am Abend. Ein Kollege, den ich lange

kenne. Ich mag ihn sehr. Er ist ein Bühnentier, ein Gladiator des Schauspiels. Wir schauen beide auf die letzte Uhr vor dem Auftritt, die im Halbdunkel des Inspizientenpultes drei Schritte von der Bühne entfernt leuchtet, und lachen etwas rau. So ist es. So ist es immer. Wir wissen, wie sich das anfühlt, und das verbrüdert uns. Es ist wie fliegen und tut ein wenig weh, aber zusammen sind wir stolz, es auszuhalten. Irgendwie erinnern wir alles, was auf der Bühne, in der Schlacht geschah, wo wir tobten, spielten, glühten, die Wellen der Lacher nahmen wie Surfer, mit allem Einsatz, und wie uns endlich die Verbeugungen erlösten. Natürlich schreibe ich über eine gelungene Premiere. Doch auch wenn man scheitert, bleibt das Abenteuer ein Abenteuer, wenn man es nur ehrlich angeht.

Und dann ist es plötzlich drei Uhr nachts und irgendwelche Minuten, wir stehen, das Bier in der Hand, auf irgendeiner Feier und wundern uns, wie sieben Stunden zu einer wurden, obwohl so viel passiert ist. Wir haben die babylonische Uhr nicht nur fast vergessen, wir haben sie völlig eingetauscht gegen ein Abenteuer oder gegen ein Erlebnis. Als wir noch untätig im Startloch warteten, amüsierte uns die Zeitlupe, aber jetzt, da wir nach der Leistung wieder auftauchen, kommen wir überhaupt wieder in einer realen Zeit an. Wir waren acht Stunden lang unsterblich. Wir wurden geliebt. Und wieder lachen wir etwas rau. Wir kennen und genießen den Trick, den unsere Körper uns gespielt haben. «Carpe diem» verlangt viel Arbeit, wie jedes Abenteuer, denn sonst kann man den Rausch der Gefahr und den Sieg über die Zeit nicht genießen.

8. Zeit für mich – Quality Time, Eigenzeit und Zeitmanagement

«Wer von seinem Tag nicht zwei Drittel für sich selbst hat, ist ein Sklave.»

(Friedrich Nietzsche)

Mely Kiyak
Mir gehören alle Stunden

Ich sage dazu immer Saunastöhnen. Jeder, der schon einmal in Gesellschaft schwitzen war, kennt es. Es ist eine Art anschwellendes Seufzen, das geräuschvoll ausgepumpt wird, um mitzuteilen, dass gerade aktiv in den Entspannungsmodus geschaltet wird. Nach dem Saunastöhnen kommt das Wechselduschstöhnen, dann das Ich-lasse-mich-in-die-Ruhezone-plumpsen-Stöhnen und das Oh-Mann-dieser-Smoothie-an-der-Wellnessbar-tut-gut-Stöhnen und so weiter und so fort.

Es gibt jede Menge solcher Geräusche, jeder kennt sie. Früher dachte ich immer, dass es sich bei den Verursachern um Leute handelt, die über keinerlei Körperbeherrschung verfügen. Die sich in den ICE-Sitz fallen lassen und die Bewegung akustisch begleiten, nicht, weil sie wollen, sondern, weil sie nicht anders können. Ich irrte. Ich grübelte lange darüber. Nun weiß ich es besser. Die Geräusche werden hergestellt, um sich mit der Umgebung zu verbinden. Man will eine Reaktion herbeistimulieren. Der Kontakt zur Umwelt darf nicht abbrechen, also kommentiert man sich und sein Tun in der Hoffnung auf Beifall, Zustimmung oder wenigstens Beachtung. Schaut her, ich habe den Zug gerade noch so bekommen, stöhn, knarz, hechel!

Alle mal herschauen, ich genieße gerade den Kaffee, schlürf, schmatz, mümmel.

Facebook funktioniert übrigens genau nach diesem Prinzip. Es legitimiert die *Achtung, alle herhören!*-Haltung, indem es die öffentliche Stöhnerei zum Prinzip erklärt. Das ist ja das Faszinierende an Mark Elliot Zuckerberg. Dass er, wie alle großen Erfinder in der Geschichte, seine Gesellschaft wirklich verstanden hat. Der Mensch muss offenbar seine Erfahrung teilen, egal, ob in der Sauna, auf Reisen oder in den Privaträumen. Je wohler und sicherer er sich fühlt, desto mehr gibt er preis, verliert zunehmend Hemmung und Haltung.

Bei mir hingegen sind sowohl die Lust aufs Senden als auch die Lust aufs Empfangen defekt. Umso seltsamer ist es, dass ich hauptberuflich Kommentatorin geworden bin. Als Freiberuflerin. Denn im Handbuch des Freiberuflers steht, dass das A und O meiner Berufstätigkeit darin bestünde, Kontakt zur Außenwelt zu halten. Ich müsse permanent Marketing in eigener Sache betreiben, damit die Welt Notiz von mir nehme. Ich solle im Internet meine Kontaktdaten hinterlegen, bei Facebook und Twitter vertreten sein, lieber persönlich vorsprechen oder anrufen, statt eine E-Mail zu schreiben. Ich möchte lieber tot sein als so zu arbeiten.

Ich telefoniere nie. Bin in den sozialen Netzwerken nicht aktiv. Schlage sämtliche Einladungen für Empfänge, Preisverleihungen, Galas, Tagungen und Symposien aus und bin wirklich nur dort zu sehen und zu hören, wo ich arbeiten muss. Das Handbuch hat keine Ahnung.

Wer Freiberufler werden will, braucht bloß zwei wichtige Eigenschaften, nämlich den Drang nach einem geräuschlosen Leben und ein Faible für Asozialität.

Ich verbringe den Großteil meines Lebens wirklich alleine. Während meine Kollegen nachmittags in ihre Büros schlurfen, mürbe von Konferenzen und Kantine, habe ich den ersten Text schon längst geschrieben und befinde mich bereits auf Bahn drei im Schwimmbad. Auf dem Weg zurück ins Büro denke ich immer: Meine Güte, wir leben in Freiheit und die Straßen sind leer.

Ehrlich, ich kann es bald nicht mehr hören. Eine Gesellschaft, die ihre Schnelllebigkeit beklagt und sich gleichzeitig freiwillig in alle möglichen Verbindungen verpflichtet, kommentiert, zu Tode diskutiert. Ein Kollege hat mir eine Uhr geschenkt. Zu jeder vollen Stunde zwitschert eine andere heimische Vogelart. Voilà, mein Twitter. Ich hatte mal einen Liebhaber, der vorschlug, mit Doodle ein Rendezvous auf die Reihe zu kriegen. Ich sagte, excuse-moi, aber so abgefuckt bin ich noch nicht.

Um mich dem Trubel der Großstadt zu entziehen, ziehe ich oft für mehrere Wochen ans Meer. Dort gehe ich im Wesentlichen spazieren und zähle Möwenschiss. Ich sage immer, wer hat, der hat! Um Zeit zu vertreiben, muss man sie nämlich erst einmal haben. Ich lebe Nietzsche extrem. Wer von einem Tag nicht zwei Drittel für sich hat, der ist ein Sklave, schrieb er. Mir gehören sogar alle 24 Stunden.

Ich neige nicht zu Stress. Meine Vermutung ist, dass das mit dem Lesen zusammenhängt. Die erste Hälfte des Tages lese ich nur Zeitungen und Magazine. In der zweiten Tageshälfte sind die Bücher dran. Trotzdem gab es eine Phase in meinem Leben, in der ich Anflüge von Zeitmangel empfand. Es waren ausgerechnet jene Jahre, als ich mich beruflich umorientierte und im Kloster gärtnerte. Wenn man im Takt der Jahreszeiten und des Wetters arbeitet, lernt man, was es wirklich bedeutet, keine Zeit verlieren zu dürfen. Denn jede Zeit ist wichtig für eine Pflanze. Wenn man den richtigen Zeitpunkt verpasst, nicht rechtzeitig aussät, einpflanzt, gießt und düngt, pflückt und erntet und aus der Frucht neue Samen zieht, dann war's das. Ich wohnte im Kloster und hatte keine Zeit. Mir war bewusst, dass auch das reichlich merkwürdig ist.

Man hat herausgefunden, dass religiöse Menschen, die ihren Glauben praktizieren, gesünder und länger leben als andere. Die Gebetspausen sorgen dafür, dass eine Beruhigung des Herz-Kreislauf-Systems eintritt. Ein paar Minuten Beten helfen dabei, in sich zu kehren, statt durchzudrehen. Mit Meditation klappt es wohl auch. Das Hauptziel einer Meditation besteht meines Wissens darin, den Zustand des Nichtdenkens herbeizuführen. Wäre mir ja wieder zu aufregend. Sobald ein Leistungsziel definiert wird, kriege ich Lampenfieber.

Immer wenn etwas von Natur aus schön ist, kommt jemand und verdirbt es mit Effizienzkompetenz. Auf die Berge bauen sie Rodelbahnen und Seilzüge. In die Meere stecken sie Fischfangfabriken. Im Himmel gibt es bald mehr Flugzeuge als Wolken. Auf einer Litfaßsäule wurde für ein Achtsamkeitstraining geworben: «Dauerhafte Entschleunigung jetzt! Schnell stressfrei in nur 15 Minuten!!» Finde wieder nur ich das hochkomisch?

Mir ging es ja ursprünglich bloß um das Saunastöhnen. Dass man wohin geht, um sich zu entspannen, und dann wird es einem durch das Gestöhne und Gejaule fremder Leute vermiest. Dieses gestische und akustische Posten von Befindlichkeit ist einfach nur grausam. Das ist die Kernaussage dieses Textes. Sonst nichts.

Maxim Leo
Im Strudel der Jahrzehnte

Wenn ich Zeit habe, dann bin ich in meinem Garten in Brandenburg. Letztes Wochenende habe ich mehrere stattliche Holunderbüsche mit der Kettensäge in die Schranken gewiesen, ich habe geharkt und riesige Haufen toter Pflanzen mit der Schubkarre zum Misthaufen gefahren. Das Schöne an der Gartenarbeit ist ja, dass man sofort sieht, was man geschafft hat. Das Blöde ist, dass man ebenfalls sofort sieht, was man noch nicht geschafft hat.

Sobald das blaue Band des Frühlings auch nur zaghaft durch die Lüfte flattert, verspüre ich diesen verdammten Druck. Die Schreie der zurückkehrenden Kraniche, der Geruch der aufgetauten Erde, die Wärme der ersten Sonnenstrahlen machen mich nervös. Es geht wieder los! Es gilt jetzt, keine Zeit zu verlieren, wenn man im Wettlauf mit der erwachenden Natur nicht von Anfang an hinten liegen will.

Am brutalsten aber ist der Druck, der auf uns Wochenend-Gärtnern lastet. In einer normalen Kalenderwoche haben wir zwei Tage, an denen wir etwas tun können. Die Natur hat sieben Tage. Und sieben Nächte. Das ist so, als würde ein einbeiniger, alter Mistkäfer mit schlimmer Stoppelflechte und Migräne eine Gazelle jagen. Ich hasse dieses Mistkäfer-Gefühl.

An einem Abend im Februar saßen meine Frau und ich mit unserem großen Gartenkalender auf dem Stadtsofa und planten die kommenden sechs Wochenenden. Das ist eine strategisch äußerst wichtige Zeit, weil die Natur in Brandenburg traditionell eher langsam erwacht, um dann mit einem Mal zu explodieren. Meinen Berechnungen zufolge liegt der D-Day dieses Jahr so um den 27. April herum. Meine Frau schrieb einen Einsatzplan, der uns einen schönen Vorsprung sichern könnte, bevor die Knospen platzen. «Und was ist, wenn einer von uns krank wird?», fragte ich. Meine Frau wurde blass.

Normalerweise ist es ja so, dass man sich einen Garten zulegt, um Entspannung zu finden. «Die Zeit im Garten ist immer Qualitätszeit» las ich neulich. Für seine Gesundheit kann man nichts Besseres tun. Bereits nach acht Minuten im Garten sinkt der Blutdruck um mindestens zehn Prozent, hat Dr. Fritz Neuhauser, der Chef des Geriatrie-Zentrums Wienerwald, herausgefunden, der als ein Experte für Garten-Therapie gilt. Der Puls wird ruhiger, die Herzfrequenz gleichmäßiger, Muskelverspannungen lösen sich wie von selbst. Burn-out-Kranken empfiehlt Dr. Neuhauser Rasenmähen. Das frisch geschnittene Gras setzt offenbar ätherische Substanzen frei, die unsere Seele leicht und fluffig wie ein Windbeutel werden lassen.

Ich schätze mal, dieser österreichische Gras-Guru hat seine kleinen, schmutzigen Experimente im hübschen Rosengarten der Wienerwald-Klinik gemacht. Klar, da würde ich auch locker werden, nichts entspannt mich mehr als die Gärten fremder Leute. Aber was mit dem Puls im eigenen Garten passiert, das wurde natürlich nicht untersucht. Dr. Fritz Neuhauser wäre beeindruckt, wenn er das panische Herzrasen messen könnte, das mich befällt, wenn ich das Klebekraut-Feld sehe, das sich in den vergangenen Tagen zwischen unseren Apfelbäumen ausgebreitet hat.

Es ist ja auch nicht so, dass man irgendwann fertig werden würde. Das ewig Unfertige ist schließlich das Grundprinzip des Gartens. Nach dem Frühjahrsputz kommt der Sommerkampf, kommt die Herbstschlacht, kommt die Winterruhe. Hier wird, finde ich, wieder einmal deutlich, wie widersprüchlich und seltsam der Mensch sein kann: Als ich noch keinen Garten besaß, habe ich mich über den Frühling gefreut, weil da das Leben wieder begann. Ich wollte noch viel mehr Zeit in der Natur verbringen, wollte die frische Luft atmen, meinen Körper im Schoße der alten Mutter Erde ruhen lassen. Deshalb kaufte ich den Garten. Mittlerweile ist die schönste Zeit für mich der Winter, weil da das Leben ein paar Monate lang innehält. Bevor die Gazelle wieder losläuft.

Aber noch auf eine andere Art verzerrt das Landleben die Zeit. Es ist nämlich so, dass ich große Schwierigkeiten damit habe, alte Kleidungsstücke wegzuwerfen. Letztens hat meine Tochter mich darauf hingewiesen, dass der Kragen meines Hemdes seltsam aussieht. Ich habe das Hemd im Spiegel betrachtet und dabei festgestellt, dass es sich um mein schönes, weißes Hochzeitshemd handelt. Das heißt, bei der Hochzeit, im Juli 1998, war es noch weiß. Mit den Jahren ist es ein wenig grau geworden, wie mir bei der Gelegenheit auffiel. Aber es ist immer noch ein gutes Hemd. Ein gutes graues Hemd. Mit einem ziemlich abgewetzten Kragen, wie ich dann sah. Na gut, dachte ich. Muss man mal sehen, wie lange ich das noch anziehen kann. Wahrscheinlich nicht mehr ganz so lange, dachte ich. Dann hab ich es erst mal in den Schrank gehängt. Das mache ich meistens so, wenn ich mir nicht sicher bin, ob ich ein Kleidungsstück behalten oder wegwerfen soll. Wobei ich zugeben muss, dass ich diese Frage nur sehr selten abschließend geklärt habe. Der Schrank ist über die Zeit zu einem Mahnmal meiner Unentschlossenheit geworden.

Aber irgendwann war der Schrank voll, und da traf es sich gut, dass es in unserem Wochenendhaus noch einen anderen Schrank gab, der fast völlig leer war. Meine Frau Catherine behauptet sogar manchmal, wir hätten uns das Wochenendhaus in Brandenburg nur gekauft, damit ich nichts wegwerfen muss. Im Schrank des Wochenendhauses hängt nun unter anderem das grüne Hawaiihemd, das ich mir mal in Indien gekauft habe und mit dem ich heute diverse Malerarbeiten durchführe. Auch ein grauer Kapuzenpulli, den mir Tante Hannah aus Düsseldorf zur Jugendweihe geschenkt hat, leistet mir hier weiter treue Dienste. Und nicht zu vergessen dieses dunkelblaue Seidenhemd, das mir schon zu klein war, als ich es kurz nach dem Mauerfall auf dem Wühltisch bei C&A entdeckte. Ich fand es damals so abgefahren, ein ganzes Hemd aus dunkelblauer Seide zu besitzen, dass ich wohl nicht auf die Größe geachtet habe. Daneben hängt der Shetlandpullover mit den braunen Rentieren und den roten Schlitten, den meine Mutter mir 1985 im Exquisitladen in der Rosa-Luxemburg-Straße gekauft hat. Der kratzt zwar immer noch ein bisschen, aber ansonsten ist er tadellos. Ich gehöre wahrscheinlich zu den wenigen Menschen auf der Erde, die in einem einzigen Kleiderschrank ihr komplettes Leben dokumentieren können.

Manchmal, wenn ich in den Kleidern meiner Jugend im Garten unseres Wochenendhauses stehe, habe ich das Gefühl, der Herrscher der Zeit zu sein. Sämtliche Phasen meines Lebens verschmelzen, bilden ein einziges, nie endendes Jetzt.

Ich rieche an dem gelben Anorak, den ich geschenkt bekam, als ich mit meinem Freund Sven zum ersten Mal ohne Eltern nach Ungarn gefahren bin. Ich tauche ein in den Strudel der Jahrzehnte, bin wieder sechzehn und wiege meinen pubertierenden Körper im brandenburgischen Wind. Diese Zeitreisen, die ich dank meines historischen Kleiderfundus unternehme, können verstörend sein, weil sich alles vermischt und ich selbst zu einer Art Nostalgie-Fata-Morgana werde. Gleichzeitig stelle ich fest, dass mir dieser sechzehnjährige Typ, der ich einmal war, noch immer recht bekannt vorkommt, dass wir zusammengehören, uns vertraut sind.

Manchmal zerfalle ich auch in verschiedene Epochen, bin mit dem Oberkörper in den Achtzigern, während meine Beine in den Bootcut-Jeans der nuller Jahre stecken. Es ist übrigens auffällig, dass ich kaum noch Hosen aus meiner Vergangenheit besitze. Vielleicht liegt es daran, dass sich Hosen schneller abnutzen. Oder aber die Abnutzung an der Hose wird vom Menschen als gravierender empfunden als die am Oberteil. Marxisten würden sagen: «Das Oberteil ist der Hose historisch überlegen.»

Ich habe gelesen, die Oberhaut des Menschen würde sich alle 28 Tage komplett erneuern. Alle 28 Tage sind wir also außenherum ganz neu. Manchmal träume ich davon, meine ganzen alten Sachen wegzuschmeißen, mich auch kleidermäßig zu häuten, noch mal ganz von vorne zu beginnen. Marxisten würden dazu wahrscheinlich sagen: «Die Wirklichkeit ist dem Traum historisch überlegen.»

Dorothee Hackenberg
Meine Zeit ist nicht deine Zeit

Dass unsere heutige Zeitrechnung nicht naturwüchsig entstanden ist, sondern von Menschen gemacht wurde, ist allgemein bekannt. Unser Kalender geht auf Papst Gregor XIII. zurück, der Ende des 16. Jahrhunderts die bis dahin gültige julianische Zeitrechnung korrigierte. Ein Münchner Germanist namens Heribert Illig toppt mit seinen Thesen die Erkenntnis einer willkürlich festgelegten Zeitrechnung. 1991 behauptete er, dass in unseren Kalendern dreihundert Jahre erfunden worden seien, dass nämlich im 7. Jahrhundert auf das Jahr 614 das Jahr 911 gefolgt sei und somit das halbe Mittelalter überhaupt nicht stattgefunden habe. Angeblich historische Personen wie Karl der Große und andere Karolinger seien Phantasiegestalten dieser sogenannten Phantomzeit gewesen.

Es ist klar, dass Mediävisten, also Wissenschaftler, die ihr gesamtes Arbeitsleben der Erforschung des Mittelalters gewidmet haben, diese Theorie empört als unwissenschaftlich zurückgewiesen haben. Wäre sie wahr, würden wir uns nicht im Jahr 2017, sondern erst im Jahr 1717 befinden. Wir wären in Wirklichkeit also gerade jetzt erst dem sogenannten Mittelalter entwachsen, hätte es das Mittelalter gegeben, wobei das nach Illigs Logik ja nur teilweise stattgefunden hat. Im historischen 1717 wurde erstmals eine Großloge gegründet, der preußische König führte die allgemeine Schulpflicht ein, und an Weihnachten gab es eine große Sturmflut. Hinterzimmerpolitik, Verwaltungshandeln und Katastrophen, alles genau wie heute. So gesehen machen dreihundert Jahre plus oder minus gar nicht so viel aus.

Um einfach mal dreihundert Jahre dazuzuerfinden, musste man natürlich sehr große Macht haben. Nach Illigs Vorstellung konnte das nur ein Kaiser oder ein Papst bewerkstelligen. In der heutigen modernen Welt, die durch elektronische Vernetzung zum globalen Dorf zusammengewachsen ist, erscheint ein solcher Eingriff schwer umsetzbar. Die Uhren mögen überall verschieden gehen, doch Tage, Stunden, Minuten und Sekunden sind die Messeinheiten, auf die sich die Welt geeinigt hat. Der amerikanische Medientheoretiker Marshall McLuhan ist jedoch davon überzeugt, dass durch die neuen Medien das Zeitempfinden der Gutenbergkultur verändert wird. Bereits 1964, lange vor dem digitalen Zeitalter, beschreibt er in seinem wegweisenden Werk «Die magischen Kanäle», wie die Technik der Elektrizität ein neues Raum-Zeit-Gefühl erzeugt und die Vorstellung einer mechanischen Abfolge von Zeiteinheiten überholt erscheinen lässt. Laut McLuhan folgt eine Mehrheit von Zeiten der Einheit der Zeit: «Heute ist es nur zu leicht möglich, das Abendessen in New York und die Verdauungsstörungen in Paris zu haben». Die Uhr zerteilt die Zeit in gleichförmige Einheiten, aber die Elektrizität, die Geschwindigkeit ermöglicht, erweitert die Wahrnehmung von Zeit als inneres Erleben von Gleichzeitigkeit.

Und so ist es nur eine Frage der Zeit, bis auch die Einheit der Zeit in Frage gestellt wird. US-Präsident Trump würde sich eine neue Zeitrechnung wahrscheinlich zutrauen. Nur würde er keine Jahre drauflegen, sondern ausradieren. Nicht nur die Gesetze und Erlasse von Obama abschaffen, sondern dessen ganze Regierungszeit: Acht Jahre Obama haben nicht existiert. Trump folgt auf Bush und knüpft nahtlos an dessen Politik an, der Irakkrieg geht weiter, und Osama bin Laden steigt als Handelspartner von Trump ins Erdölgeschäft ein. Wer glaubt, da hätte es mal einen schwarzen Präsidenten gegeben, hat Fieberträume oder schaut zu viel Netflix-Serien. Und der Lügenpresse darf man sowieso nicht trauen.

Wenn Trump auch in diesem Fall ein Tabu bricht, indem er die Einigung auf eine objektiv nachprüfbare, allgemeinverbindliche Zeitrechnung aufgibt, gibt es kein Halten mehr. Im postfaktischen Zeitalter nimmt sich jeder seine Eigenzeit, seine persönliche Quality Time heraus. Lästige biographische Jahre im Personalausweis werden herausretuschiert, Lebensläufe enthartzifiziert, Scheidungs- und Trennungsjahre eliminiert, weil sie unschöne Erinnerungen enthalten. Jeder gestaltet seine persönliche Timeline selbst. Psychologen unterstützen diese aktive Arbeit an der Eigenzeit, weil sie die Abgehängten, Alten und Asozialen unter uns wieder in die sozialen Wärmestuben zurückbringt und ihnen neues Selbstbewusstsein einflößt. Geschenkt, wenn die Werkbänke leer bleiben, weil die neuen hart arbeitenden Zeitarbeiter lieber Quality Time mit Facebook und Katzenfotos verbringen. Stechuhren haben im Zeitalter der individuellen Zeitrechnung sowieso längst ausgedient.

Der Blick in die Zukunft zeigt: Die personalisierte Zeit ist nach fortschreitender Individualisierung und dem Pluralismus der Lebensstile *der* Megatrend des 21. Jahrhunderts. Aus dem allgemeinen Lebensgefühl einer Beschleunigung aller Lebensbereiche entsteht eine Individualisierung der Zeiterfahrung.

Die Wiener Zeitforscherin Helga Novotny hatte bereits 2015 beschrieben, wie aus der Sehnsucht nach dem Augenblick im Zeitalter des Big Data die «mediale Eigenzeit» entsteht und die Vorherrschaft übernimmt. Via Social Media werden Koordinaten und Befindlichkeiten ausgetauscht, der Mensch wird Teil der Netzwerke und ermöglicht die Vorhersage seines künftigen Verhaltens anhand von Vorlieben, Körperdaten und Nutzungsverhalten. Elektronische Objekte am Körper machen ständig unsichtbare Selfies von uns. Vergangenheit und Zukunft schrumpfen zugunsten der Kurzzeitperspektive auf die permanente Gegenwart, so die Vorhersage der Wissenschaftlerin.

Von der medialen Eigenzeit zur individuellen Zeit ist es dann in den kommenden Jahrzehnten nur ein kleiner Schritt. Wie das lineare Fernsehen vom jederzeit verfügbaren Download abgelöst wird, wird die Tyrannei der Uhren des 19. und 20. Jahrhunderts abgelöst von der Smartwatch 9.0., die man nach Belieben konfigurieren kann. Der Tag hat 24 Stunden? Das war gestern. Nachteulen und Partyhopper basteln sich die Nächte länger als die Tage, legen einen vierstündigen Tagschlaf ein, bevor ihre zwanzigstündige Nacht beginnt. Andere, die Workaholics unter uns, bauen sich 36-Stunden-Tage um sechsstündige Schlafpausen herum.

Es gibt große Diskussionen darüber, ab wann Kindern ihre persönliche Zeit zugestanden wird. Apple hat Smartwatches für Einjährige entwickelt, die sehr leicht einstellbar sind. Kinderpsychologen raten dennoch, den Nachwuchs erst mit frühestens fünf Jahren über seine persönliche Zeit entscheiden zu lassen. Kinder neigen zu chaotischen Zeiteinstellungen, mal hat ihr Tag zwei, dann wieder 40 Stunden, sie wollen mitten in der Nacht in den Kindergarten oder in den Zoo. Lehrer und

Erzieher haben die Aufgabe, den richtigen Umgang mit persönlicher Zeit zu vermitteln, denn «Zeitkompetenz» kann man lernen. Trotzdem sind viele Eltern genervt, weil ihre und die Zeit der Kinder so gut wie nie konform gehen. Aus dem Eishockey wird deshalb das Mittel des «Timeout» übernommen – wer sich von andern zeitgestresst fühlt, verlässt nach einer «Timeout»-Ansage das Zimmer oder den Chatroom und verbringt die Zeit nur noch mit sich selbst.

Auch der Begriff der Quality Time hat eine neue Bedeutung bekommen. Früher nannte man die Zeit, die der Familienernährer mit seinen Kindern spielend verbringt, Quality Time. Inzwischen wird Quality Time als Oberbegriff für das Menschenrecht auf personalisierte Zeit gesehen. In früheren politischen Systemen wie dem Kommunismus hatte man noch versucht, individuelle Zeit im Kollektiv aufzuheben, der Fünfjahresplan sollte bereits nach vier Jahren erreicht werden. Im Kapitalismus der Gründerjahre wurden die Menschen in der automatischen Produktion versklavt. In der postfaktischen Zukunft wird niemand mehr gezwungen, innerhalb von entfremdeten Zeitkonzepten zu arbeiten und zu leben. Der Großteil der Arbeit ist ohnehin von Robotern übernommen worden, und die neuen Jobs in der Dienstleistungsbranche lassen viel mehr Freizeit und Gestaltungsmöglichkeiten. Ein Minimum an Normen und Regeln stellt sicher, dass Dienstpläne in der Altenpflege oder Kinderbetreuung mit den persönlichen Eigenzeiten der Betreuer harmonieren.

«Den ganzen Tag Quality Time» – mit diesem Schlachtruf zieht die SPD 2021 in den Wahlkampf und kann damit, nach vier Jahren Koalitionschaos, punkten. Gleich nach seiner Wahl lässt Bundeskanzler Schulz verkünden, dass die vergangenen sechzehn Jahre die neue Regierungsphase belasten, und erlässt ein Dekret, wonach Deutschland ab sofort wieder im Jahr 2005 angekommen ist. Die Merkel-Regierungszeit sei eine Erfindung der Union gewesen. Auch Gerhard Schröder kann das bestätigen und gratuliert als Erster Martin Schulz zu seiner neuen Aufgabe. Nur der inzwischen 79-jährige Wolfgang Schäuble, von jeher ein erbitterter Gegner der Quality-Time-Kampagne, raunzt, er hätte schon vor Jahren prophezeit, Schulz sei wie Trump und nun hätte man ja die Bestätigung. Da sich aber kaum einer an die letzten sechzehn Jahre erinnern kann, weiß keiner mehr, wer Trump war, und viele Kommentatoren twittern, Schäuble würde zunehmend wunderlicher, aber er sei ja auch schon sehr alt. Ein paar unverbesserliche Wissenschaftler, die an der veralteten, objektiven Zeitrechnung festhalten, behaupten steif und fest, es hätte die sechzehn Jahre doch gegeben. Aber in Zeiten der Quality Time nimmt sie niemand mehr ernst.

Serdar Somuncu
On und off

Manchmal schalte ich mich aus. Komplett. Innerlich off. Keine Verbindung nach außen. Nur Stille. Dann dauert es eine gewisse Zeit, bis ich wieder anfange, meinen Atem zu spüren und meinen Puls zu fühlen. Die Gegenwart stülpt sich um. Aus ihr wird etwas Undefinierbares und Weites. Manche nennen es Entspannung, andere sehen darin eine Belastung. Viele halten es nicht aus. Die Entkoppelung unserer Seele von den Taktmassen unserer Umgebung führt meist zu einer Überforderung der Sinne. Was mache ich mit diesem vermeintlichen Leerlauf? Wie gehe ich mit mir selbst in der rahmenlosen Weite der überbordenden Sekunden, Minuten und Stunden um?

Viele Menschen haben verlernt, sich selbst auszuhalten. Manche lenken sich permanent ab, andere verlagern ihr Leben in die Virtualität. Die meisten richten sich in einem seltsamen Zwischenzustand aus vergänglichem Glück und latenter Sehnsucht ein. Dabei werden die Glücksmomente immer seltener und die Sehnsucht immer diffuser. Wir machen uns abhängig von Belohnung und Ansprüchen der anderen und verlieren dabei immer mehr die essenziellen Werte unserer Existenz aus den Augen und aus dem Herzen.

Dabei sind wir umgeben von zahlreichen Angeboten, die

wir oft erst dann wahrnehmen, wenn wir am Rande der Krise stehen und nach hastigen Lösungen suchen. Ein Spaziergang an einem Wintertag, ein gutes Gespräch mit einem Freund, ein Glas eiskaltes Wasser und ein Augenblick der Einkehr.

Einatmen, Ausatmen.

Zeit bedeutet Eingrenzung von Freiheit, und Freiheit bedeutet auch, mit sich und seiner Unabhängigkeit von den Vorgaben unseres Lebens umgehen zu können. Dann ist diese Zeit keine verlorene Lebenszeit, sondern sie ist gewonnene Lebensqualität.

9.
Ein ewiges Ticktack – das Diktat der Uhren

«Die Menschen werden geboren, die Menschen sterben, und die Zeit dazwischen verbringen sie mit dem Tragen der Digitaluhren.»

(Douglas Adams)

Marie Kaiser

Der kleine Ticktator. Ein Plädoyer gegen das Uhrentragen

Sie stehen also auf Fesselspiele. Wieso sonst sollten Sie Ihr Handgelenk freiwillig mit einem Band einschnüren und sich von morgens bis abends von einem tickenden Ungetüm beherrschen lassen? Armbanduhren sind die Plagegeister der modernen Zeiten. Wie ein wildgewordener Käfer hetzt der Sekundenzeiger im Kreis herum – und wir hinterher. Mit der Zeit am Puls lassen wir uns alle in denselben Takt zwingen; und die besonders Sensiblen unter uns zucken bei jedem Ticken zusammen, weil sie spüren, dass dieser Moment für immer verloren ist. Was für eine Erlösung, wenn abends endlich die Wohnungstür ins Schloss fällt und die tickende Fessel abgenommen werden kann. Im tiefsten Inneren möchte niemand ein Uhrenuntertan sein.

Der römische Komödiendichter Plautus würde mir recht geben. Schon vor 2000 Jahren machte er auf die Übel der Uhren aufmerksam. Die damals üblichen Sonnenuhren betrachtete er als Gefahr für sein Seelenheil, da sie «seine Tage in kleine Fetzen zerhackten». Stellen Sie sich erst das Massaker vor, das eine moderne Armbanduhr mit meinem Tag anrichtet. Für den

Feuilletonisten Sigismund von Radecki machten sich alle Menschen, die freiwillig so etwas Unbequemes trugen, zu «Sklaven». Radecki schrieb 1952: «Die Armbanduhr ist die Handfessel der Zeit! Doch die tiefste Stufe der Sklaverei ist jene, wo das Opfer darauf noch stolz ist und sein Kennzeichen als Schmuck trägt – aus Platin, mit Diamanten besetzt.»

Zugegeben: Auch ich habe mich einst freiwillig versklavt – meine Handfessel war allerdings nicht aus Edelmetall, sondern aus Plastik. In den für ästhetische Verirrungen besonders aufgeschlossenen Teenagerjahren musste es eine Swatch sein – untertassengroß. Das Ziffernblatt war einer aufgeschnittenen Wassermelone nachempfunden; die Kerne markierten die Stunden.

Dabei war ich gewarnt worden. Hatten meine Helden von Tocotronic mir nicht immer wieder vorgesungen: «In einer Gesellschaft, in der man bunte Uhren trägt – in einer Gesellschaft wie dieser bin ich nur im Weg»? War das weiße Kaninchen mit der Taschenuhr in der Pfote nicht durch Alices Wunderland gehetzt und hatte mir die Schrecken der Erwachsenenwelt vor Augen geführt? Die Erwachsenen, die ihre Uhren immer parat, aber «keine Zeit, keine Zeit» hatten?

Doch ich wünschte mir mit sieben Jahren nichts sehnlicher, als endlich in den Club der Uhrenträger aufgenommen zu werden. Aber was hatte ich davon? Außer dem Druck, von nun an immer pünktlich zum Mittagessen zu erscheinen? Wie erlösend war der Tag, als meine Uhr um kurz nach elf stehenblieb und ich plötzlich meine Freiheit zurückhatte. Ich spielte, solange ich wollte, im Wald. Beim Zuspätkommen waren die Zeiger Zeugen meiner Unschuld.

Damals wusste ich noch nicht, dass ich die Zeitforschung auf meiner Seite hatte. «Zeit ist das, was wir haben, wenn wir unsere Uhren wegwerfen», sagt der Mitbegründer der Deutschen Gesellschaft für Zeitpolitik, Karlheinz Geißler. «Uhren sind moderne Diktatoren.» Geißler hat weder eine Armbanduhr noch ein Handy. Wenn er wissen will, wie spät es ist, fragt er seine Frau. Bei allem Verständnis für diese radikale Form der Uhrenverweigerung – wie er es mit seinem Gewissen vereinbart, dass seine Frau die Bürde, pardon, die Uhr für ihn tragen muss, weiß ich nicht. Und ich fürchte, dass Singles mit dieser Methode schnell den Anschluss an die Gesellschaft verlieren.

Denn die hält seit dem Mittelalter immer mehr durch eine gemeinsame Uhrzeit zusammen. In diesen finsteren Zeiten haben die Menschen mit der Marotte angefangen, ständig Uhren mit sich herumzuschleppen. Nicht mehr von Gewichten, sondern von einer zarten Feder angetrieben, passten sie perfekt in die Tasche. Erst ein paar Jahrhunderte später wagten es die Uhren, uns noch näher auf den Leib zu rücken. Während Napoleon Bonaparte 1815 noch mit einer Taschenuhr in die Schlacht von Waterloo zog, trug seine Schwester Caroline Murat ihre Uhr schon wie ein Schmuckstück an einem zarten Band ums Handgelenk. Lange galten Armbanduhren als «weibisch», bis die Männer sie dann im Ersten Weltkrieg für sich entdeckten. Infanteristen im Schützengraben bemerkten schnell, dass es nicht gerade ihre Überlebenschancen erhöht, wenn sie erst die

Taschenuhr aus der Uniform pfriemeln mussten, bevor sie zum Angriff rufen.

Wer hätte das gedacht: So schnell wird mein nacktes Handgelenk zum pazifistischen Statement. Doch bevor ich nun rufe, «Kampf den Ticktatoren!», ist es Zeit für ein bisschen Ehrlichkeit. Ich will nicht zurück ins alte Griechenland und anhand der Länge meines Körperschattens ablesen, wann ich mit einer Freundin verabredet bin. Ich habe auch so meine Zweifel, ob ich pünktlich zur Frühschicht komme, wenn ich mich auf das tschechische Sprichwort verlasse, dem zufolge unser Magen die zuverlässigste aller Uhren ist. Ich gebe es zu: Auch ich war erst bereit, meine Handfessel zu sprengen, als ich auf die Zeitanzeige meines Handys schielen konnte. Um meine innere Uhr zu trainieren, machte ich daraus ein Spiel. Vor dem Blick aufs Handy versuchte ich, die Uhrzeit zu erraten. Ich wurde immer besser darin, lag meist nur ein paar Minuten daneben.

Doch wie albern ist es, Armbanduhren zu verteufeln, wenn ich selbst stolz darauf bin, wie perfekt ich im Takt der Uhrzeit ticke. Ich berufe mich auf die Uhrenfreiheit doch auch nur, wenn ich es bin, die zu spät kommt, und schmolle hingegen, wenn ich selbst warten muss.

Wenn sogar der Dalai Lama eine Rolex trägt, wen will ich dann zur Uhrenlosigkeit bekehren? Vielleicht ist es doch an der Zeit, dass auch ich mich mit der Armbanduhr versöhne. Für Friedensverhandlungen mit der Apple Watch bin ich allerdings nicht bereit. Diese unverschämte Uhr, die in mein Inneres blicken will. Die misst, ob ich glücklich bin, wie schnell mein Herz schlägt und wie viel ich schwitze. Und die ungeduldig summt, wenn sie der Meinung ist, dass ich zu lange stillgesessen habe. Ich dachte da eher an ein bescheideneres Modell. An die «Humility Watch» des britischen Künstlers Crispin Jones etwa, die so heißt, weil sie uns Demut lehren will. Der Stundenzeiger zeigt «Remember», der Minutenzeiger «you will die» an – denke daran, dass du sterben wirst. Wenn schon eine Uhr, dann eine ehrliche.

André Meier
Aufstand gegen die verhassten Uhren

«Wir lassen alle Uhren zerschlagen, alle Kalender verbieten und zählen Stunden und Monden nur nach der Blumenuhr, nur nach Blüte und Frucht.»

Im Frühjahr 1836 lässt Georg Büchner die adligen Helden seines Lustspiels *Leonce und Lena* gegen die Allmacht der Zeiger aufbegehren. Der Dichter und Revolutionär braucht dringend Geld und versucht, mit einer kleinen Liebeskomödie den hochdotierten Literaturwettbewerb der Cotta'schen Verlagsbuchhandlung zu gewinnen. Das obligatorische Happy End nutzt Büchner, um ein wenig Sand in das Räderwerk seiner von der Ratio getriebenen Zeit zu streuen. Endet das Stück doch mit der Forderung, *dass jeder, der sich rühmt sein Brot im Schweiße seines Angesichts zu essen, für verrückt und der menschlichen Gesellschaft gefährlich erklärt wird.*

Die Sehnsucht nach einer Welt ohne Uhren treibt aber in diesem Jahrhundert nicht allein Büchner um.

Im April 1826 ziehen Arbeiter mit Knüppeln, Äxten und Forken durch die Straßen von Accrington. Ziel der wütenden Menge sind die Textilfabriken, die hier – wie im gesamten Norden Englands – den Alltag der Menschen bestimmen. Über Generationen lebten die Bewohner der Grafschaft Lancashire davon, Stoffe und Garn herzustellen, in Heimarbeit und im Familienverband. Auf einer kleinen gepachteten Parzelle betrieben sie nebenher ein wenig Ackerbau und Viehzucht, gerade so viel, wie es zur autarken Versorgung bedurfte.

«Sie lebten nur für ihre kleinlichen Privatinteressen, für ihren Webstuhl und ihr Gärtchen und wussten nichts von der gewaltigen Bewegung, die draußen durch die Menschheit ging. Sie fühlten sich behaglich in ihrem stillen Pflanzenleben und wären ohne die industrielle Revolution nie herausgetreten aus dieser allerdings sehr romantisch-gemütlichen, aber doch eines Menschen unwürdigen Existenz», urteilt Friedrich Engels, der auf den Trümmern dieser untergegangenen Welt als Textilfabrikant reüssiert. Zum Ausgleich seines Karma-Kontos treibt der hipsterbärtige Deutsche nach Feierabend in Manchester den Sturz der eigenen Klasse voran. Ihm zur Seite steht Karl Marx, fest überzeugt davon, dass Revolutionen mit Kleingartenbesitzern ohnehin nicht zu machen sind, und der deshalb der Bourgeoisie erst einmal herzlich dafür dankt, dass sie «einen bedeutenden Teil der Bevölkerung dem Idiotismus des Landlebens entrissen» hat.

Aber genau nach dieser alten zeit- und ereignislosen dörflichen Idylle sehnen sich die Demonstranten von Accrington zurück. Ist doch der Preis ihrer Arbeitskraft seit Jahrzehnten im freien Fall begriffen. Verdiente ein englischer Weber 1792 in ländlicher Heimarbeit durchschnittlich sechs Shilling pro Tag, so sind es 1826 bei sechzehnstündiger Fabrikarbeit an den lärmenden städtischen Spinn- und Webmaschinen nur noch sechs Shilling die Woche. Aus dem von Marx & Engels als glücklich, aber dumm geschmähten Dörfler war im Zuge der industriellen Revolution ein fremdbestimmter Lohnsklave geworden, dessen Lebensrhythmus die Werksuhr diktiert.

Bis in die frühe Neuzeit hinein regelten Sonnenstand und kirchlicher Feiertagskalender das abendländische Schaffen. Die mittelalterliche Work-Life-Balance ist mustergültig. Neuere Forschungen beziffern die jährliche Arbeitszeit eines vorindustriellen Landmanns auf 1620 Stunden. Das ist gut eine Woche weniger, als derzeit eine deutsche Vollzeitkraft ableisten muss.

Mit der Aufklärung verliert die Arbeit jedoch ihren waldursprünglichen Charakter. Immanuel Kant, deutscher Frontmann der fortschrittsfixierten Reformbewegung, erklärt 1803 den Hang zur Gemächlichkeit zum «schlimmsten aller menschlichen Übel». Fortan wird die Arbeit von Denkern und Führern aller Couleur als Basis der menschlichen Existenz betrachtet und zur sittlichen Pflicht erhoben.

Engels ist davon überzeugt, dass nur die Arbeit den Affen zum Menschen reifen ließ. Hitler sieht in der Arbeit das Stahlbad, dem mit dem «nordischen Menschen» ein «Geschlecht von Riesen an Kraft und Gesundheit» entstieg. Lenin wiederum ist sich sicher, dass jeder an der Werkbank mit etwas Druck zu Hochform auflaufen würde. In der «Prawda» präsentiert der Chefbolschewist im Januar 1918 einen ganzen Katalog möglicher Strafmaßnahmen, um die nach der Oktoberrevolution erlahmte Arbeitsproduktivität anzukurbeln: Müßiggänger könnten ins Gefängnis gesteckt, zur Klosettreinigung verdonnert, auf der Stelle erschossen oder mit «gelben Pässen» ausgestattet werden, «damit das ganze Volk sie bis zu ihrer Besserung als schädliche Elemente überwache».

Papst Johannes Paul II. macht schließlich mit der Enzyklika «Laborem exercens» aus der von den Kommunisten zum Kampfplatz deklarierten Arbeitsstelle eine Filiale der Jesus-Christus-GmbH und Co. KG: *Indem der Mensch die Mühsal der Arbeit in Einheit mit dem für uns gekreuzigten Herrn erträgt, wirkt er mit dem Gottessohn an der Erlösung der Menschheit auf seine Weise mit.*

Es ist kein Zufall, dass die bis heute andauernde Verklärung der Arbeit just zur selben Zeit einsetzt, als die Dampfmaschine die Produktion revolutioniert.

«Time is money!», schreibt Benjamin Franklin, Erfinder des Blitzableiters und des flexiblen Harnkatheters, 1748 in seinem «Ratgeber für junge Kaufleute». Der Satz wird zum Schlachtruf der aufstrebenden englischen Fabrikantenkaste. In ihren Händen verwandeln sich Maschinen und Uhren in Folterwerkzeuge.

Zeit ist nun nicht mehr gleich Zeit. Zu gerne werden im prosperierenden Empire die Uhren manipuliert, um den Arbeitstag in die Länge zu ziehen.

So trifft der Zorn der Demonstranten von Accrington auch als Erstes die verhassten Zeiger. Ein Steinwurf genügt, um den Chronometer der Sykes Mill zum Stehen zu bringen. Es ist eine Frau, die damit am 24. April 1826 das Signal zum Sturm auf die Maschinen gibt. In den folgenden drei Tagen werden überall in der Grafschaft Lancashire die Fabrikwebstühle demoliert.

Nach der gewaltsamen Niederschlagung des Arbeiteraufstands tagen die Gerichte. Basis der Anklage ist der Frame Breaking Act. Bereits 1812 vom britischen Parlament verabschiedet, erklärt das Gesetz die Zerstörung von Maschinen zum Kapitalverbrechen. Dementsprechend hart fallen nun die Urteile aus: 41 der Angeklagten erhalten die Todesstrafe.

Unter den Verurteilten sind auch etliche Frauen. Der Siegeszug der Maschinen hat die alte patriarchalische Familienordnung auf den Kopf gestellt. *Je mehr die moderne Industrie sich entwickelt, desto mehr wird die Arbeit der Männer durch die der Weiber verdrängt, Geschlechts- und Altersunterschiede haben keine Geltung mehr*, schreibt Marx. Und sein Freund Engels, der Haus und Bett mit zwei ehemaligen Baumwollspinnerinnen teilt, ergänzt: Der Fabrikant ist nicht nur Herr über die Arbeitskraft, sondern auch über «den Leib und die Reize» seiner Arbeiterinnen.

Das billigste Arbeitsinstrument der neuen Ära ist allerdings das Kind. Erst 1833 wird die Beschäftigung von Jungen und Mädchen unter 9 Jahren in den Fabriken verboten. Lord Ashley, siebter Earl of Shaftesbury und bekennender Philanthrop, treibt diese Reform im Londoner Parlament voran. Nicht zuletzt, um den vermeintlich drohenden moralischen Niedergang der Gesellschaft zu stoppen. Im Unterhaus berichtet Ashley von einem arbeitslosen Weber, der vergeblich versucht, seine halbwüchsigen Töchter zur Rechenschaft zu ziehen, nachdem die ihren kärglichen Lohn ins Wirtshaus getragen hatten. Mit einem rotzigen «Damn you!» fallen die Mädchen ihrem Vater ins Wort und verbitten sich alle weiteren Erziehungsversuche. Schließlich wären sie es, die ihn ernährten.

Im Juli 1830 geht in Paris das Volk auf die Barrikaden. Und wieder sind es die Uhren, die als Symbol der verhassten Ordnung zuerst der Zerstörung anheimfallen.

Eugen Delacroix setzt der Revolution mit seinem Gemälde «Die Freiheit führt das Volk» ein Denkmal. Flankiert von einem Arbeiterjungen feuert eine barbusige Schönheit die unterdrückten Massen an. Auch wenn die mit Trikolore und Vorderlader bewaffnete Rebellin als Allegorie der Freiheit annonciert und damit jeder konkreten Bezüglichkeit beraubt wird, so hat doch auch dieser Aufstand ein weibliches Gesicht. Besorgt berichtet der Korrespondent der Allgemeinen Zeitung, dass es «Weiber,

Kinder und sogar Freudenmädchen» seien, die aus dem Pariser Pflaster die Steine rissen. Leider frisst auch diese Revolution ihre Kinder. Von dem mit dem Blut des Pariser Prekariats erkauften Sieg über den Bourbonenkönig Karl X. profitiert allein die Großbourgeoisie, die nun auch in Frankreich das Tempo der Zeiger bestimmt. «Die Feudalaristokratie», so stellt Büchner in seinem französischen Exil ernüchtert fest, «wurde durch die Geldaristokratie ersetzt.»

Ähnlich kläglich verpufft auch die Revolte des Dichters gegen die Diktatur der Uhren. Ungelesen sendet ihm die Cotta'sche Verlagsbuchhandlung seinen Wettbewerbsbeitrag *Leonce und Lena* zurück. Büchner hatte den Einsendeschluss verpasst.

Pieke Biermann
Geraume Zeit

Ihr habt Uhren, wir haben Zeit.

Taliban-Propaganda, Afghanistan 2001 ff.

Am Anfang war die Zeit, und die war mein Freund. So wie der Raum. Die Zeit war geräumig, der Raum dauerhaft meiner, keins von beidem zu eng für mich.

Für die Insassen der Justizvollzugsanstalt
ist Zeit der alles beherrschende,
zerfressende Gedanke: Wie viele Jahre,
wie viele Tage, wie viele Minuten noch?
Thomas Fischer, IM RECHT, 2016

Stubenarrest, zum Beispiel – als Kind wurde ich dazu öfter mal verdonnert, nachdem die Methode Holzlöffel auf Hintern nicht mehr in Frage kam, weil ich mit meiner Mutter auf Augenhöhe geriet –, war keine Strafe, im Gegenteil: Ich blieb in meinem Zimmer und sah nur auf die Uhr, um mich an der Dauer zu erfreuen, ich war selig, dass niemand was von mir wollte. (Das behielt ich natürlich für mich.)

Unkraut vergeht nicht.
Volksmund

An meinem Anfang waren Zeit und Raum, das Wort kam erst später. Zaum & Reit, Reim & Zaut, Zeim & Raut – egal. (Vielleicht fand ich deshalb nie paradox, dass irgendwas Lichtjahre entfernt sein soll.) Mein Zeitmaß war ein Raummaß und umgekehrt: neun Monate und eine warme Höhle, die ich gegen drei Vertreibungsmanöver verteidigt hatte. Optimal. Ich kann meine Mutter auch gut verstehen. Ein Lustmoment, zeitehelebens der einzige. Auch optimal. Und dann das.

Nicht alle Lust will Ewigkeit. Und welche Frau will von vorn anfangen mit der ganzen Arbeit – mit fast vierzig, zwei Töchtern, die sich inzwischen allmonatlich mit *der weiber zeit* herumschlagen, und einem arbeitslosen und nicht nur alkoholkranken Mann?

> *Einszweidrei, im Sauseschritt*
> *läuft die Zeit; wir laufen mit.*
> Wilhelm Busch, JULCHEN, 1877

Nur dass ich irgendwann rausmusste aus meinem Raum. Meine Mutter *ging auf die zeit*, und das war suboptimal. Meine Zeit lief ab, mein Raum wurde eng. Zuerst so eng, dass ich stecken blieb (oder warum sonst hab ich bis heute Angst vor Tunneln?), und dann so maßlos weit wie feindlich. Es handelte sich um die Welt, auf die ich nicht kommen sollte. Sie war der Raum, der mir nicht zustand, wenn's nach meiner Mutter ging. Aber noch war mein Vater da, dreieinhalb Jahre und eine ganze Welt lang. Und die nahm er und legte sie mir zu Füßen. Ein Mann kann der letzte *loser* sein, er steht für den Phallus, selbst wenn der meistens hängt, und damit für den *logos* und alles, was an Sozialschlamassel wiederum an dem hängt. *It's a man's world.* Nicht nur symbolisch.

Mein Vater konnte auch fließend Französisch und stellte sicher, dass ich mit drei Jahren das Wort *Elektrizitätswerk* sagen konnte, ohne vor Angst zu stolpern. Bald darauf verschwand er von der Welt, aber nur physisch. Ich staunte weiter über alles, was mir vor die Füße kam, und hatte keine Angst vorm Stolpern.

> *Der Berliner hat keine Zeit. Er hat immer*
> *etwas vor, er telefoniert und verabredet*
> *sich, kommt abgehetzt zu einer Verabredung*
> *und etwas zu spät – und hat sehr viel zu tun.*
> Ignaz Wrobel aka Kurt Tucholsky, 1919

Ich behielt auch mein inneres Zeitgefühl. «Alles zu seiner Zeit» war analog mit «Alles zu meiner Zeit», lief harmonisch proportional, gerade, wenn es um Räume ging. Zeiträume für irgendeine Arbeit, Entfernungsräume für irgendeinen Termin. Ich war mühelos pünktlich.

> *Takin' yah tahm*
> *is not bein' lazy!*
> Granny Hope (76), BARBADOS, 1981

Der Zeitgeist war nie mein Freund. Eher eine Gefahr, für die man Gespür entwickeln muss. Ein Ungeist, für den ich entweder viel zu früh oder viel zu spät dran war. Mein eigener Geist auch. Wir mögen uns beide nicht für irgendeinen aktuellen Hype interessieren. Wir haben uns schon dafür geschlagen, dass Huren zur Spezies Mensch gehören wie alle anderen auch und Berlin der optimale Boden für neue literarische *narratives* über Kriminalität und andere Gewalt ist, als der Zeitgeist die Welt noch auf lechts & rinks und wännlich & meiblich eindampfen wollte.

Life is too short
to spend it with bullshit.
Weisheit aus dem Analogozän

Ich laufe keinem Bus hinterher, auch keiner aktuell durchs Dorf getriebenen Sau. Erstens lebe ich nicht auf dem Dorf, sondern in SynchroniCity. Und zweitens habe ich keine Zeit dafür. Ich kann auch nicht irgendwas schnell zu Ende pfuschen. Es kostet zu viel – Zeit und Raum.

Als sich der Zeitgeist zur digitalen Macht auswuchs, hielt ich mit meiner analogen, fötal bewährten Resilienz dagegen. Neue Sprachen lernen? Kein Problem. Ich war über vierzig und konnte sehr bald zwei verschiedene Betriebssysteme so manövrieren, dass Texte und Töne rauskamen. Optimal. Auch dass man weiter Briefe schreiben kann, lang und Korrektur gelesen, und dass die nicht mehr in einen Umschlag und einen gelben Kasten müssen und unterwegs verlorengehen können, sondern sofort da sind, wo sie hinsollen, und gleichzeitig bei mir bleiben – alles optimal.

Meine Freude am Korrespondieren brach als Erstes weg: Die Hälfte meiner Gegenüber vergaß, was Briefe sind, und verschickte Hingekritzeltes, voller Tippfehler, anknüpfungslos, ohne auf irgendwas einzugehen, auch Scrollen war zu viel Zeitaufwand. Zeit schlug man lieber tot, zum Beispiel beim suchtartigen Hetzen durch den endlosen Raum von *social media* und 140-Zeichen-Geschnatter.

Monaden des 21. Jahrhunderts. Nicht fensterlos. Nur dass ihr Fenster zur Welt immer kleiner wird: Smartphone-Display und Datenvolumen sind reziprok proportional, so disharmonisch verbunden wie das rasende Verbreitungstempo und die Ewigkeit, mit der etwas vielleicht in einem unbedachten Moment Hochgeladenes im Netz bleibt.

> $E = mc^2$
> Albert Einstein, 1905 ff.

Eine geraume Zeit geht das jetzt so. In der digitalisierten Welt ist Zeit nicht mehr Geld, sondern Geschwindigkeit der neue Goldstandard. Nur dass der umgekehrt kalkuliert wird: Je weniger Zeit, desto mehr Wert. (Hat eigentlich mal jemand den Surplus-Zuwachs zwischen dem analogen alten *one-night stand* und App-gestütztem *speed-dating* berechnet?) Börsencomputer generieren Milliarden nur dadurch, dass sie Zahlenkolonnen einen Sekundenbruchteil schneller durch die Gegend jagen können. Zu schnell für menschliche Wahrnehmung.

Noch ist mein Zeitgefühl nicht weggebrochen. Es hat nur Dellen: Ich bin nicht mehr mühelos pünktlich. Aber meine innere Uhr funktioniert noch: Ich werde siestaschwer, wenn's Siestazeit ist.

Am Ende ist die Zeit noch immer mein Freund. So wie der Raum. (Der hat nur manchmal Löcher, zum Glück keine schwarzen.) Denn mein Leben durfte zum größeren Teil analog verlaufen. Dafür kann ich so wenig, wie die heutigen *digital natives* etwas dafür können, dass es bei ihnen umgekehrt sein wird. Für sie könnte ein Albtraum sein, was mir wie ein heiterer Erkenntnisblitz vorkommt:

> *Die Uhr schlägt – alle.*
> Stanisław Jerzy Lec

Robert Skuppin

Moment mal, was die Zeit mit diesem Text macht

> Herr K. wartete auf etwas einen Tag,
> dann eine Woche,
> dann noch einen Monat.
> Am Schluss sagte er:
> «Einen Monat hätte ich ganz gut warten können,
> aber nicht diesen Tag und diese Woche.»
> (Bertolt Brecht)

Ich hatte sehr viel Zeit, diesen Text zu schreiben, also genau genommen fast ein halbes Jahr. Da ich die Idee bereits mit mir herumtrug, ging es nur darum, ein paar Stunden zu finden, wann ich die kurze Geschichte abtippen könnte. Irgendwann zwischen zwei Sitzungen, oder am frühen Morgen bzw. späten Abend sollte es gelingen. Die «Kreation» stand ja, mir fehlte nur die Zeit, das Ganze festzuhalten.

Ich wollte mich mit der Armbanduhr beschäftigen und dem Wahn der Männer für kleine mechanische Wunderwerke, die einen Stunde für Stunde dem Tod näher bringen, unglaubliche Summen Geld auszugeben. Es sollte kein großer Text werden, eher eine humorvolle Betrachtungsweise menschlicher Schwächen und Eigenheiten, gepaart mit philosophischer Tiefe, dabei aber trotzdem leicht und einfach zu lesen. Die Geschichte sollte hier und da ein Schmunzeln ermöglichen und dann mit einer lange geplanten Pointe auf eine Rolex-Armbanduhr enden.

Ich hatte deshalb das Netz auf Witze zur Marke Rolex durchsucht und war fündig geworden. Ich fand auch mehrere Listen der teuersten Armbanduhren der Welt und führte Interviews mit Uhrenverkäuferinnen, wobei es zu erstaunlichen Äußerungen kam: «Männer sollten keine Angst vor zu klobigen Uhren am Handgelenk haben, sie sind ebenso ein Hingucker wie große Brüste.» Kurz gesagt, ich war seit langer Zeit mitten im Thema.

Es gibt tatsächlich einen Schweizer Hersteller namens Urwerk, der in einer Manufaktur Armbanduhren herstellt, die wie die Chronometer von Außerirdischen aussehen und teilweise auch so funktionieren. Das Ablesen der Zeit ist eigentlich nur nach einem Workshop möglich, dafür kostet eine solche Uhr auch so viel wie eine Eigentumswohnung mit hundert Quadratmetern in Berlin Mitte. Manchmal vergaß ich solche schon gefundenen Perlen zum Thema, weil mir einfach die Zeit fehlte, alles festzuhalten.

Ich hatte ein paarmal am Schreibtisch gesessen und erste Anfangssätze formuliert: «Die Uhr zeigte kurz vor zwölf an» war lange Zeit mein Lieblingseinstieg. Eigentlich nur eine profane Zeitangabe, aber war es nicht gleichzeitig ein Hinweis auf die Vergänglichkeit, den Kampf, den man im Leben zu bestreiten hat, ähnlich wie im Western «High Noon», alleine ohne Freunde gegen eine Übermacht von Feinden?

Ich kam einfach nicht zum Schreiben, aber kein Grund, sich Sorgen zu machen. An guten Tagen, das wusste ich, war ich in der Lage, morgens früh aufzustehen und in wenigen Stunden einen kleinen Roman zu schreiben. Das kennt wahrscheinlich jeder, wenn man in der Spur ist und es läuft, dann fließen die Worte nur so aus einem heraus, die Geschichte ordnet sich von ganz allein, und auf einmal blickt man in ein kleines Kunstwerk, das sich fast von selbst erschaffen hat.

Leider hatte ich keine guten Tage, im Gegenteil, es kamen schlechte Tage. Das sind die Tage des Zweifels, wer will schon was über Armbanduhren lesen. Ich meine, wir leben in Zeiten, in denen Donald Trump US-Präsident ist, die Populisten Europa zerlegen, und ich will eine Geschichte über Armbanduhren schreiben? Wobei der Satz «es ist kurz vor zwölf» hier auch wieder Sinn machen würde. Trotzdem plagte mich das Gewissen: Müsste ich nicht eher über die Armbanduhren von Politikern schreiben, Trump trägt sicher eine peinliche dotterfarbene bzw. goldene Rolex, passend zur Haarfarbe. Bei meinen Recherchen stellte ich fest, dass Trump natürlich mehrere verschiedene Luxusuhren besitzt. Eine hat er zur Amtseinführung geschenkt bekommen. Das ist Tradition in Amerika seit 1953. Jeder Präsident bekommt eine Vulcain Cricket im Wert von 7000 Schweizer Franken geschenkt. Schmankerl am Rande: die Uhr hat einen Alarmton, der wie das Ticken einer Bombe klingt, der Secret Service findet das seit Jahrzehnten nicht lustig. Aber was sagen die Armbanduhren über Politiker aus? Klingt jetzt schon eher wie ein Hochglanzartikel der Männer-Vogue: «Mächtige Männer und ihre Uhren», oh Gott, das geht in Richtung ZDF History: Hitler und seine Uhren. Allerdings würde es mich beim türkischen Präsidenten Erdogan schon interessieren, was für eine Uhr der trägt. Einen türkischen Uhrenhersteller habe ich noch nicht gefunden, vielleicht: «Uhriet?» Angeblich, so stand es 2007 in den Zeitungen, hatte er im türkischen Wahlkampf eine 43 000 Euro teure Schweizer Uhr am Handgelenk. Bei der deutschen Kanzlerin dagegen herrscht Ungewissheit, einige glauben, sie trage eine «Jäger LeCoultre Reverso» im Wert um die 6000 Euro, andere behaupten, es sei eine «Boccia Titanium» für 89 Euro. Letzteres wäre wohl eher Merkel-Style. Ihr Vorgänger Gerhard Schröder trägt eine Nomos Tangente, allerdings ein Sondermodell anlässlich der Expo 2000 in Schröders Heimatstadt Hannover. Sein guter Freund Wladimir Putin trug bis 2008 eine «Blancpain Leman Aqua Lung Grande Date» im Wert von 11 000 Dollar, die hat er jedoch medienwirksam beim Besuch einer russischen Waffenschmiede einem 50-jährigen Schlosser geschenkt und sie dabei direkt vom Handgelenk genommen. Übrigens von der rechten Hand. In Russland trägt man die Uhren rechts, weil es angeblich spezialisierte Trickdiebe gibt, die im Sommer an Kreuzungen stehen und Autofahrern, die ihren linken Arm am geöffneten Fenster außen haben, die Uhr sekundenschnell klauen.

Wahrscheinlich ist es bisher nicht klar genug und deutlich: mein Text über die Armbanduhren ist aus Zeitgründen nicht fertig geworden, also nicht mal richtig angefangen worden!

Eine Kollegin, die wahrscheinlich sehr viel Zeit hatte, hat dazu etwas in diesem Buch geschrieben, und ihr wesentlich gelungenerer Beitrag hätte meinen sowieso verdrängt.

Aus heutiger Sicht muss ich allerdings sagen, dass man in so kurzer Zeit natürlich auch ein solches anspruchsvolles Thema gar nicht entsprechend bearbeiten kann. Genügend Zeit für einen kurzen Text zu haben, heißt ja noch lange nicht, dass man genügend Zeit für das ganze Thema hat. Was ist schon ein halbes Jahr Zeit, wenn man gar keine Zeit hat? Also dafür, dass ich etwas über die Vergänglichkeit am Beispiel der Armbanduhr schreiben wollte und wegen Zeitmangel textliche Änderungen vornehmen musste, nur um rechtzeitig fertig zu werden, dafür steckt in diesem Text immer noch eine ganze Menge Zeit, die mir jetzt woanders fehlt.

Hätte ich endlich mal genügend Zeit, dann würde ich einen ganzen Roman schreiben, pointiert, spannend, und am Ende steckt das Geheimnis in der Armbanduhr. Genau eine Geschichte über eine Uhr und ihre Träger: «Es muss ja nicht immer Rolex sein»?

10.
Alle Zeit der Welt – auch mal unproduktiv sein

«Ist die Zeit das Kostbarste unter allem, so ist Zeitverschwendung die allergrößte Verschwendung.»

(Benjamin Franklin)

Sebastian Lehmann
Sein und Zeit totschlagen

Wie jeden Tag sitze ich am Schreibtisch vor meinem Computer und schaue aus dem Fenster auf die graue Straße. Wasser plätschert leise gegen die Fensterscheibe. Die Nachbarin von oben gießt ihre Balkonblumen. Das tut sie jeweils um zehn, fünfzehn und zwanzig Uhr. Sie besitzt nur Kakteen und Sukkulenten. Aber Routine und Rituale sind wichtig. Ich blicke auf die vier gründlich angespitzten Bleistifte, die parallel aufgereiht neben meinem Laptop liegen. Rechtwinklig dazu habe mein Notizbuch ausgerichtet, außerdem einen Radiergummi und ein Geodreieck. Auf einem Korkuntersetzer steht eine Tasse Orange-Mate-Ingwer-Tee mit Honig. Alles ist perfekt für meine schriftstellerische Arbeit vorbereitet. Ich muss nur noch anfangen zu schreiben.

Schnell gehe ich zu Facebook und stalke meine Exfreundin aus der Grundschule. Sie ist inzwischen zum zweiten Mal verheiratet und besitzt vier Kinder, ein Haus mit Rosengarten und einen Rottweiler ohne Schwanz. Das weiß ich schon alles, weil ich sie erst gestern gestalkt habe. Aber vielleicht ist über Nacht ein Kind dazugekommen. Danach sehe ich mir auf YouTube Videos von Flugzeugabstürzen an. Man muss sich mit seinen Ängsten konfrontieren, das ist wichtig für die Kreativität.

Plötzlich habe ich eine Eingebung. Das kommt manchmal vor bei Künstlern. Ich öffne Word und tippe ein H. Dann halte ich inne. Ein H. Was das wohl bedeutet? Ich erinnere mich an das letzte Buch von Christian Kracht, in dem immer wieder seltsamerweise dieser Buchstabe auftaucht. So haucht etwa der Vater der einen Hauptfigur ein langgezogenes H auf dem Sterbebett.

Ich springe auf, gehe in die Küche und nehme einen Lebkuchen vom letzten Weihnachten aus der Speisekammer. In der Kammer lagern pyramidenförmig gestapelt ausschließlich Lebkuchen und Dominosteine, die ich zwischen den Jahren dreißig Prozent reduziert im Supermarkt gekauft habe. Ich mag Lebkuchen und verstehe nicht, warum ich nur in der Vorweihnachtszeit dieses Gebäck essen sollte. Erst kürzlich musste ich allerdings entdecken, dass die Lebkuchen alle nur bis Ostern haltbar sind. Ich habe also noch zwei Wochen Zeit, die siebenundneunzig restlichen Packungen zu essen.

Zurück am Schreibtisch, schaue ich wieder auf die Straße. Ein Mann pinkelt im Stehen an einen Baum. Sein Hund wartet geduldig auf ihn.

Ich lösche das H wieder. Langsam verspeise ich vierzehn Lebkuchen und einunddreißig Dominosteine. Ich starre auf den Button des Webbrowsers. Nur einen Klick bin ich von der weiten Welt entfernt. Geistesgegenwärtig öffne ich ein Programm namens *Freedom*, das meine Internetverbindung für einen von mir wählbaren Zeitraum blockiert. Ich stelle sechs Stunden und dreiundzwanzig Minuten internetfreie Zeit ein und klicke auf OK. Erleichtert atme ich auf. Dann nehme ich mein Handy und checke damit meine E-Mails.

«Der Mensch passt sich geschickt neuen Gegebenheiten an»,

schreibe ich in mein Notizbuch. Plötzlich bricht die Spitze des Bleistifts ab. «Oh nein», rufe ich sehr laut.

Die fette Katze, mit der ich zusammenwohne, schreckt auf. Sie denkt, dass das Wort «nein» eigentlich «Essen» heißt, weil ich immer, wenn sie vor ihrem Futternapf steht und mehr Essen fordert, laut «Nein!» zu ihr sage.

Gründlich spitze ich den Bleistift wieder an. Zur Sicherheit überprüfe ich auch die Spitzigkeit der drei anderen Bleistifte, indem ich mit dem kleinen Finger vorsichtig die Spitze berühre. Sie sind perfekt.

Die fette Katze miaut, und ich werfe ihr einen Dominostein hin, den sie, ohne zu schlucken, herunterwürgt. Dann legt sie sich wieder auf das Kissen, das neben der Heizung liegt. Ich beneide die Katze, sie ist einfach zufrieden, hier zu liegen und manchmal aufzustehen, um zu essen oder eine quiekende Plastikmaus unter das Sofa zu kicken, wo ich sie mit vielen Verrenkungen wieder hervorholen muss.

Ich kann meine freie Zeit nicht genießen, weil ich permanent denke, ich könnte ja auch schreiben. Schriftsteller schreiben. Das ist ihr Beruf. Und schreiben kann man immer. Ich erinnere mich an ein Interview mit Daniel Kehlmann, in dem er sagt, als Autor schreibe man ja die meiste Zeit gar nicht. Der schreibende Schriftsteller ist also ein Mythos. Aber was macht man dann? Darauf warten, dass man zu schreiben beginnt. Und das ist viel mühsamer als das eigentliche Schreiben. Man kann diese Zeit Muße nennen, Recherche oder Vorbereitung – die langweiligste Beschäftigung überhaupt. Eigentlich kann man das kaum Beschäftigung nennen.

Die Langweile ist jedoch wichtig, das habe ich mal bei Heidegger gelesen. Ich will das bei Wikipedia nachschlagen, aber das geht ja wegen *Freedom* nicht. Ich gehe zu meinem alphabetisch geordneten Bücherregal und ziehe bei H eine alte Ausgabe der Schrift *Was ist Metaphysik?* von Heidegger heraus. Ich puste die Staubschicht vom Einband und suche eine lange Weile die betreffende Stelle. Die «tiefe[ ] Langeweile, in den Abgründen des Daseins wie ein schweigender Nebel hin- und herziehend», so Heidegger, «rückt alle Dinge, Menschen und einen selbst mit ihnen in eine merkwürdige Gleichgültigkeit zusammen. Diese Langeweile offenbart das Seiende im Ganzen.» Auch wenn man im zähen Moment der Langweile lieber bewegungslos aus dem Fenster starrt, deuten sich gleichzeitig all die Möglichkeiten an, die man gerade nicht wahrnimmt. Vielleicht ist die Langweile die Schwester des Nichts, denke ich. Im Nichts scheint das Gegenteil des Seienden auf. Erst durch den unheimlichen Abgrund des Nichts gibt es Seiendes. Das Nichts «ist» allerdings nicht. Denn als Nichts kann es natürlich nicht «sein». Heidegger sagt: «Das Nichts selbst nichtet». Über diesen Satz meditiere ich eine Weile, bis ich mit dem Kopf auf der Tastatur einschlafe.

Ich schrecke auf. Das Telefon klingelt. Mit meiner Stirn habe ich hhhhhhhhhhhhhhhhhhhhhhhhhhhhhh in Word geschrieben.

«Und, was machst du?», fragt meine Mutter, als ich abnehme.

«Hatten wir nicht verabredet, dass du diese Frage nicht mehr stellst? Das ist für uns beide zu deprimierend.»

«Ich habe mich inzwischen daran gewöhnt, dass ich nichts mehr erwarte.»

«Das ist ja total gemein», rufe ich.

«Ich meine gar nicht in Bezug auf dich, sondern generell. Von dir habe ich ja noch nie was erwartet. Du bist mein Sohn, ich muss dich sowieso lieben, egal ob du erfolgreich bist oder nicht.»

«Du machst es nur noch schlimmer, Mama.»

«Wenn man das Tal erreicht hat, geht es irgendwann wieder bergauf.»

«Immerhin», sage ich.

«Außer man ist auf einer Hochebene angelangt, und wenn die zu Ende ist, geht es doch noch mal bergab.»

«Es reicht wirklich ...»

«Und dann, nach der Ebene kommt das Meer. Ein sehr tiefes Meer.»

«Mama, hör auf! Ich halte das nicht mehr aus. Außerdem muss ich jetzt weiterarbeiten.»

«Du arbeitest?»

«Ja, ich schreibe.»

«Ich hab vorhin auch geschrieben», ruft mein Vater von hinten ins Telefon, «den Einkaufszettel.»

«Was schreibst du denn gerade?», fragt meine Mutter versöhnlich.

«H», hauche ich. «Also, eigentlich muss ich einen Text über Langeweile schreiben.»

«Genau dein Thema!», ruft mein Vater. «Deine Bücher sind ja auch immer langweilig.»

«Du könntest einen Text darüber schreiben, dass du zu müde und unmotiviert bist, einen Text zu schreiben», sagt meine Mutter. «So wie die Rapper immer darüber rappen, total krass zu sein. Nur eben ganz anders.»

«Mama, was weißt du denn über Rap?»

«Gestern war dieser eine Rapper bei Lanz zu Gast, der hat das erzählt», sagt meine Mutter. «Thomas T.»

«Thomas D», sage ich.

«So wie Thomas de Maizje?»

«Das wäre ein cooler Rappername», sage ich. «Thomas D May Say. Aber was anderes: Ihr mögt doch Lebkuchen so gern. Ich habe noch welche übrig, kann ich euch ein paar Packungen schicken?»

«Nee, lass mal, dein Vater hat drei Paletten zwischen den Jahren gekauft und nicht bemerkt, dass sie nur bis Februar haltbar sind.»

«Die waren aber fünfzig Prozent reduziert», ruft mein Vater schmatzend.

«Guten Appetit», sage ich und lege auf.

Ich schaue erneut aus dem Fenster. Die Nachbarin gießt schon wieder ihre Kakteen. Es dämmert bereits, und die Straßenlaternen gehen flackernd an. Erschöpft stehe ich auf, klappe den Laptop zu und lege das Notizbuch und die Bleistifte in die Schublade. Der Katze stelle ich ein Schälchen mit kleingehackten Lebkuchen hin. Sie will noch mehr, aber ich rufe laut «Nein!».

Ich öffne ein Bier, esse ein paar Dominosteine und lasse mich auf die Couch fallen. Man muss auch als freischaffender Künstler den Feierabend genießen. Dann habe ich plötzlich einen Einfall. Ich springe auf, reiße den Laptop auf und schreibe die ganze Nacht. Die Langeweile hat sich wieder mal gelohnt.

Balbina
Verleger

Ich bin Verleger,
Verleger auf später.
Was ich jetzt tun kann,
verleg ich lieber auf nächstes Mal.

Ich mach das später,
viel später.
Ich verlege alle Pläne –
auf ein Datum, das sich nicht nähert.

Und ich mach Zeit.
Ich mach mir Zeit,
ein bisschen Zeit
und noch mehr Zeit.

Und ich mach Zeit
einen großen Stapel Zeit,
der im Regal steht und verweilt
und nicht verstreicht.

Ich schiebe Thema,
für Thema für Thema:
Gelbe Briefe und Termine
liegen hier bis sie verjähren.

Und es wird mehr,
immer mehr, immer mehr:
immer weniger erträglich –
ich sehne mich nach Leere.

Und ich mach Zeit.
Ich mach mir Zeit,
ein bisschen Zeit
und noch mehr Zeit.

Und ich mach Zeit
einen großen Stapel Zeit,
der im Regal steht und verweilt
und nicht verstreicht.

Ich bin Sammler
von To-do-Lists auf'm Schreibtisch.
Die ich müßig fülle,
um die Schrift zu üben.

Ich bin Verdreher,
Verdreher von Tatsachen,
um die dringende Umgebung
zeitlich an mich anzupassen.

Und ich mach Zeit.
Ich mach mir Zeit,
ein bisschen Zeit
und noch mehr Zeit.

Und ich mach Zeit,
einen großen Stapel Zeit,
der im Regal steht und verweilt
und nicht verstreicht

Und ich mach Zeit,
bis der Zeiger mal begreift,
dass er irgendwann
mal stehen bleibt.

Julius Fischer
Sumpfig fließt die Inspiration

Ein lieber Freund und Kollege klagt seit längerer Zeit über eine gewisse Schaffensblockade. Ich kann das sehr gut nachvollziehen. Wenn ich er wäre, hätte ich ebenfalls eine Krise.

Andererseits, auch ich quäle mich mit einem Woche für Woche mehr anschwellenden Unmut an neue Dokumente. Nur zäh fließt die Inspiration in mir, ölig, sumpfig. Ein dumpfer Schlickstrom unausgegorener Gedanken drückt sich durch meine verkalkten Adern. Ach, ach!

Allein der erste Satz dauert Stunden. Alles schon mal da gewesen.

Dazu kommt: Seit ich diesen Schreibscheiß mache und insbesondere beim Erstellen neuer Texte muss ich alle zehn Minuten pinkeln. Noch schlimmer: Beim Pinkeln passiert nie etwas Aufregendes.

Und dann ist der Textfluss weg.

Moment, bin gleich wieder da. Muss pissen.

So. Fertig. Nix passiert. Keine gute Idee.

Ich könnte ja in der Zeit auch viel nützlichere Dinge tun.

Für mich. Oder die Gesellschaft. Am besten beides. Nun denn:

Zuerst bringe ich den Müll raus. Nein, stimmt nicht. Zuerst trenne ich den Müll. Das musste eh mal wieder gemacht werden. Auf meinem Balkon stehen die Müllvorräte der letzten zwei Wochen. Also genau seit meiner letzten Schreibphase.

Ich trenne den Müll. Ich bringe den Müll runter. Ich komme am Keller vorbei. Da war ich auch lange nicht mehr. Könnte man mal wieder ausmisten, ist ja Frühling.

Nach drei Stunden ist der Keller sortiert, gesaugt, gewischt und gestrichen. Antischimmelfarbe. Gab es nur im Baumarkt am anderen Ende der Stadt.

Aber bei der Gelegenheit konnte ich wenigstens das Auto waschen.

Superkrass, was sich da so an Staub ansammelt, gerade in den Ritzen der Sitze. Und dann hatte ich nicht genug Kleingeld für den Sauger an der Tanke. Bin ich also zur Bank gefahren.

Ich besitze jetzt ein Portfolio. Mit Aktien.

Zwar nur Aktien von Bayer, die haben gerade so ein Konzentrationsmedikament aufm Markt, aber wenn man das regelmäßig überprüft, alle ein, zwei Stunden, dann kann man damit sicherlich eine Menge Geld machen.

In diesem Zuge habe ich dann auch endlich mal eine Hausratsversicherung abgeschlossen, mein Jugendkonto aufgelöst und eine Euro-Sammleredition begonnen. Die Münzen schimmern so schön. Allerdings nicht so hell, wie sie könnten. Dafür sind meine Fenster zu schmutzig.

Beim Putzen fällt mir auf, dass ich schon länger nicht mehr Zeitung gelesen habe. Ist ja wichtig. Ich habe allerdings gar keine Zeitung. Ich abonniere mir sofort eine Wochenzeitung und drei aktuelle.

Während der Recherche, welche Zeitung am besten zu mir

passt, bleibe ich im Internet hängen. Für ein paar Stunden. Da gibt es ja immer was zu lesen, da ist für jeden was dabei. Ich finde zum Beispiel ein Spitzenrezept für eine ganz besondere Art der Trennkost. Da geht es, grob gesagt, um die Vermeidung von Zucker. Beim Blick in den Kühlschrank fällt mir auf, dass die ein oder andere Zutat fehlt, und ich beschließe, diesem Missstand im nahen Bio-Supermarkt Abhilfe zu schaffen. Ich bin gerade aus der Tür, als mir in den Sinn kommt, dass es total effektiv wäre, gleich noch die Pfandflaschen mitzunehmen, das macht man ja sonst nie, und selbstverständlich auch das Altglas und die Textilien. Die wollen natürlich erst einmal sortiert werden. Aber das geht schnell, muss ich nur kurz mit meiner Freundin telefonieren, die mir gleich noch ein paar Dinge bezüglich unserer Hochzeit aufträgt. Wann habe ich ihr eigentlich den Antrag gemacht?

Ach stimmt, während des Lektorats zum letzten Buch.

Bevor ich einkaufen gehe, lege ich im Garten ein Kräuterbeet an. Wenn man schon auf Zucker verzichtet, muss das Essen ja wenigstens nach irgendwas schmecken.

Ich gehe zum Supermarkt. Auf dem Weg begegnen mir zwei junge Damen, die mir Bücher über Gott andrehen wollen. Ich diskutiere ein paar zehn Minuten, gipfelnd in einem kurzen Gedicht:

Im Angesicht der Missionare
Sträuben sich bei mir die Haare.

Dann entschuldige ich mich mittels eines kurzen Stegreif-Vortrages zum Thema «Sprache ist Macht» über die fehlende Durch-Genderung des Gedichts, welche ich vor allem mit den starren Regeln von Rhythmus und Reimschema begründe, nicht ohne auf die Entwicklung der Lyrik seit dem antiken Epos und insbesondere dessen Auswirkungen auf die Balladenform der Klassik einzugehen.

Als ich zurückkomme, treffe ich meinen Nachbarn im Hausflur. Mit dem habe ich mich auch lange nicht unterhalten, im Grunde noch nie. Er arbeitet im Finanzbereich, und ich bitte ihn um Rat bezüglich meines Portfolios. Dann lade ich ihn sowie das restliche Haus zum Essen ein und beginne unverzüglich mit den Vorbereitungen meines zuckerfreien Fünf-Gänge-Menüs.

Als alles im Ofen vor sich hin gart, habe ich endlich Zeit, um mich inspirieren zu lassen. Ich durchforste meine Bibliothek nach Texten zum Thema Prokrastination, wobei ich feststelle, dass die Bücher unfassbar verstaubt sind und auch mal eine neue Reihenfolge haben könnten.

Ich leere also alle sechs Regale und sortiere um. Zuerst nach Thema, dann nach Größe, weil mir das nicht gefällt nach Breite, und schließlich nach Farbe. Mal abgesehen von den Reclam-Büchern. Die sortiere ich nach Silbenzahl.

Mit meinem Text bin ich bis jetzt kein Stück weitergekommen. Eine Sinnkrise befällt mich.

Was soll ich nur tun? Ich habe ja noch nicht mal einen Bachelor. Mein letzter gültiger Abschluss ist der Führerschein. Ich schreibe mich an der Fernuniversität Hagen ein, in allen Fächern, die mich interessieren. Ist schweineteuer. Das muss wirklich was werden mit meinem Portfolio. Dann fülle ich alle Formulare für den Taxischein aus und melde gleichzeitig noch ein Gewerbe an, mein Trennkostrestaurant: Zuckerfrei-Sitz.

Das Essen ist fertig. Die ersten Nachbarn klingeln.

Moment, bin gleich wieder da.

So. Es ist spät geworden. Halb drei in der Früh.

War nett mit den Nachbarn. Lustigerweise waren die Ersten, die geklingelt haben, noch mal die Zeuginnen vom Nachmittag. Sie hätten nachgedacht, haben sie gesagt, und wollten Schluss machen mit dem Jehova-Zeug, wüssten jetzt aber nicht, wohin mit sich. Ich habe sie zum Essen eingeladen, und wir haben zusammen mit meinen Nachbarn eine Freikirche gegründet.

Außerdem bin ich jetzt Zeitsoldat bei der Bundeswehr. Ich habe da so einen Nachbarn, der macht das auch, und er sagte, die Kohle stimmt. Er war etwas nervös, vor allem, als ich Smoothies gemixt habe, wahrscheinlich wegen der Geräusche. Aber ansonsten ein netter Kerl. Er hat sich im Badezimmer verschanzt und bewirft jeden, der reinkommt, mit Wattepads.

Aber das ist zumindest guter Content für meinen Videoblog.

Das macht so viel Spaß, ohne Mist, da kann man sich voll reinsteigern. Ich weiß gar nicht, woher ich die Zeit dafür nehmen soll.

Aber das Krasseste ist: Während all der Zeit musste ich nicht einmal pinkeln.

11.
Kondensierte Vergangenheit – über das Altern von Menschen und Dingen

«Jetzt sind die guten alten Zeiten, nach denen wir uns in zehn Jahren zurücksehnen.»

(Peter Ustinov)

Gesa Ufer
Der Dschinn von der Krim

In zwei Gegenständen bei uns zu Hause schien die Zeit geronnen zu sein: Einerseits war das ein kleines braunes Glasfläschchen mit Nivea-Sonnenöl. Einmal daran Schnuppern versetzte meinen Vater noch Jahrzehnte später zuverlässig zurück in seine Sommerferien im Freibad von Lemgo, Anfang der fünfziger Jahre. Das Fläschchen rührte mich, und wenn ich nach seinem frühen Tod daran roch, stellte ich mir meinen Vater als schlaksigen Typen vor, der trotz viel zu großer, handgestrickter Badehose bestimmt umwerfend gut aussah: vorsichtig, leidenschaftlich, voller unterdrückter Gefühle. Ein bisschen wie James Dean in *Jenseits von Eden.*

Das zweite Erinnerungsstück war eine faustgroße Öllampe aus Ton, die mein Großvater aus dem Krieg «mitgebracht» hatte. Es hieß, Oma sei über sie ziemlich enttäuscht gewesen. Andere Soldaten hatten ihren Frauen weitaus schönere Sachen von der Front mitgebracht: Gold und Geschmeide zum Beispiel, und nicht popeliges Tonzeug. Mir gefiel die Lampe, und ich stellte mir als Kind gern vor, wie es wäre, wenn plötzlich ein Flaschengeist aus ihr herausgeschossen käme, um mir seine Geschichte zu erzählen. Der Geist erschien jedoch nie, und aus den wenigen Brocken, die ich als Kind über die Erlebnisse meines

Opas aufgeschnappt habe, reime ich mir heute die Geschichte ungefähr so zusammen: Vielleicht war es im Sommer 1942. Fest steht, mein Opa war damals auf der Krim, dieser Halbinsel im Schwarzen Meer, die mir als Kind mindestens so weit entfernt und exotisch schien wie Taka-Tuka- oder Lummerland und von der mein Opa neben der Lampe auch das Tropenfieber Malaria mitbrachte. Ich stelle mir vor, wie mein Großvater mit seinen Kameraden durch die ausgebrannten Trümmer von Sewastopol läuft. Ein wolkenloser Himmel spannt sich über die zerstörte Hafenstadt, die zuvor als uneinnehmbar gegolten hatte. Es herrscht fürchterliche Ruhe. Die Männer werden das zerschossene Museum entdeckt haben, in die Ruine gestiegen sein und die kleine Öllampe eingesteckt haben. Ob mein Opa ein Souvenir für zu Hause wollte? Ob er in dieser Zeit überhaupt an seine Frau und die zwei Söhne in Deutschland gedacht hat? An meine Oma, die uns später immer erzählte, sie habe sich für meinen Großvater entschieden, weil er so ein «stattlicher Mann» gewesen sei. Das «nur deshalb» konnte man hören, ohne dass sie es aussprach. Vor seiner Abreise an die Ostfront wird sie ihren Gemahl wohlwollend in Uniform gemustert haben, vielleicht etwas betrübt darüber, dass er es noch immer nicht weiter als bis zum Infanteristen gebracht hatte. Nur Fußvolk. Bauernopfer.

In meiner Vorstellung muss der Krieg meinem Großvater zutiefst zuwider gewesen sein. Sein Vater war Missionar und hatte das fünfte Gebot «Du sollst nicht töten» schon den Eingeborenen auf der Südseeinsel Nias gepredigt. Dort hatte auch mein Großvater die ersten Jahre seines Lebens verbracht. Auf den vergilbten Fotos aus dieser Zeit sieht man ihn lachend mit dem dunkelhäutigen Hausmädchen Versteck spielen. Später wurde er mit seinem Bruder Rudi zurück nach Deutschland verschifft und kam auf ein Internat der rheinischen Mission in Barmen. Rudi wurde irgendwann Arzt und ein strammer Nazi, mein Großvater selbst Architekt, was doller klang, als es war, denn eigentlich baute er immer nur Tankstellen für Shell, bevor die Wehrmacht ihn einzog.

Über den Krieg hat mein Großvater nie viel gesprochen. Er muss dem Tod mehrere Male nur sehr knapp entkommen sein. Nach seiner Heimkehr schrie und weinte er so laut im Traum, dass meine Großmutter ihn bald aus dem gemeinsamen Schlafzimmer ausquartierte. Mein Vater vertrat die Theorie, sein Vater habe nur deshalb den Krieg überlebt, weil er sich immer abgeseilt habe, sobald es kritisch wurde. Er sei einfach ausgiebig im Wald spazieren gegangen, während sich seine Kameraden hätten abschlachten lassen. Als Kind kam mir diese Erklärung sehr plausibel vor, nur fragte ich mich, wieso nicht alle Soldaten in jenen Tagen lieber Pilze gesucht oder Rehe beobachtet hatten. So ganz konnte die Geschichte mit dem pazifistischen Dissidenten-Opa wohl nicht stimmen. Trotzdem. Auf einem dieser Spaziergänge war mein Großvater auf ein merkwürdiges, mit Stacheldraht eingezäuntes Gelände gestoßen. Er sah, so erzählte er später, Aufseher in deutscher Uniform und Häftlinge in Lumpen, kahlgeschoren, abgemagert. Er sah, wie diese Leute in Baracken getrieben wurden, hörte ihr Weinen, hörte, wie Dieselmotoren angelassen wurden, hörte die Häftlinge verzweifelt rufen: «Wir wollen doch arbeiten.» Und irgendwann hörte er ihre Schreie leiser werden.

Einmal bekam mein Opa Fronturlaub und durfte zurück nach Hause. Ich sehe, wie er meiner Oma die kleine Öllampe überreicht und wie sie die Enttäuschung kaum verbergen kann.

Mein Vater hat sich mit seinen vielleicht fünf Jahren unter dem Tisch versteckt und beobachtet diesen merkwürdigen Mann genau, der sein Vater sein soll und an den er sich kaum erinnert. Onkel Rudi kommt zu Besuch, inzwischen glühender Verehrer Hitlers. Mein Opa erzählt von Sewastopol, von Angst, Tod und Sterben und von seiner Entdeckung beim Spaziergang. Von den Baracken und den Schreien der Menschen, die leiser wurden. Von den deutschen Bestien im Osten. Es kommt zum Streit zwischen den Brüdern. Rudi droht seinem Bruder, ihn den Behörden als Volksverräter zu melden, wenn er seine erfundenen Geschichten in Zukunft nicht für sich behalte. Mein Opa bricht zusammen, und die Tränen schießen aus ihm heraus. Das Kind, das später mein Vater werden sollte, kommt unter dem Wohnzimmertisch hervor und sieht seinen Vater zum ersten und einzigen Mal weinen. Es nimmt die Öllampe vom Tisch und hütet sie von da an wie einen fremden Schatz aus einer bösen Welt.

Meine Vorstellung vom Opa als lustwandelndem Waldgänger auf der Krim kann so nicht stimmen. Als ich mit meiner Mutter über die kleine Lampe und Opas Rolle im Krieg spreche, erinnert sie sich daran, gehört zu haben, dass er zwar ohne Ehering nach Hause kam, dafür aber mit «Nahkampfspange», einem Orden, den Hitler an die Soldaten im Osten vergab, die nachweislich mehrere Kampftage lang in vorderster Front «das Weiße im Auge des Feindes» gesehen und «bis zur letzten Entscheidung» gekämpft hatten. Opa habe, auf den Krieg angesprochen, das Gespräch immer abgewürgt und nur einen Satz gesagt: «Ich war kaltblütig.» War er darauf stolz? Oder hat ihn selbst nicht mehr losgelassen, wozu er fähig gewesen war? Nach dem Krieg jedenfalls war mein Großvater ein Wrack. Seine pietistische Erziehung brach nun mit ganzer Wucht durch, und anstatt die Architektenstelle wieder anzunehmen, die Shell ihm freigehalten hatte, zog er als Wanderprediger über die Dörfer. Statt weiter Tankstellen zu bauen, erzählte er den Menschen von der Gnade des Heilands und der Wunder, die ihm im Krieg widerfahren seien.

Die kleine Öllampe und Papas Nivea-Fläschchen stehen inzwischen nebeneinander bei mir im Regal und erzählen von Leben und Tod. In dem kleinen braunen Flacon stecken Erinnerungen an lässige Sommertage im Freibad, an Jugend, Freiheit und Glück. An der Öllampe haften Bilder von Horror und Krieg. Welche Rolle mein Opa dabei gespielt hat? Der Dschinn wüsste es zu sagen. Vielleicht bequemt der Geist aus der Flasche sich eines Tages ja doch noch, uns Kindern der Kinder die ganze Geschichte zu erzählen.

Wladimir Kaminer
Der Kuckuck der Ewigkeit

Meine Wohnung ist voll von Erinnerungsstücken der verstorbenen Verwandtschaft. Dazu gehören neben ihren Kriegsmedaillen und Auszeichnungen für die Mühe beim Aufbau des Sozialismus auch der Stock meines Großvaters, den er sich laut Familienlegende selbst geschnitzt hat, und sein zersprungenes Teeglas. In seinen späten Jahren konnte er stundenlang mit diesem Teeglas in Omas Küche sitzen und Witze erzählen, bei denen nie ganz klar war, wo der Lacher steckte. Sie waren lang, der Opa hatte sich stets verplaudert und kam vom Thema ab. «In drei Tagen ist die Flut, in drei Tagen! Also sagt der Pope, lasst uns noch schnell den ganzen Wodka austrinken, den wir vorrätig haben ...», so erzählte der Großvater. Die kaputte Kuckucksuhr meiner Großmutter habe ich auch geerbt. Als Kind durfte ich sie nicht einmal anfassen. Man musste an einer langen Kette hängende Gewichte hochziehen, um diese Uhr zum Ticken zu bringen, und wenn man zu doll an der Kette zog, kam der Kuckuck persönlich aus dem Türchen, allerdings zur falschen Zeit und mit einem unzufriedenen Gesichtsausdruck. Ich liebte diese Uhr über alles. Ich konnte stundenlang vor ihr sitzen in der Erwartung, dass die Gewichte tief genug hingen und ich an der Kuckuckskette ziehen durfte.

Meine Großmutter mochte jedoch nicht, wenn der Kuckuck zur falschen Zeit laut wurde. Sie dachte vielleicht, ihr würde auf diese Art Lebenszeit gestohlen, und verbat sich das An-der-Kette-Ziehen. Die Zeit ist aber auch ohne Vogel schnell verstrichen, die Oma ist längst tot, die Uhr habe ich in meinem vollen Besitz. Jetzt kann ich, wann immer ich möchte, an der Kette ziehen, aber ich möchte nicht mehr.

Zu den Erinnerungsstücken gehört ferner ein silbernes Kreuz, das mein Vater einmal mit einem Zigeuner auf der Straße gegen eine Kiste Bier tauschte. Und die Lieblingsvase meiner anderen Oma, die sie durch den Krieg, die Evakuierung und zahlreiche spätere Umzüge begleitet hat. «In drei Tagen ist die Flut, also sagt der Imam zu seiner Gemeinde, lasst uns endlich einen Schweinebraten zubereiten», erzählte mein Opa seinen endlosen Witz weiter. Von meiner Mutter habe ich eine gestrickte Decke, von meinem Vater mehrmals eigenhändig reparierte Hosenträger und seine Seemannsmütze, die noch die etwas quadratische Form seines Kopfes behalten hat. Früher war mir die Bedeutung dieser Gegenstände rätselhaft. Was kann mir die kaputte Uhr kuckucken, was ich ohnehin nicht wüsste? Was bringt eine berufstätige Frau dazu, monatelang an einer roten Decke zu stricken? Und wozu zum Teufel braucht jemand eine Seemannsmütze, wenn er nie Seemann war? Heute ist mir klar geworden, dass diese Gegenstände nicht für den Moment, sondern für die Ewigkeit geschaffen wurden, ihr wahrer Zweck ist der des Erinnerns. Denn eigentlich ist unser Planet ein Museum. Die Besucher kommen und gehen, die Exponate bleiben. «Und der Rabbi sagte, Brüder und Schwestern! Wir haben nur noch drei Tage, um zu lernen, wie man unter Wasser lebt.» Ich glaube, nach der Flut wird es wenige

Exponate aus unserer Zeit geben. Der heutige Mensch hinterlässt kaum Spuren. Seine Kunst ist eine Aktionskunst, sie lebt vom Augenblick, seine Fotos gehen millionenfach im Internet unter, er hat fürs Handwerk keine Zeit, seine Kleidung ist praktisch und einheitlich, die meisten seiner persönlichen Gegenstände sind aus Plastik, sie behalten keine Erinnerung an ihren Besitzer. Er bevorzugt Einweggeschirr. Orte, an denen er sich aufhält, werden regelmäßig desinfiziert, und sogar sein Müll wird sauber getrennt und weiterverwertet. Wenn die ganze alltägliche Fummelei vorübergeht, wird nicht viel für die Ewigkeit bleiben. Eine kaputte Uhr, eine Tasse mit Sprung und ein nicht zu Ende erzählter Witz, dessen Lacher in den Wellen der Zeit verlorengegangen ist.

Kirsten Fuchs
Liebe Conny!

Ich habe es satt zu versuchen, dich am Telefon anzubinden, während du schon wieder an der Leine zerrst, als ob ich dir die Luft abschnüre. Diesen Brief kannst du nicht abwimmeln.

Papa ist zu alt, um weiter allein im Haus zu bleiben. Er hasst es zu essen. Mit Trinken dasselbe. Er ist dünn wie ein alter Kater, aber nicht so anschmiegsam.

«Ich will nicht essen!», sagt er. Das könnte sein Problem sein, denn wenn er nicht isst, dann stirbt er eben. Es ist aber genauso mein Problem, denn wenn er nicht isst, ja, dann stirbt er.

Ich könnte Papa einfach ins Heim geben. Um ganz genau zu sein, könnte ich das aber genau nicht. Das würde mir finanziell und seelisch die Hose ausziehen. Mein restliches Leben liefe ich mit einem nackten Hintern herum.

Das finanzielle Problem wäre zu lösen, wenn wir das Haus verkaufen würden. Von diesem Geld könnte Papa ins Heim. Aber was soll er im Heim? Er hat ja ein Heim.

Meinst du, ich war einfach nur zu blöd, um von unserem alten Vater wegzuziehen? Ich bin sauer auf dich, so sauer war noch nie irgendwas, nicht mal diese grünen Apfelringe, die Kinder nur essen, um das Gesicht zu verziehen.

Seit ein paar Wochen lebe ich mit Papa im Haus, weil die kurzen Besuche nicht mehr reichen.

Seit ich wieder im Haus wohne, holpert meine innere Uhr, denn die Zeit geht hier anders. Früher bin ich mit dem Einkauf reingerauscht, hab schnell geputzt und Papa gefragt, wie es ihm geht. Vielleicht hat er Stunden später gemurmelt: «Nicht gut!»

Jetzt bin ich immer hier. Ich wundere mich inzwischen, wenn ich morgens auf Arbeit fahre, dass der Bus pünktlich kommt, dass die Menschen sich dem Fahrplan eines Busses anpassen. Sie dürfen nicht zu spät kommen, aber irgendwann ist es vielleicht zu spät, einmal zu spät zu kommen. Innerhalb eines Arbeitstages kann ich mich an das Tempo gewöhnen und mich auch daran beteiligen, als würde ich dazugehören.

Wenn ich abends nach Hause komme, sitzt da Papa.

Und dann beginnt er etwas zu erzählen, von hinten. Es geht ihm um das Ende von Geschichten. Seine Geschichten sind so langsam, sie würden immer den Bus verpassen. Er erzählt, dass eine Taube aus der Regentonne getrunken hat, dass zwei Wespen auf dem Fensterbrett gekämpft haben, eine große und eine kleine, und dass es so aussah, als ob die kleine gewinnt. Sie hat die große fast angenagt, am Ende sind beide weggeflogen, aber das erfahre ich ja gleich am Anfang, der bei ihm das Ende ist.

Beim Abendbrot bummelt er an einer Scheibe Brot mit Ei. Wenn ich ihm sage, dass er nicht so trödeln soll, erwidert er, dass Brot nicht kalt werden kann. Papa geht langsamer, meistens geht er nach, aber irgendwann holt die Zeit sich ein, und für einige Momente geht er genau richtig. Dann ist er in der Zeit und sagt, dass der Werteverfall nicht zugenommen hat, sondern anhält. Er regt sich nicht auf. Er denkt wie ein Baum, den viele Förster nicht gefällt haben.

Wenn er nachgeht, weiß er auch alles ganz genau. Er kann sich an das Wetter am Hochzeitstag erinnern. «Damals» sagt er als Zeitangabe und «bevor deine Mutter gestorben ist» als Ende der Zeit. Er sagt immer «deine Mutter», nicht «eure Mutter».

Wir müssen beide entscheiden, und meinen Teil habe ich schon entschieden.

Die Frösche im Teich sind Nachfahren der ersten Frösche. Sie sehen ihnen sogar ähnlich. Die Igel sind die Ururenkel der Igel, die du auch kennengelernt hast.

Ich bin mir sogar sicher, dass diese Familien, Amsel, Frosch, Igel, auch an uns gewöhnt sind, an unsere Familie. Wenn eine andere Familie in dieses Haus ziehen würde, dann weiß ich nicht, wie es den Amseln damit ginge.

Und die braunen Dessertschälchen, Conny … eine hat einen Sprung. Na, wer war das? Ich hab's nicht verraten. Natürlich könnte ich dir eine schicken, aber sie gehören ja hierher. Willst du daraus Erdbeeren essen, dann musst du herkommen. Das kannst du deinem Therapeuten erzählen. Was weiß der denn von Erdbeeren?

Du bist weit weg, aber wenn du herkommen würdest, wärst du nah dran. Es würde dir dann auch falsch vorkommen, wenn fremde Menschen unter diesem Dach abwarten würden, dass der Regen aufhört. Es ist unser Dach, unser Regen, unsere Gehplatten, die unterspült werden, unsere Ameisen, die ertrinken, unsere Schnecken, die wir nach dem Regen aus Versehen zertreten, wenn wir zu unserem Bäcker gehen. Der Bäcker wurde vom Sohn von Herrn Popetzki übernommen. Der Eisladen vom Schwiegersohn vom Möllner. Im Zeitungsladen sitzt die Tochter vom Frank. Und so ist es, hier schält sich das eine aus dem anderen, da wächst ein Ast aus einem Stamm, wird kein Baum gefällt. Basta! Basta ist keine gute Diskussionsgrundlage, aber ich diskutiere ja auch nicht. Ich fordere und bitte, eins davon muss dich erreichen. Such dir aus, ob du aus Mitleid oder aus Anstand herkommst.

Sag nicht, du wärst zu alt, die Schaukel wartet auf dich.

Komm her und pflück die Johannisbeeren, sie sind überreif. Du kannst die Johannisbeeren auch so abnehmen, wie du es immer gemacht hast, und nicht, wie ich es dir immer gesagt habe. Ich weiß, man spart sich einen Arbeitsschritt, wenn man gleich die Beeren einzeln abnimmt und nicht, wie ich, die Beeren mit dem Stängel pflückt. Aber ich bleibe dabei: beim Waschen verlieren die Beeren sonst zu viel Saft. Natürlich muss ich mich nach dem Waschen noch mal hinsetzen und die Beeren vom Stängel lösen, aber was schadet es? Ich hab Zeit. Du nicht, ich weiß. Aber hier hättest du Zeit, das weiß ich auch. Hier dehnt sich alles. Schon allein das Wort Mittagsschlaf, Conny, Mittagsschlaf, während die Fliegen brummend gegen die Scheiben stoßen.

Das Haus steht in so einem Winkel, dass zwischen Vormittag und Nachmittag der Mittenmittag liegt, der dauert sieben Stunden. Dann gibt es noch den Vorabend, den Abend, den Nachabend. Die Nacht dauert so lange, wie der Tau dafür braucht, sich zu verteilen. Der Tau ist hier langsamer. Die Motten fliegen nachts in die Lampe neben der Haustür und verbrennen nicht, kommen aber auch nicht mehr raus. Wenn ich morgens die Schatten in der Lampe flattern sehe, denke ich an dich. Nicht überall, wo Licht ist, muss man hinfliegen. Du bist morgens vom Flattern müde, und ein Wochenende hast du auch nicht.

Am Wochenende kommt hier ein ganzer Tag dazu: Weil so viel gewerkelt wird, entsteht ein zusätzlicher Tag. Eine Bank wird repariert, eine Holzverkleidung zugesägt, ein Auto gesäubert, ein Swimmingpool mit dem Gartenschlauch gefüllt. Niemand scheint hier zu wenig Zeit zu haben. Seit ich wieder hier bin, frage ich mich, was das sein soll, zu wenig Zeit. Wo nimmst du deine zu wenige Zeit her?

Kannst du dich daran erinnern, dass du beim Hausaufgabenmachen oft eine Schnecke auf den Tisch gesetzt hast? Immer wieder hast du den Blick vom Heft gehoben, um nachzusehen, wie weit die Schnecke schon gekommen war. Schleim auf der Tischkante.

Kannst du nicht auch hier arbeiten?

Ich kann Papa tagsüber nicht mehr allein lassen.

Das Wetter hat hier unmittelbar mit den Menschen zu tun. Wenn nach der Hitze Regen kommt, fühlt sich das ganz folgerichtig an. Der Garten sagt es dir vorher. Er sagt: Räum die Stühle auf der Terrasse zusammen, häng die Plane drüber, so klar sagt dir der Garten, dass es regnen wird. Du bist ein Teil vom Wetter, ein Teil vom Garten. Jeder Regenwurm geht dich etwas an. Wenn du erst herkommst, Conny, wirst du es nicht übers Herz bringen, einen Regenwurm aus dieser Erde in ein Altenheim zu geben.

Wenn das nicht reicht, dann hab ich mein Pulver verschossen, die Streichhölzer waren nass, na, was erzähl ich auch so viel von Regen? Du verdienst dein Geld mit Werbung. Du weißt besser, wie man etwas verkauft. Ich habe dick aufgetragen, Amseln, basta und so, und wahrscheinlich hätte ich besser Werbung machen können, für das Haus, für Papa und auch für mich. Ich bin auch hier. Wenn dich das Produkt nur mehr interessieren würde, du könntest dafür großartig Werbung machen. Ich habe zu wenig verschwiegen, und jetzt sag ich dir auch noch, dass Papa oft umfällt, wenn er im Haus herumläuft. Ich kann ihn ja nicht festbinden. Conny, was stört es dich denn bei der Arbeit, wenn es ab und zu «bumm» macht im Haus? Dann ist Papa umgefallen, du gehst hin, hilfst ihm auf, er sagt «danke» und gut ist.

Ich würde jetzt gerne behaupten, dass er im Schlaf deinen Namen sagt, aber leider stimmt das nicht. Niemand hier sagt deinen Namen.

Mir gehen die Argumente aus. Basta sagte ich schon, oder?

Deine Jana

Jenni Zylka
Projekt 123

Früher war alles besser.
Heute ist alles schöner.
(Klaus & Klaus)

Und morgen wird alles noch viel, viel toller. Ich werde nämlich 123 Jahre alt und damit der älteste Mensch, der je lebte.

Bislang führte die 1875 geborene Jeanne Calment die Liste der ältesten Menschen an, eine Französin, die sich von Olivenöl und Portwein ernährte, sämtliche Ehemänner, Kinder und Enkelkinder überlebte, und mit 90 ihre hübsche kleine Wohnung in der Altstadt von Arles gegen eine monatliche Zahlung einem Notar übereignete: Bis zu ihrem Lebensende wollte der Mann Jeanne jeden Monat 2500 Franc zahlen, dann sollte die Wohnung an ihn übergehen. Der Notar starb 30 Jahre später an Krebs, doch Jeanne lebte immer noch und hatte ihm inzwischen fast eine Million Franc abgeluchst. Sie starb 1997 mit 122 Jahren.

Wenn ich im Jahre 2092 mit 123 Jahren sterbe, habe ich hoffentlich ähnlich vorausschauende Geschäfte tätigen können. Am meisten freue ich mich auf die Centenario-Zeit (ab meinem 100. Lebensjahr), die 2069 beginnt und die ich bereits minutiös geplant habe: Mein Hauptsponsor, der mir jeden Monat unbegrenzt Puffbrause zur Verfügung stellt, wird entweder die kleine Champagnerkellerei «Veuve Emille» aus Avize oder das etwas schniekere Haus «Billecart-Salmon» aus Mareuil-sur-Ay – ich schwanke ein wenig, weil ich beide Sorten sehr gern mag, vielleicht müsste man marketingtechnisch noch evaluieren, zu welchem der Häuser der Slogan «Der Champagner der Centenarios» besser passt.

Weitere Sponsoringverträge werde ich mit verschiedenen Lebensmittelherstellern abschließen, ich denke vor allem an Käse und Schokolade, natürlich mit nachhaltigen Zutaten. Ich werde ab 2069 zudem wöchentlich ein Kulturmagazin namens «Ol' Jenni's Memories», eine Ratgebersendung namens «Frag Ol' Jenni» und die Sport-Mitmachshow «1,2,3 – fit wie Ol' Jenni» streamen – das ist zwar viel Arbeit, aber ein monatlicher Turnus wird den Produzenten zu riskant sein.

Die Sendungen sind allerdings leicht und billig produzierbar, vor allem «Ol' Jenni's Memories» braucht keine besondere Vorbereitung, denn es ist ein schlichtes Format: Ich sitze einfach vor der digitalen Kamera, die so klein ist, dass ich sie mit meinen hundertjährigen Augen eh nicht mehr sehen kann, und erzähle von früher. Fasziniert wird mein Publikum an meinen alten, faltigen Lippen hängen, denn alle anderen alten Menschen sehen inzwischen nicht mehr alt aus, sondern haben sich dank Technik und Chemie konserviert. Doch mein Alter ist mein Kapital, und je stärker meine Stirn Notenlinien ähnelt, desto mehr Musik ist drin.

Ich werde immer wieder ulkige Gimmicks von früher zeigen und erklären: Telefone mit Wählscheibe, Tastaturen, Geräte, die man nicht per Sprache steuern kann, Stifte, gedruckte Bücher. Ich werde erklären, dass man früher über Datensicherheit und digitale Revolution stritt und dass Fliegen teuer war.

Dass die Menschen Schreibschrift und Landkartenlesen lernten und dass sie in Deutschland monatlich dafür bezahlten, ein von anderen Menschen ausgewähltes Unterhaltungs- und Bildungsprogramm konsumieren zu dürfen, das man noch nicht mal problemlos überall mit hinnehmen konnte, sondern zu Hause anschauen musste.

Ich werde von den verschiedenen Haarmoden am Kopf, unter den Achseln und im Schritt berichten und dass es eine Zeit gab, in der die Schuhgröße 41 Frauen zur Verzweiflung brachte, weil die Schuhhersteller ignorierten, dass Frauen größere Füße bekamen. Von den vielen Kanzlern, Kanzlerinnen, Präsidenten und Präsidentinnen werde ich erzählen, die ich erleben musste, und dass ich mich noch genau an den Tag erinnere, an dem Donald Trump in der Jimmy-Fallon-Talkshow zu Gast war, und Fallon mit ihm herumwitzelte, als ob der Irre einfach nur ein harmloser Präsidentschaftskandidat wäre – daran erkannte ich, werde ich sagen, dass die USA die ganze Chose unterschätzen.

In meiner zweiten Show «Frag Ol' Jenni» werde ich unter anderem Beziehungstipps geben – mit meinem achten Ehemann, der kurz vorher mit süßen 99 Jahren nach einer letzten heißen Nacht vom Klang der himmlischen Harfen (anstatt von mir) geweckt wurde, werde ich immerhin 21 Jahre zusammen gewesen sein. Der Trick ist, sich etwas Jüngeres zu suchen, werde ich sagen, ganz egal, ob Mann, Frau, dazwischen oder beides. Natürlich werde ich in der Sendung auch konkret Dinge erklären, die einfach niemand mehr weiß: Was war ein Tiger? Was verstand man unter Musikverlagen? Haben die Fische im Meer einen früher nicht beim Schwimmen gestört? Ist man damals wirklich einkaufen gegangen und hat die Waren selbst nach Hause geschleppt? Ist es nicht nervig, wenn man von Geburtstermin, Geschlecht und Augenfarbe eines Kindes überrascht wird? Was war eine Schallplatte? Und CDs? Wie fühlt es sich an, eine Musikrichtung, eine Mode oder einen Kunststil zum ersten Mal zu erleben?

Bei «1,2,3 – fit wie Ol' Jenni» mache ich leichte Fitnessübungen (die meisten Menschen in Industrieländern werden übergewichtig sein, darum wird das alles an meinem dünnen alten Körper phänomenal sportlich aussehen) und verweise darauf, dass das Rauchen einen weiland schlank hielt – da es niemanden mehr geben wird, der Jugendmedienschutz betreibt, darf ich das einfach so sagen. Ich zeige Tantenwinker und Marionettenfalten, überhaupt zeige ich viel, denn das Publikum wird keine untätowierten Erwachsenenkörper mehr kennen und mit einer Mischung aus Erstaunen und Entsetzen meine blasse Haut angucken.

Da ich seit dem letzten Jahrtausend meine gebrauchten Kontaktlinsen aufbewahre, kann ich nebenberuflich ein Kontaktlinsenmuseum namens «Grauer Star» aufmachen. Selbstverständlich wird dies in erster Linie virtuell passieren, aber ich werde die Linsen auch in einem separaten Raum meiner großen Wohnung auf Holzpulten ausstellen und einen kleinen Obolus an Eintritt nehmen. Weil sich Fehlsichtigkeit operativ korrigieren lässt und Brillen nur noch Modeaccessoires sind, werden die Menschen mit Staunen auf die Schilder an den klitzekleinen Wassergläschen schauen, auf denen «Hygroskopische Multifokallinse, 2014–2016» oder «Silikonhydrogellinse, Rechts: –4,5 Dioptrien, Links: –4,75 Dioptrien» steht und in denen die weichen Linsen wie glückliche Wimperntierchen herumschwimmen.

Das «Projekt 123» lässt mich positiv und erwartungsfroh in die Zukunft schauen – eine Zukunft, in der ich zwar älter werde, aber einfach nicht sterbe. Bis zum Jahr 2092. Auf der Ostseite der Pyramide (in der Größenordnung zwischen Cheops und Chephren), die meine Grabstätte wird, soll dann jedenfalls ein Zitat von George Bernard Shaw angebracht werden: «Youth is wasted on the young.»

12. Das Zeitliche segnen – das Ende von Projekten, Phasen und der Lebenszeit

«Es ist nicht wenig Zeit, die wir haben, sondern es ist viel Zeit, die wir nicht nutzen.»

(Seneca)

Flake
Die Zeit, die bleibt

Mein Leben war wunderschön und unbeschwert. Allerdings nur bis zu dem Moment, in dem mir klar wurde, dass ich sterben muss. Meine Mutter, die in jener Zeit Ethnographie studierte, hatte mich an einem schönen Vormittag ins Pergamonmuseum mitgenommen. Ich ging nicht in den Kindergarten, und für die Schule war ich noch zu klein, also nahm mich meine Mutter einfach mit, wenn sie irgendwo hinging. Und in diesem Museum wurde ein geöffnetes Grab gezeigt. Als ich mich auf die Zehenspitzen stellte, um über den Rand zu gucken, erblickte ich am Boden des Grabes die Gebeine von zwei Leuten. Diese beiden Leute hatten vor mehr als zweitausend Jahren wirklich gelebt und alles so fühlen können wie ich, und jetzt lagen sie immer noch hier. Nur die Knochen waren noch übrig. Da sah ich zum ersten Mal in die Zukunft. Ich sah meine eigenen Knochen da liegen. In der kleinen Hoffnung, dass sie mir widersprechen würde, fragte ich meine Mutter ganz entsetzt, ob ich denn auch sterben würde. Mit brutaler Selbstverständlichkeit meinte sie, dass wir alle mal sterben. Sofort fing ich an zu weinen. «Ich will aber nicht ins Museum!», schrie ich meine Mutter an. In diesem Punkt konnte sie mich zwar beruhigen, aber die neue Erkenntnis, sterben zu müssen, bestimmte von da an mein Leben. Ich war zwar schon vorher auf der Beerdigung meiner Uroma gewesen, aber die war schon so alt, dass ich sie nur als alte Oma kennengelernt hatte und nicht auf den Gedanken gekommen war, dass sie auch einmal so jung wie ich gewesen sein konnte. Ich dachte, es gibt Kinder, Erwachsene und Omas und Opas, als wären das verschiedene Sorten von Menschen. Dass ich selbst einmal ein Erwachsener werden würde, hatte ich da noch nicht verstanden. Und erst recht nicht, dass ich dann auch mal sterben würde. Dabei erschien mir das Sterben an sich als das kleinere Übel, viel mehr Angst hatte ich vor dem Totsein, also der ganzen Zeit, die danach kommen würde. Jahre um Jahre würde ich dann herumliegen und könnte nichts machen. Nicht mal atmen. Konnte ich das nicht irgendwie umgehen? Einfach nicht daran zu denken funktionierte schon mal nicht. Die Gedanken an den Tod überfielen mich immer wieder unverhofft mit voller Gewalt. Nachts half es dann nur, aufzustehen und meine Eltern zu wecken. Aus dem Schlaf gerissen, versuchten sie mich zu trösten, indem sie mir erklärten, dass ich noch so sehr viel Zeit hätte und sie selbst schließlich lange vor mir sterben würden. Na, das war vielleicht beruhigend! Ich würde meine Eltern verlieren! Oh Gott, wie sollte denn das gehen? Meine Eltern, die immer da waren, die alles wussten und konnten, sollten einfach eines Tages nicht mehr da sein? Doch es funktionierte, denn jetzt machte ich mir erst mal um meine Eltern Sorgen, und irgendwann schlief ich wieder ein. Aber schon in der nächsten Nacht überfiel mich wieder die Panik. In einem Buch hatte ich diese Karikatur gesehen, wo die Lebenszeit eines Menschen als Sanduhr dargestellt war. Manche Leute sagen dazu auch Eieruhr, weil man diese Uhr zum Eierkochen benutzen kann oder weil man anstatt des Sandes fein gemahlene Eierschalen verwendete. Die verklumpen nicht so schnell wie Sand. Schon das Aufzählen solcher sinnloser Fakten sollte mir bei der Verdrängung helfen. Jedenfalls stellte ich mir jetzt immer vor, wie meine persönliche Lebensuhr langsam ausläuft. Oder ich träumte nachts davon. Unaufhaltsam rann der Sand, bis nichts mehr übrig war, und dann starb ich. Da es nur ein Traum war, lebte ich trotzdem weiter. Und zwar meistens schon im Traum. Ich konnte ja nicht träumen zu sterben, da ich ja nicht wusste, wie man sich dann fühlt und was ich dann träumen soll. Und das war gar nicht schlecht, denn da ich trotz leerer Uhr immer weiterlebte, verlor die Sache an Schrecken. Allerdings quälte mich nur die Uhr nicht mehr so sehr, die Angst vorm Sterben wurde indes nicht kleiner. Ich begann mir ernsthaft Gedanken darüber zu machen, wie ich der Sache ihren Schrecken nehmen konnte. So kam ich auf den Umstand, dass die Zeit vor meiner Geburt ja auch vergangen war. Seit dem Urknall waren um die vier Milliarden Jahre vergangen, ich kannte mich da nicht so aus, aber in dieser ganzen Zeit hatte ich auch nicht gelebt, und es kam mir gar nicht so schlimm vor. Dann müsste ich ja im Prinzip die nächsten paar Milliarden Jahre auch ganz gut überstehen. Warum tröstete mich das nicht? Und warum beruhigte es mich nicht, dass ich jung war und noch so viele Jahre vor mir hatte? Ganz einfach, weil bis jetzt alle Termine, die vor mir gelegen hatten, wirklich schon eingetreten waren. Auch wenn sie in noch so weiter Ferne zu liegen schienen. Irgendwann war es dann einfach so weit, und irgendwann würde ich genauso sterben. Also wollte ich wenigstens die Zeit bis dahin etwas strecken.

Ein Freund von mir, der viel Zeit im Gefängnis verbracht

hat, behauptet, dass dort die Zeit wie im Flug vergeht, wenn oder weil man jeden Tag das Gleiche macht. Also versuche ich, immer etwas anderes zu machen. Im Laufe der Zeit habe ich so aber auch immer dasselbe gemacht, denn jeden Tag etwas anderes zu machen ergibt auch schon wieder eine Gleichförmigkeit. In der Schule habe ich gelernt, dass die Zeit viel langsamer vergeht, wenn man mit Lichtgeschwindigkeit durch das Weltall saust. Leider ist die Technik noch nicht so weit entwickelt, und ich hätte auch keine Lust, lange Zeit in einer Rakete zu sitzen, ich traue mich ja nicht mal ins Flugzeug. Aber hat Einstein nicht gesagt, dass die Zeit sowieso relativ ist und immer im Verhältnis zum Raum steht? Ohne Raum gibt es keine Zeit, oder so ähnlich? Ich muss also nur noch diesen Raum finden, wo es keine Zeit gibt. Ohne Zeit wäre es allerdings ja so, als ob ich schon tot bin, und da kann ich auch gleich sterben. Und genau das wollte ich doch vermeiden. Denn besser, als spät zu sterben, wäre es, überhaupt nicht zu sterben. Also muss ich wenigstens so lange leben, bis die da mal endlich was erfunden haben. Oder lasse ich mich einfrieren? Aber da ist die Wahrscheinlichkeit, wieder aufzuwachen, so gering, dass ich mich auch gleich umbringen kann. Wie erreiche ich bloß die Unsterblichkeit? Ob das über die Kinder geht? Lebe ich in meinen Kindern weiter? Das ist sehr zweifelhaft, denn dann müsste mein Vater ja auch in mir weiterleben, und ich weiß nicht, ob und wo mein Vater jetzt in meinem Körper sein sollte. Meine Kinder wollen außerdem ja auch sie selber sein und nicht eine Unterkunft für ihren ängstlichen Vater. Oder ich werde ein Rockstar, die sind doch auch unsterblich. Die Musik von Jimi Hendrix kann man jetzt noch jeden Tag hören, sogar seine Stimme klingt immer noch so, als wäre er vierundzwanzig Jahre alt. Er könnte im Prinzip noch unter uns weilen. Tut er aber nicht. Er ist schon lange tot, und seine Musik und sein ganzer Ruhm können ihm völlig egal sein, denn er bekommt nichts mehr davon mit. Ich finde es auch ganz gruselig, wenn ich auf YouTube ein Video von einem Musiker sehe, der nicht mehr lebt. Denn er weiß in dem Moment, in dem er voller Freude dieses Lied singt, noch nicht, wie schnell er danach sterben wird. Trotzdem lebt er in diesem Filmchen noch. Will ich dann auch noch als Leiche auf irgendwelchen Videoportalen herumgeistern? Oder muss ich vielleicht einfach nur alt werden? Hat die Natur nicht hervorragend für alles gesorgt? Das mit dem Kinderkriegen funktioniert doch auch fast zwangsläufig. Vielleicht, und das müsste ein Trost sein, hat man als alter Mensch gar keine Angst mehr zu sterben oder freut sich sogar ein bisschen auf die Erlösung. Das macht mir fast noch mehr Angst, denn wie schlimm muss ein Leben sein, dass der Tod eine Erlösung ist? Solange ich noch solche Angst vor dem Sterben habe, weiß ich auch, dass mein Leben schön ist. Das soll noch lange so bleiben. Und das ist wohl das Beste, was einem Menschen passieren kann. Insofern ist mein Leben wieder so wunderbar wie früher, wenn auch nicht mehr ganz so unbeschwert. Und das macht es fast noch wertvoller.

Verwesung ist was Gutes

Ein Interview mit Deutschlands führendem Kriminalbiologen **Dr. Mark Benecke**

Was bedeutet Zeit in der Kriminalbiologie?

Zeit ist für uns sehr wichtig, weil eine alte Kriminalisten-Regel besagt, dass man mit jeder Minute, die man nach einem Delikt verliert, hinterher einen Tag bis zu einer Woche mehr Arbeit hat.

Das liegt daran, dass die Spuren verschwinden – je eher wir am Tatort sind, desto wahrscheinlicher finden wir Spuren. Beispiele sind Blutspuren: Die können durch den Rettungseinsatz verändert werden, zerbröckeln, sie können staubig werden, verwischen. Auch Fingerabdrücke werden im Laufe der Zeit weniger gut lesbar. Gliedertiere können wegwandern. Die Leichenliegezeitbestimmung anhand von Insekten wird ungenauer, weil man für die früh leichenbesiedelnden Insekten exaktere Werte und Tabellen darüber hat, mit welcher Geschwindigkeit sie sich abhängig von der Temperatur verändern – im Sinne von heranwachsen, verpuppen oder schlüpfen. Je später man hinguckt, desto mehr ändern sich die an die entsprechenden Fäulnisstadien angepassten Insektenarten. Über die späteren Arten ist weniger bekannt, weil kaum jemand dazu forscht, es gibt kein Geld dafür. Viele andere Umweltbedingungen ändern sich auch mit der Zeit: Temperatur, das ist ganz schlecht für uns, weil die Insekten mit veränderter Temperatur anders heranwachsen. Wenn es wärmer ist, wachsen sie schneller, wenn es kälter ist, wachsen sie langsamer – und das müssen wir für unsere Wachstumstabellen für die Leichenliegezeitbestimmung, oder genauer gesagt Insektenbesiedlungszeitbestimmung, natürlich wissen.

Die Zeit hat aber auch noch eine ganz andere Qualität: wenn es um die Angehörigen geht. Sie denken viel nach und können oft mit Delikten nicht abschließen, beispielsweise wenn Kinder verstorben sind und sie sich schuldig fühlen, dass sie nicht aufgepasst oder was falsch gemacht haben. Oder wenn Eltern versterben und man gerne noch die Mutterschaft oder die Vaterschaft geklärt hätte. Es kann Jahrzehnte dauern, bis die Leute zu uns kommen. Das ist natürlich schwierig, dann sind die Leichen im Grab zersetzt. (...) Aber auch Erinnerungsstücke, an denen Erbsubstanz für genetische Fingerabdrücke zum Vaterschaftstest geklebt hätte, sind dann bis dahin verschwunden – Taschentücher, Zahnbürsten oder von mir aus auch eine Uhr. Das wäre also auch noch ein Beispiel dafür, wie die Zeit auf eine ganz verrückte Weise nicht zu unserem Vorteil arbeiten kann.

Welche Bedeutung hat Vergänglichkeit in deiner täglichen Arbeit?

Vergänglichkeit ist für uns ein Recyclingprozess. Das Material, die Bestandteile des Körpers werden wieder verwendet. Diesen Prozess kennen wir, den untersuchen wir, und er hilft uns manchmal dabei, eine Tat oder einen Unfall – was auch immer es war – besser zu verstehen oder überhaupt herauszufinden, was sich abgespielt hat.

Um einen Begriff von der Vergänglichkeit zu kriegen: Dieses

Recycling ist sehr wichtig und keineswegs was Fürchterliches. Alles Eisen, was wir zum Atmen in unserem Blut haben, alles, ausnahmslos alles, ist entstanden, bevor es die Erde gab. Also: Ohne Recycling geht's nicht. Bei Stickstoff ist es dasselbe. Das kann man sich anhand von Dünger gut vorstellen: Der Stickstoff, den wir im Körper haben, ist mit Sicherheit zur Hälfte oder einem Drittel – freundlich gesagt – schon mal durch landwirtschaftliche Prozesse gegangen, also in Form von Düngungsvorgängen durch oder in die obere Erdkrume gesickert.

Also, das ist was Gutes, dass die ganze Erde nicht von toten Vögeln, Mäusen, Menschen und allem anderen toten organischem Material bedeckt ist, das würde gar nicht gehen.

Das Vergehen der Zeit ist für uns Verwesung, Fäulnis, Zersetzung – und was sie bedeutet für den jeweiligen Fall.

Was war die skurrilste Studie zum Thema Zeit, die du in den Profis besprochen hast?

Zum Beispiel die hier, vom 20. Juli 2013. Ein britischer Mann hat bei einem Patienten eine kuriose Wahrnehmungsstörung entdeckt: Er hört Menschen, bevor er sieht, dass sie sprechen. Die KollegInnen folgern daraus, dass das Gehirn mehrere unabhängige Uhren besitzt. Veröffentlicht wurde das in einer sehr spezialisierten Zeitschrift namens «Cortex». Das ist natürlich sehr interessant, weil viele Menschen Wahrnehmungsstörungen haben. Manche sind lebensbeeinträchtigend, auf andere kann man sich einstellen. Da man ja heutzutage die Gehirnstrukturen sichtbar machen kann, die am Hören und Wahrnehmen und am zeitlichen Einordnen beteiligt sind, muss man sich fragen: Was ist eigentlich «Jetzt»? Also, wenn das Gehirn das verdrehen kann, dass etwas, das später passiert, zuerst wahrgenommen wird, wirft das grundsätzliche Fragen über unsere Wahrnehmung auf.

Sind Zeitreisen möglich?

Das ist deswegen eine interessante Frage, weil es nicht grundsätzlich immer gebogene Raum-Zeit-Universen geben muss. Es könnte ja auch andere Raum-Zeit-Universen geben, die zum Beispiel flacher sind. Und es gibt Teilchen, die sich merkwürdig verhalten, Tachionen, die bewegen sich schneller als Licht. Was würde man in so einer Tachionenwelt als Zeit ansehen? Sie sind noch nicht experimentell nachgewiesen, aber Schwerkraftteilchen wurden ja auch erst vergangenes Jahr nachgewiesen, das heißt also nicht viel. Kann man hin- und herreisen zwischen den unterschiedlichen Ebenen der Teilchen, der Zustände und der Universen? Die Problematik der Paralleluniversen ist gerade wieder hochgekocht, weil es erhebliche Mängel in der Theorie des Urknalls gibt, die uns sicherlich künftig bei den «Profis» noch viel beschäftigen werden.

Welche Spuren hat die Zeit an dir hinterlassen?

Mein Glück ist, dass ich immer mit kindlicher Neugier weiterarbeite und dafür positive Rückmeldung bekomme. Meine Frau sagt, ich habe viele Falten gekriegt, meine Mitarbeiterin sagt, dass die Zeit keine Veränderung an mir verursacht hätte ;-)

Die Fragen stellt Susanne Wündisch von der apparat multimedia gmbh, *die immer samstags die radioeins-Sendung «Die Profis» produziert. Im Rahmen der Sendung erläutert Dr. Mark Benecke seit 17 Jahren ungewöhnliche wissenschaftliche Entdeckungen.*

Volker Wieprecht
Der schwarze Mann

Im Ruhrgebiet ist man nicht zimperlich. Die Menschen sind einiges gewohnt. Reichtum ist die Ausnahme, Arbeiterklasse Standard. Die Malocher hausen dicht beieinander, stehen bei jedem Wetter vorm Büdchen und trinken Bier; es gibt keinen Horizont, nur Häuser. Wer im Pott wohnt, denkt nicht mal an Entkommen. Fliehen? Wohin? Dabei findet sich an jeder Ecke eine Autobahnauffahrt. Der Boden unter den Füßen ist von stillgelegten Bergwerksstollen ausgehöhlt. Manchmal gibt es Risse im Erdreich oder sogar in Häuserwänden. Monströse Türme zeugen von dem einst regen Betrieb in den Zechen. Wer mit den Füßen fest aufstampft, bildet sich ein, ein hohles Grollen hören zu können. Wer nichts hört, tritt nicht fest genug auf. Es riecht für jeden, der dort vor fünfzig Jahren aufgewachsen ist, für immer nach Kohle, Chemie und sauren Bierbäuerchen. Und so wird es immer bleiben. Die Zeit steht still, wenn man sie festschreibt.

In den frühen sechziger Jahren gab es in meiner Stadt fußläufig genau ein Kaufhaus, zwei Zeitungskioske, drei Bäcker, wenige Metzger. Zweimal die Woche war Markt. Woher das frische Gemüse kam, war mir ein Rätsel. Ich bin noch mit einer Blechkanne zum Milchholen geschickt worden. Wenn wachstumsbedingt neue Kleidung fällig war, mussten wir langwierige Fahrten mit der Straßenbahn auf uns nehmen. Kartoffeln wurden zweimal im Jahr zentnerweise in grobmaschigen, kratzenden Säcken in den Bau geschleppt, dann mit giftigem Pulver bestäubt, um das Keimen zu vermeiden. Als Zwischenlager diente der Heizungskeller. Brokkoli gab es noch nicht. Geschweige denn Romanesco, Rucola oder Schalotten. Gegessen wurde morgens Weißbrot mit Butter und Honig. Mittags gab es Linsen- oder keimfreie Kartoffelsuppe mit Würstchen. Abends Leberwurstbrot. Manchmal mit Radieschen. Dazu einen Bückling. Bei festlichen Anlässen, gerne auch mal sonntags, wurde Rosenkohl gereicht, den ich nicht essen wollte. Anfangs versuchten meine Eltern, mir die grünen, bitteren Kugeln schmackhaft zu machen, indem sie mir mitteilten, dass die Kinder in Afrika gar nichts zu beißen hätten und ich froh sein könne, überhaupt etwas essen zu dürfen. War ich aber nicht. Auf der nächsten Eskalationsstufe – es gab nur drei – wurde mir angekündigt, der schwarze Mann käme mich holen, wenn ich nicht aufäße. Meiner Erinnerung nach half das meistens. Lieber Rosenkohl als schwarzer Mann. Nur kein Risiko eingehen. Aber Sorgen machte ich mir schon. Ich wusste, das kann kein Kumpel sein, kohlenstaubverschmiertes Gesicht hin, Bergmannskleidung her. Wer war nur dieser Kerl, der bei seiner Ankunft Unvorstellbares anrichten würde? Es lag nahe, dass er offenbar jederzeit erreichbar sein musste. Ich vermutete, dass er seine Aufträge per Post erhielt, denn ein Telefon hatten wir nicht. Mit seinem Eintreffen war also frühestens binnen zwei oder drei Tagen nach meinen Unbotmäßigkeiten und Schandtaten zu rechnen. Zeit genug, sich hinreichend Sorgen zu machen. Wo kam er her? Hatte er ein Büro mit offiziellen

Sprechzeiten, vielleicht irgendwo abseits der Fußgängerzone? Fuhr er Straßenbahn? Konnte man ihn auch tagsüber treffen? Und wie würde er mich finden?

Er fand mich nie. Stattdessen suchte ich ihn. Eines Tages stieß ich auf ein Bild von ihm und erfuhr so im Begleittext von seinem Treiben. Die Geschichte handelte – so wie ich sie in Erinnerung habe – von einem gewitzten Rentner, dessen Lebenszeit eigentlich abgelaufen war. Der Tod klopft an seine Tür. Schwarzer, bodenlanger Mantel. Gesichtslos. Der Mann versucht zu handeln und überredet den Tod, erst «Morgen!» wiederzukommen. Zur Erinnerung wolle er, hilfsbereit wie er von Natur aus sei, ein Schild an seiner Tür anbringen, weil der Tod ja so viel zu tun habe und sich von daher gewisslich nicht jedermanns Schicksal merken könne. Sehr entgegenkommend, der Todgeweihte! Am nächsten Tag steht der Tod natürlich wieder vor der Tür. Und klopft. Der Mann zeigt nur auf das Schild. «Wir hatten verabredet, dass du morgen wiederkommst. Morgen. Hier. Da steht es. Mor-gen. Nicht Heu-te!» So geht das Tag für Tag weiter. Bis der Mann eines Tages seines Lebens so müde ist, der Körper so erschöpft, dass er das Schild abhängt, und der Tod nimmt ihn mit.

Von da an war ich mir sicher, dass der schwarze Mann entgegen ersten Vermutungen nicht der Vater genau jener Kinder in Afrika war, die meinetwegen nichts zu essen hatten. Ich erinnere mich nicht mehr, ob der Tod auf der Abbildung in meinem Buch eine Sense oder ein Stundenglas bei sich führte. Nur eines war klar: Der Tod war ein sehr alter Geselle und auf keinen Fall eine Frau. Gegen ihn war jeder andere machtlos. So viel hatte man gehört. Jeder wusste auch, dass niemand den Tod töten kann. Dass er in diesen Breitengraden Schwarz trägt. Dass alle, die von ihm gezeichnet sind, sich ebenfalls verdunkeln. Dass sein Wille und Wirken unvorhersehbar sind. Allein meine Eltern wussten offenbar, dass man ihn mit schäbigen Rosenkohlresten auf dem Tellerrand anlocken konnte.

Die nächsten dreißig Jahre überlegte ich, wie ich dem pechfinsteren Kollegen wohl entkommen, die Zeit totschlagen könnte. Der Tod hat nämlich einen mächtigen Auftraggeber, so viel fand ich heraus. Er war und ist ein willfähriger Büttel der Zeit, der größten aller Ordnungsmächte, von der jeder weiß, dass es sie gibt, aber die keiner wirklich greifen kann. Der schwarze Mann ist also unbesiegbar. Seit Äonen tut er Dienst. Nur wenn man die Zeit anhält, verliert auch der Tod seine Wirkungsmacht. Und das geht nicht. Jedenfalls nicht so ohne weiteres. Merkt ja jeder, Zeit kann man nicht totschlagen. Aber andererseits ist sie auch kein gleichförmiger Fluss, der einen mit immer gleicher Geschwindigkeit durch die Welt schwemmt, reißt oder treibt. Nur in der Fernsehsendung *Am laufenden Band* zogen Fragezeichen, Bügeleisen und andere Insignien des vielfältigen Reichtums in aller Gleichförmigkeit vorbei. Stets zum Greifen nah, man musste sie sich nur merken. Dabei vergaß man, wie die Zeit verstrich, und war in einem Kontinuum zwingender Momente, die der Uhr alle zwingenden Kräfte rauben. Immer wieder aufs Neue. Jetzt. Jetzt. Und immer wieder nur: Jetzt.

Jetzt zum Beispiel ist es gerade 18:00 Uhr in meinem Leben. In der Echtzeit. Dieser einen Gegenwart. Wie jeden Tag um diese Zeit läuten in weiter Ferne die Glocken einer Kirche. Oft höre ich sie nicht, wenn der Wind ungünstig steht. Oder wenn der Lärm der Straße sie übertönt, die wenig berauschende, aber tosende Geschäftigkeit kein Ende findet. Heute Abend nehme ich den altertümlichen Klang aber wieder wahr. Es ist Winter, die Linden vor dem Fenster sind ohne Blätter, der Schall dringt leichter durch. Früher war das Geläut Taktgeber im Alltag, den Menschen ohne Armbanduhr Befehl wie Verheißung in einer Zeit, in der die Kirche den Ton angab. Jetzt aufstehen! Jetzt zur Frühmesse! Jetzt zur Feldarbeit! Jetzt ins Bett! Damit ordneten die Glocken Gegenwart und Zukunft zeitgleich. Mich werfen sie immer in der Zeit zurück, wenn ich ihnen zuhöre. Ich stehe dann plötzlich wieder auf der rege befahrenen Kreuzung, schräg gegenüber von dem Neubau, in dem wir in Herne wohnten. Die Ampel ist rot. Ich bin in Eile. Ein Opel Admiral fährt an mir vorbei. Dann vielleicht ein Käfer, beide in den schlammigen Farben der Zeit. Ich bin ungefähr zehn Jahre alt. Die Glocken der fernen Kreuzkirche bimmeln, und ich weiß nicht genau, ob ich es in einer Ampelphase über die vierspurige Straße schaffen werde. Vielleicht auch wieder nur bis zur Mittelinsel. Ich gerate unter Druck. Ich werde nicht mehr pünktlich zum Anfang der Serie *Kung-Fu* mit David Carradine kommen, der schlimmstmögliche Verlauf dieses Tages. Mir wird – wieder einmal – entgehen, wie durch die einfache Kombination von Gelassenheit und Schlagkraft jede Situation gemeistert, jeder noch so unnachgiebige Gegner ausgeschaltet werden kann. Handkantenschlag, Fußtritt rückwärts. Bim-bam. Die Zeit ist tot. Und der Tod gleich mit. Tadah!

Ein in einer Gussform schwingender Klöppel versetzt also den großen Volker in das Jahr 1973, und ich sehe den kleinen Volker, wie er doch noch vor dem Fernseher landet und zusieht, wie Kwai Chang Caine sich in Traumsequenzen an seine Zeit in China erinnert, als ihm sein buddhistischer Kung-Fu-Meister beibrachte, dass alles nur ein Traum ist … der Wille allein zähle, wahre Kraft in Demut bestünde ... der Zweifel der Keim des Versagens sei ... nur die Vorstellung einer Begrenzung die wahre Begrenzung sei ... so was halt. Irgendwie wurde mit dieser Fernsehserie ein ebenso schmackhaftes wie esoterisches Süppchen gereicht, mal dünner, mal dicker, stets appetitlich, aber vor allem exotisch für einen, der sonst nur protestantische Hausmannskost gewohnt war.

Nach Form und Inhalt war *Kung-Fu* ein echter Zeitkiller. Woche um Woche eine neue Folge, das verhieß Endlosigkeit, weil ich als Junge nicht mal wusste, was Staffeln waren. Es würde einfach immer so weitergehen, dachte ich. *Kung-Fu* lehrte den späteren Padawanschüler auch, dass alles Geschehen nur im Bewusstsein stattfindet, die äußere Welt keine eigene Substanz und letztendlich keine Wahrheit an sich hat. In den Worten eines damaligen Mitschülers: «Wusstest du eigentlich, dass diese Wand und dieser Tisch zu 99 % aus nichts bestehen?» Es gefiel mir, dass das auch für Rosenkohl gelten musste. Erklärte aber immer noch nicht, warum ein Nichts so eklig schmecken konnte.

David Carradine kämpfte jeden Samstag nicht nur ohne erkennbares Ende in immer neuen Folgen, er kämpfte auch für mich persönlich. Das spürte ich. Er teilte mein Schicksal. Hinter ihm waren chinesische Kopfgeldjäger her. Hinter mir der schwarze Mann. Beide bedeuteten den sicheren Tod. Schwer zu sagen, wen es schlimmer getroffen hatte. Caine lehrte mich, dass man sich beruhigen muss vor einem Kampf. Erst recht, wenn man sich mit dem mächtigsten Gegner, der Zeit, anlegt. Um sie anhalten zu können, ihren Fluss sogar umzudrehen, muss man die Augen schließen. Und siehe da: auch in der Dunkelheit, dem schwarzen Nichts, ist Bewusstheit, die sich nach Belieben alles vorstellen kann. Meistens aber wird man von alten Eindrücken heimgesucht, die es zu meistern gilt. Wie meine Vorstellung vom schwarzen Mann. Dem Endgegner jedes Spiels.

Nach allem, was ich in Herne gelernt habe, wird die Sache also so laufen: Wenn der schwarze Mann eines Tages kommt, werde ich erst versuchen, ihn umzustimmen. Aber bestimmt nicht, indem ich dieses alberne «Ohhohohooo» singe oder Rosenkohlspuren streue wie Hänsel im Wald. Ich setze allein auf die Kraft meiner Rede. Wenn er sich aber nicht bequatschen lässt, was ich leider für wahrscheinlich halte, werde ich am Ende dieser Staffel serieller Lebensereignisse die Augen schließen und mich darauf einrichten, dass mein Bewusstsein auch ohne Körper existiert. Und dann anwenden, was mein buddhistischer Lehrer mir beigebracht hat. So gut ich es kann.

Es heißt, das ganze Leben ziehe im Moment des Sterbens am inneren Auge vorbei. Wahrscheinlich wird dann vor meinem geistigen Auge auch die Szene wiederauftauchen, in der ich mit meinen Eltern beim Abendbrot sitze, einen Bückling auf dem Teller. Der Tisch mit einem abwischbaren Plastiktischtuch bedeckt. Butter und Leberwurst streichfertig in kleinen Plastikschalen parat, dazu Roggenbrot in Scheiben. Mein Vater salzt ein Radieschen, meine Mutter trinkt stark gesüßten Hagebuttentee. Draußen gelbe Schwaden am grauen Himmel, von der Chemieanlage am Stadtrand. Und ich ein kleiner Junge, naturgemäß und meinem damaligen Alter entsprechend ahnungslos, dass Zeit ein Konzept ist, eine überaus real wirkende Illusion zwar, aber keine Tatsache.

Doch dazu später sicher mehr, in der nächsten Staffel, wenn der schwarze Mann uns erwischt und im Würgegriff hat. Dann geht's richtig los. Wann genau, weiß keiner. Carradines Leben endete auch für ihn überraschend im Juni 2009 in Bangkok, man fand ihn erhängt in einem Schrank, halb nackt. Erste Mutmaßungen über die Todesursache sahen eine geheime Kung-Fu-Sekte am Werk, später las man, es sei ein autoerotischer Unfall gewesen. Fast bin ich versucht, es auch mal mit Sauerstoffentzug zu probieren. Doch dann fällt mir wieder ein, dass ich in Herne geboren und aufgewachsen bin. Da macht man so was nicht. Denn da kommt der schwarze Mann schon aus nichtigerem Anlass.

Judith Holofernes

Ich werde mein Leben lang üben, dich so zu lieben, wie ich dich lieben will, wenn du gehst.

Ich schlafe nicht mehr ein
Zwei Finger an deinem Handgelenk
Ist jeder Herzschlag mein
Zerbrechliches Geschenk

Ich bleibe nicht ruhig aber
Ich kann es lernen
Dann lass ich dich gehen
Irgendwann
Ohne mich zu entfernen

Ich werde mein Leben lang üben
Ich will, dass du verstehst.
Ich werde mein Leben lang üben
Dich so zu lieben
Wie ich dich lieben will
Wenn du gehst

So lang werde ich bei dir sein
Zwei Finger an deinem Handgelenk

Fang ich all deine Stunden auf
Und steck sie für dich ein

Ich bleibe nicht ruhig aber
Ich kann es lernen
Dann lass ich dich gehen
Das letzte Stück
zu den Sternen

Ich werde mein Leben lang üben
Ich will, dass du verstehst
Ich werde mein Leben lang üben
Dich so zu lieben
Wie ich dich lieben will
Wenn du gehst

Dietmar Wischmeyer
Hadern mit der Vergänglichkeit

«Früher war auch die Zukunft besser», wusste schon Karl Valentin vor fast einem Jahrhundert. Heute ist die Zukunft von früher der nostalgische Blick zurück. Niemand sehnt sich nach der «guten alten Zeit», sondern nach dem damaligen Glauben an die Zukunft, die ja unsere Gegenwart hätte sein sollen, es aber dummer- oder dankenswerterweise nicht ist, je nachdem, ob Sozialismus oder Apokalypse den Blick verklärten. Wenn sich der Zeitgenosse nach dem Früher sehnt, dann nach dessen Hoffnungen, dessen Glauben an politische Lösungen und der Faszination technischer Innovationen. Wir mögen die alte Zukunft, da uns die eigene von wenig erstrebenswert bis belanglos erscheint. Wird es in weiteren dreißig Jahren das iPhone 21 mit Selbstüberlistung geben? Werden Pflegeroboter notgeile Geronten im Ablebebunker einmal wöchentlich durchnudeln? Möglich ist es. Was wird das für ein Gefühl sein, wenn uns der künstliche Kollege einen Blasenkatheter durch den Harnleiter schiebt? Seltsamerweise fasziniert uns die Vorstellung fliegender Autos mehr als die von Pflege-Robotern. Zukunft war schon immer eine Rückprojektion auf die eigene Gegenwart, Nostalgie die Sehnsucht nach der Gegenwart des Vergangenen. Man kann es drehen und wenden, wie man will, wir sind alle Gefangene des Hier und Jetzt. Wie es in dreißig Jahren um die Welt bestellt ist, weiß ohnehin niemand, wer hätte 1985 die Klingelton-Euphorie des neuen Jahrtausends vorhergesagt, wer vor nicht mal zehn Jahren, dass Menschen in Abgründe stürzen, weil sie sich mit einer Stange selbst fotografieren? Oder dass es dereinst selbstlenkende Landfahrzeuge geben wird, die unter einen LKW rasen, weil sie ihn für ein Schild halten – alle Insassen tot! Die Zukunft ist ein Gespenst, das uns bedroht. Doch wieso brettert das autonome Auto gegen das eingebildete Schild? Wollte der rasende Rechner Selbstmord begehen? Was führen die denkenden Maschinen tatsächlich im Schilde? Können sie schon «böse», genau wie wir Menschen? Der technische Fortschritt rückt uns Altwesen unmittelbar auf die Pelle, zum Teil auch darunter.

Dem Kassenpatienten schnitzt der autonome Chirurg die Wampe auf und setzt ihm eine Schweineleber ein – wenn er Glück hat und Dr. Robot ihn nicht versehentlich für einen LKW hält und statt der Leber einen Partikelfilter in die Karkasse friemelt. Scheiß doch der digitale Hund drauf, Menschen braucht eh bald keiner mehr. Erotik ist dann eine App auf dem Smartphone und Sex ein Pimmel oder eine Muschi aus dem 3-D-Drucker – gleichbleibende Qualität wird zugesichert. Seitdem der Thermomix auch kotzen kann, darf er mittags mit an den Tisch, wo er doch so menschlich ist. Lieferando bringt den Fertigfraß aus okkulten Schmurgelküchen, und Sterberando räumt im Herbst den toten Opa auf dem Elektroroller ab, im bereits vorgeschnittenen Styroporkarton. Der technische Fortschritt lässt sich nun mal nicht aufhalten, schwadroniert der Fatalist und zeigt einmal mehr, was für ein blödes Schwein der Mensch als solcher ist. Der sogenannte «intelligente Stromzähler» ist nicht schlauer als die Steckdose, hat jedoch im Gegensatz zu dieser einen Auftrag mitbekommen vom großen Bruder: Pass schön auf, was der alte Arsch verbraucht, wenn's zu viel wird, ziehen wir's ihm von der Lebenserwartung ab. Wie das? Im Balg des Endverbrauchers werkelt nämlich sein Cousin, der «intelligente CO_2-Zähler», und zählt, was unser Zellhaufen in die Umwelt emittiert. Ist die beantragte Emissionsmenge erreicht oder der ökologische Fußabdruck sonst wie zu groß geraten, knipst der kleine Kobold unter der Bauchdecke das Licht aus. Und dann kommt Sterberando mit der Styroporkiste ... aber das hatten wir ja schon. Gibt's überhaupt noch eine Nische in der ganzen 4.0-Scheiße, in der der Mensch, wie wir ihn einmal kannten, selbst autonom irgendwas tun kann und nicht das Auto, die Wohnung oder der Rasenmäher? Gibt es noch einen Trost, was unsere Aussicht auf die eigene Zukunft anbetrifft?

Ja, den gibt es. Trotz aller Schrecken und Apokalypsen, eins bleibt bestehen: die Beklopptheit des Menschen wird nie untergehen. Jede Zeit hat ihre eigene Art, mit der Vergänglichkeit umzugehen, in der unsrigen heißt das: sechzig ist das neue vierzig, dreißig das neue siebzehn, die Eizellen kann man einfrieren für irgendwann einmal, und als Mann kann man noch mit über achtzig Vater werden. Wenn das Leben schon nicht ewig währt, dann sollte doch zumindest alles möglich sein, bis dass die Rosette das allerletzte Mal einen kleinen Gruß aus der Küche in die Welt entlässt.

Wie wär's dagegen mit folgender altmodischer Lebensregel: vorbei ist vorbei. Ich muss dann nicht mehr mit Ü-50 in die Fertilisationsklinik wanken und im Angesicht der Pornogazette in den Becher spermen. Da grusel ich mich doch lieber bei einem

Schoppen Doppelkorn an der Vorstellung, die eigenen Blagen erstickten an ihrer Drogenkotze in der Gosse.

Oder warum muss ich mit deutlichem Überschreiten der Lebensmitte noch einen Motorradlappen machen? Als klammer Student konnte ich es mir nicht leisten, und nun inszeniere ich das wilde Bikerleben als Farce mit gebügelter Lederjacke und Outlaw-Badge von Hein Gericke. Na bravo. Warum sich nicht einfach zu Hause im Lehnsessel an den Motorradunfällen anderer ergötzen. Das Leben lässt sich nicht nachholen, vorbei ist vorbei, und das ist doch was. So beschissen die irdische Existenz auch im Einzelnen ausfallen mag, verpassen kann man das Leben nicht, egal wie's ist. Man muss weder in New York gewesen sein noch alle Hautfarben akribisch durchgevögelt haben, um was «vom Leben gehabt zu haben». Eine gewisse Lässigkeit im Umgang mit dem fiktiven, nicht gelebten Leben macht das reale Dasein deutlich entspannter. Müssen denn jetzt alle den Mount Everest bestiegen haben, um in Frieden den Sarg von innen zumachen zu können? Für die meisten Kackstelzen sollte doch beispielsweise das Saarland Auslauf genug bieten. Die müssen nicht alle Kontinente bereisen oder das Great Barrier Reef kaputttrampeln. Aber wie sieht's aus mit dem Seniorenstudium, das ist doch ok, oder? Nein, ist es nicht. Studium verpasst? Na und! Dafür was anderes erlebt. Vorbei ist vorbei. Deshalb sollte man doch nicht mit seiner rostigen Karkasse den Kinderchen das Abenteuer Bachelorstudium vermiesen. Setzt euch doch ans Rundfunkgerät und lauscht den lehrreichen Sendungen des Deutschlandfunks – die sind extra für euch gemacht. Das Leben wird wesentlich angenehmer, wenn man es nicht als eine Abfolge verpasster Chancen sieht. Die falsche Frau geheiratet? Na und, sie hat ebenso den falschen Mann geehelicht. Ätsch! Da ist die Welt doch wieder im Lot. Man kann sich durchs Leben hadern und sieht bei all dem, was man angeblich verpasst hat, nicht das, was man in dem Moment tatsächlich versäumt. Denn eins ist gewiss: irgendwann kommt auch für uns der letzte Schiss, und dann ist wirklich alles vorbei.

Wenn nicht schon vorher alles um uns herum in den Arsch geht, wie die Apokalyptiker es längst wissen. Ganz Deutschland, Europa sowieso, die Menschheit erst recht, und zum Schluss fliegt der ganze vermaledeite Planet auseinander. Die Endzeit-Propheten kriechen wieder aus ihren Schlangengruben und verbreiten neue Theorien: der Zug der Flüchtlinge über den Balkan vernichtet den Schengenraum, jedes Land verschanzt sich hinterm Stacheldraht-Verhau, und davon geht demnächst Europa in den Arsch. Jedoch allen Zäunen zum Trotz erreicht der Flüchtlingsstrom das gelobte Land der 38,5-Stunden-Woche, und Florian Silbereisen wird nie mehr zur Leitkultur gehören. Stattdessen brüllt der Muezzin durch den Morgennebel, und die Scharia ersetzt die Straßenverkehrsordnung.

Hat sich der Apokalyptiker erst einmal daran satt gezittert, holt er zum ultimativen Szenario aus: die Menschheit geht in den Arsch. Denn in seiner Logik ist die ohne das alte Deutschland weder überlebensfähig noch -berechtigt, darin ganz Alt-Hegelianer. Schließlich hat der Weltgeist in seiner Reise durch die Geschichte in Deutschland seine endgültige Heimat gefunden, danach kann nichts mehr kommen.

Sobald good old Dschörmeni abschmiert, verliert der Rest komplett die Orientierung; zuerst bricht die Mülltrennung weltweit zusammen, dann werden alle Atomkraftwerke hochgefahren, und an den Supermarktkassen auf der ganzen Welt gibt's wieder kostenlos Plastiktüten. Alle Länder Südeuropas geben jetzt schon dreimal so viel Geld aus, wie sie erwirtschaften, und da ist keine reiche Tante mehr im Norden, die ihnen das Taschengeld überweist. Alle schon längst im Arsch. Weiter hinten in den Ländern des zerschossenen Orients starb mit dem intakten Deutschland die Utopie vom besseren Leben. Selbst wenn die Flucht dorthin nicht gelang, so wusste man immerhin: nicht überall auf der Welt ist es so scheiße wie zu Hause, es gab noch Hoffnung. Die Existenz Griechenlands oder Siziliens reichte aber nicht als Hoffnungsschimmer für die Mühseligen und Geknechteten aus der Levante. Deshalb wusste der Endzeit-Lüstling, dass bald nach Abschmelzen des produktiven Kerns Europas nach und nach auch die Peripherie breitbandig die Kimme zukneift. Wenn Deutschland endgültig stirbt, dann stirbt die Hoffnung für die ganze Erde.

Erde im Arsch. Danach segelt der Planet noch ein paar Milliarden Jahre orientierungslos ohne Deutsche durchs All, später geht die Sonne aus und ALLES ist im Arsch. Nur eines wurmt den Apokalyptiker: er geht viel zu früh selbst in den Arsch und kann niemals prahlen: «Siehste, hab ich doch gesagt!»

Volker Heise
Alle Zeit der Welt

Der Blitz traf mich mitten in der Nacht. Kein wirklicher Blitz aus dem Himmel, vor dem ich als Kind Angst hatte, weil er die Gefahr mit sich brachte, aus mir einen Haufen Asche zu machen, den man zusammenkehren und in den Mülleimer werfen kann, einfach so – nein, es war ein Blitz der Erkenntnis. Hatte ich geträumt? Wahrscheinlich. Aber wovon? Keine Ahnung. Alles, was ich wusste, als ich mit schreckgeweiteten Augen aufrecht in meinem Bett saß, der Puls knapp unter 200 Anschlägen die Minute, war: auch ich würde eines Tages sterben.

Bis dahin hatte ich nur geahnt, dass die Tage auf Erden gezählt sind und jede Sekunde, die ich lebe, eine Sekunde weniger Lebenszeit ist; wie eine Kerze, die brennt und leuchtet, bis es kein Wachs mehr gibt. Aber etwas zu ahnen und etwas zu *wissen*; das *Wissen* mit dem eigenen Körper zu spüren, als wäre jede Zelle davon infiziert, dieses *Wissen* und die bloße Ahnung sind zwei sehr unterschiedliche Dinge. Ich ahnte ja auch, dass eine Herdplatte sehr, sehr heiß werden kann, bis ich eines Tages mit der Hand zufällig auf eine rot glühende Platte geriet und seitdem *weiß*, was sehr, sehr heiß bedeutet.

In jener Nacht, die schon ein paar Jahre her ist, und auch keine besondere Nacht war – ich war früh ins Bett gegangen, hatte nicht schwer gegessen, auch keinen Alkohol getrunken, der ja oft schwere, neblige Träume mit sich bringt, weder hatte es einen Ehestreit gegeben, noch hatte ich Probleme bei der Arbeit, im Gegenteil, es war eine ganz normale Nacht ohne Stürme, Hagel oder Gewitter –, in jener Nacht also, als mich die Erkenntnis der Sterblichkeit traf, dachte ich: so fängt sie an, die Midlife-Crisis.

Männer in der Midlife-Crisis sind gefährdete Wesen. Sie suchen sich jüngere Partnerinnen, weil sie glauben, so frischen Wind in ihre Knochen pfeifen zu können. Sie tragen von einem Tag auf den anderen modische Brillen, lassen sich seltsame Bärte wachsen, erfüllen sich Jugendträume. Machen den Motorradführerschein, kaufen sich ein Cabriolet oder besteigen einen Berg, der viel zu hoch für sie geworden ist, weshalb sie auf halbem Weg umkehren müssen, erschöpft und außer Atem. Überhaupt erfüllen sich Jugendträume im mittleren Alter nicht, denn die Träume können zwar verwirklicht werden, die Jugend aber ist trotzdem futsch.

Schon in jungen Jahren hatte ich mir deshalb geschworen, immer so alt zu sein, wie ich auch bin. Ich war fünfzehn Jahre alt, hoch aufgeschossen und stand in der Schlange vor dem Schwimmbad. Hinter mir stand Ingrid, die ich heimlich verehrte, bisher aber nur aus der Ferne angehimmelt hatte, schön und unerreichbar. Als der Kassierer mich fragte, wie alt ich sei und ob ich eine Karte für Jugendliche oder Erwachsene haben wolle, sah ich meine Chance gekommen, ihr zu imponieren.

Stolz sagte ich: «Erwachsener», was auch funktionierte, aber die Erwachsenen-Karte war doppelt so teuer, und ich hatte nicht genug Geld dabei. Ingrid huschte vorbei, lächelte mich kurz an und war verschwunden, direkt in die Arme des schönen Peter, der auf der anderen Seite des Zauns auf sie gelauert hatte. Jahre später gestand sie mir, nur auf ein Wort von mir gewartet zu haben, aber da war sie schon verheiratet und hatte zwei Kinder.

Nur einmal noch verstieß ich gegen die selbst auferlegte Regel «Sei immer so alt, wie du auch bist». Das war, als ich bei einem Jugendradio arbeitete, aber schon die 30-Jahre-Grenze überschritten hatte und Frau und Kind zu Hause warteten. Trotzdem versuchte ich, jung und frech zu klingen, denn jung und frech zu sein und immer gute Ideen zu haben, eine besser als die andere, war ein Zeichen von Innovationsfreude und juveniler Potenz, ohne die das spätmoderne Individuum schon veraltet ist, bevor es zur Welt kommt.

Eines Nachmittags fing mich ein Redakteur auf dem Flur ab und sagte, diese Woche sei ich dran, es gebe kein Ausweichen mehr, Baby hin, Baby her, ich solle den Club-Check machen. Damals schossen Clubs wie Pilze aus dem Boden, manche nur für ein paar Wochen. Clubs, die in Kellern von Trümmergrundstücken lagen und über Planken erreicht werden konnten, die über Pfützen führten, von denen es hieß, Menschen seien in ihnen ertrunken. Clubs, in denen das Kondenswasser von den Wänden lief und wo Drinks auf wackeligen Apfelsinenkisten ausgeschenkt wurden. Clubs, in deren Unisex-Toiletten es nach Verwesung stank und die Ratten lachten. Clubs, in denen sich junge Männer weißes Pulver in die Nase zogen und dabei wimmerten: «ist das gut, verfickt, ist das gut», um dann der Länge nach auf den Boden zu knallen, wo die Ratten mit ihnen weiterlachten.

Am Montag in der Frühe, gegen 6 Uhr, schlug ich nach drei Tagen Wahnsinn im Studio auf, ebenso übernächtigt wie zugedröhnt und haltlos. Die O-Töne waren übersteuert, kein Wort zu verstehen, nur das laute Wummern der Bässe. Die Moderatoren empfingen mich mit einem munteren «Hey, Alter, was geht ab?». Ich dachte an das Baby zu Hause, an vollgeschissene Windeln, an die Frage, was besser sei, Alete oder Hipp, und wusste: Es wird Zeit zu gehen.

Die Jahre danach schob ich morgens den Kinderwagen durch die Straßen, brachte meine Kleinfamilie über die Runden; verpasste dabei das nächste große Ding in Berlin, die endlose Party, Techno und Love-Parade, wie ich schon zehn Jahre davor das andere große Ding verpasst hatte in West-Berlin, Punk und New Wave und den Krach im SO36. Es reicht eben nicht, zur richtigen Zeit am richtigen Ort zu sein, es empfiehlt sich auch, Zeit für den richtigen Ort zu haben – vor allem, wenn man ein Weltmeister im Verpassen des richtigen Zeitpunkts ist, so wie ich.

Die Sache mit West-Berlin hatte mit meinem Zivildienst zu tun, den ich noch ableisten musste, bevor ich nach Berlin eilen konnte, in die Arme des Molochs. Ich war einem abgelegenen Krankenhaus in der niedersächsischen Provinz zugeteilt worden, wo wir, meine Kollegen und ich, unter anderem damit beauftragt waren, die anfallenden Leichen in den Keller zu schleppen. Im Sommer, wenn das Wochenende heiß zu werden versprach, schlossen wir freitagmittags Wetten ab: Wann würde es den ersten Toten geben, und wer könnte es sein? Der alte Mann auf der Inneren mit halber Lunge, der seine Infusionsflasche am Ständer auf die Terrasse schob, um sich dort so lange Zigarette um Zigarette anzustecken, bis auch die andere Lungenhälfte kollabierte? Ein Motorradunfall im nahen Mittelgebirge mit Serpentinen, die so herausfordernd wie glitschig sein konnten? Ein Badeunfall im Kiessee nach einem Seemannsköpper mit falscher oder fehlender Berechnung der Wassertiefe? Wir nahmen, was angeliefert wurde, und machten uns mit den Leichen auf den Weg in den Keller, zu den anderen kalten Körpern, wo der Tod der Herr über die Zeit war.

Einmal sollten wir einen Leichnam, der sicher mehr als 150 Kilogramm wog, aus dem 3. Stock hinuntertragen. Wir schmalen Kerle hievten die Bahre zu viert ins Treppenhaus, der Fahrstuhl war ausgefallen. Die Hände der Leiche waren mit elastischen Binden auf dem ausladenden Bauch zusammengebunden, was keine gute Idee war, denn die Binden lockerten sich schnell. Zuerst rutschten die Arme ab, dann streiften die Finger über den Boden. Auf jedem Treppenabsatz mussten wir die Bahre abstellen, zu Atem kommen, die Hände neu zusammenbinden, während uns Besucher entgegenkamen, die sich für ihre Angehörigen ein anderes Schicksal erhofft hatten. Wir grüßten sie freundlich.

Während des Zivildienstes machte ich mir zum ersten Mal ernsthaft Gedanken über die Zeit. Sie schien mir ein Fluidum, ähnlich wie Luft oder Wasser, nur dass die Zeit weder getrunken noch eingeatmet werden kann und niemand sich darin zu bewegen vermag. Ein Element, das durch den Körper fließt und ihn verändert. Das aus Babys Kinder macht, aus Kindern Jugendliche, aus Jugendlichen Erwachsene, aus Erwachsenen Rentner. Schließlich kommt der Tod, der aber auch in allen anderen Lebensphasen plötzlich und ohne Vorwarnung die Sense oder die Motorsäge schwingen kann. Zeit schien mir gleichbedeutend mit Veränderung, das beständige Ticken der Uhr, das mich und alle anderen Menschen auf der Welt dazu verurteilt, ein Leben im Provisorium zu führen. Ein Zeltlager, das jederzeit umgesetzt oder abgebrochen werden kann. Heute dagegen, wo ich die Sache etwas besser überblicke, denke ich: Die Zeit ist ein großer Räuber. Sie nährt sich von unseren Jahren, und wenn die Jahre aufgebraucht sind, wendet sie sich den nächsten Opfern zu, um die Uhr am Ticken zu halten – und lässt uns am Straßenrand liegen, ausgelutscht und leer, nicht mal mehr eine müde Sekunde auf dem Konto.

Sooft ich dem Tod begegnet bin, so oft meinte ich doch auch, er würde mich nichts angehen, er würde nur den anderen, aber nicht mir passieren. Natürlich sprachen alle Tatsachen dagegen. Ich hatte früh mit eigenen Augen gesehen, wie schnell es gehen kann. Schulfreunde waren auf dem Weg vom Tanzen nach Hause, Clubs hießen damals Disco. Während eines NATO-Herbstmanövers stießen sie mit ihrem alten Opel Kapitän auf einen Panzer, der nur die Tarnbeleuchtung angeschaltet hatte. Die Soldaten wollten sich vor den Russen verstecken, die in jener Nacht von einem anderen NATO-Team gespielt wurden. Sie probten den Ernstfall, für meine Freunde wurde er Realität.

Die anschließende Beerdigung war die erste meines Lebens. Aber dachte ich während der Zeremonie auch nur eine Minute daran, in einem der Särge liegen zu können, weil ich zehn Minuten vor meinen Freunden die gleiche Strecke gefahren war? Keine Spur. Nie im Leben.

Bis der Blitz einschlug. Bis ich aufrecht im Bett saß und meine Frau erschrocken hochfuhr. Hatte ich geschrien? Mit Sicherheit. Sie fragte, was los sei, und als ich antwortete, dass ich sterben würde, schoss sie eine Salve Fragen ab: Ob ich Schmerzen habe? Ob mein Herz ausgesetzt habe? Ob mir schwindlig sei oder der Blick verschwommen? Nein, nein, antwortete ich, nichts dergleichen, mir sei nur gerade bewusst geworden, dass auch ich sterben werde. Sie ließ sich zurück ins Kissen sinken, drehte sich um, murmelte «Das müssen wir doch alle» und schlief weiter.

Ich stand auf, ging in die Küche und goss mir in die Tasse Milch. Beim ersten Schluck fiel mir ein Dokumentarfilm ein, den ich auf der Berlinale gesehen hatte, *Die große Stille* von Philip Gröning. Es geht um ein Kloster in Frankreich, dessen Mönche ein Schweigegelübde abgelegt haben. Bis kurz vor Schluss, fast drei Stunden lang, wird nicht gesprochen in diesem Film. Dann sagt ein sehr alter Mönch, ihn würde der Tod nicht schrecken, denn jeder Schritt zu ihm hin sei auch ein Schritt zu Gott, ein Schritt nach Hause. Seine Worte machten mir Mut, und ich versuchte daran zu glauben, dass das Leben nur ein Vorspiel auf das Paradies sei, der Ort der Bewährung für größere Aufgaben. Dann fielen mir die Selbstmordattentäter ein, die mit der Ewigkeit vor Augen die Welt in Stücke reißen, und ich war wieder allein mit der Dunkelheit am Ende des Weges.

Die Milch hatte ich noch nicht ausgetrunken, als mein Blick auf eine Zeitung fiel. Ich schlug sie aufs Geratewohl auf und blieb bei einem Artikel über einen englischen Philosophen hängen. Er stellte die These auf, der Mensch sei eine durch die Zeit treibende, sich stetig wandelnde Konstruktion, ohne gleichbleibende Identität. Wenn das stimmt, dachte ich mir, dann wäre der Schüler, dessen Freunde überrollt worden waren, ein anderer Mensch als der junge Mann, der Zivildienst gemacht hat, und auch ein anderer Mensch als der junge Vater oder der Mann, der diese Zeilen schreibt – woraus aber auch folgt, dass nicht ich sterben würde, sondern ein anderer, der meinen Namen trägt.

Aber auch dieser Gedanke beruhigte mich nur für kurze Zeit. Er kam mir hasenfüßig vor, als wollte ich mich aus der Verantwortung stehlen. Außerdem war es schon 3 Uhr 30 in der Früh, und ein langer Tag stand mir bevor. Also legte ich mich wieder ins Bett und nahm mir vor, doch noch den Motorradführerschein zu machen. Dann schlief ich ein und sah im Traum eine endlose Allee, über die ich mit einer 1000er-BMW fuhr, weiter und weiter, auf Wolken schwebend, mit aller Zeit der Welt.

Für immer.

Die Beiträger

Boris Aljinovic, 1967 in Charlottenburg geboren, war schon mit radioeins-Moderator Volker Wieprecht in der Schülerversammlung des Gymnasiums und verfolgte auch als *Tatort*-Kommissar des rbb die Geschichte von radioeins als geneigter Hörer und gelegentlicher Gast. Als Hörbuchsprecher, Grafiker, Hobby-Segler und Amateurfunker, aber vor allem Theaterschauspieler ist er ein Radiofan, vielleicht weil es die unsterbliche Urform der Neuen Medien ist.

Adriana Altaras ist 1960 in Zagreb geboren, in Italien und Deutschland aufgewachsen, also Europäerin. Sie hat in Berlin an der UdK Schauspiel studiert und in New York an der NYU Performance Art. Jetzt führt sie Regie, spielt in Filmen, schreibt Bücher oder umgekehrt. Sie hat einen westfälischen Komponisten als Mann und mit ihm auch noch zwei Söhne. Am liebsten redet sie mit Knut Elstermann über Filme.

Diane Arapovic wird 1981 in Balingen an der Schwäbischen Alb geboren. Nach dem Soziologie-Studium in Köln zieht sie 2008 für ein journalistisches Volontariat nach Berlin, wo sie seit 2009 als Reporterin und redaktionelle Mitarbeiterin für radioeins arbeitet. Ihr Buch «Honeckers Guckloch und das verschwundene Stück Kudamm», das auf ihrer Radiorubrik basiert, erschien 2015 bei Rowohlt · Berlin. Mit ihrem Lebensgefährten und den beiden gemeinsamen Töchtern lebt sie in Berlin-Neukölln.

Alf Ator wurde 1966 in Schwerin geboren. 1986 zog er nach Berlin, 1994 gründete er mit dem Sänger Stumpen die Band Knorkator. Nebenbei ist er mit einer One-Man-Theater-Show unterwegs, schreibt Bücher und Kolumnen, zeichnet Comics und malt Ölgemälde. Mit radioeins hat er schon unzählige sehr unterhaltsame gemeinsame Aktionen veranstaltet.

Balbina wurde 1983 in Warschau geboren, lebt aber seit ihrem dritten Lebensjahr in Berlin. Die Liedermacherin hat bis dato drei Langspielplatten und zwei EPs veröffentlicht. Ihre künstlerische Arbeit hat ihren Schwerpunkt zwar in der Textdichtung und Komposition, die Inszenierung der musikalischen Inhalte in Bild und Video gehören aber auch zu ihrem Wirkungsbereich.

Jens Balzer, 1969 geboren, arbeitet als Autor und Kolumnist für «Die Zeit», den Deutschlandfunk, «Rolling Stone». Gemeinsam mit Tobi Müller kuratiert er den monatlichen Popsalon am Deutschen Theater. 2016 erschien sein Buch «Pop. Ein Panorama der Gegenwart» (Rowohlt · Berlin). Bei radioeins kommentiert er wöchentlich popkulturelle Phänomene.

Dr. Mark Benecke, 1970 geboren und in Köln aufgewachsen, ist Kriminalbiologe und Spezialist für forensische Entomologie. International wird er häufig als öffentlich bestellter und vereidigter Sachverständiger herangezogen, um biologische Spuren bei Gewaltverbrechen auszuwerten. Er veröffentlichte mehrere populärwissenschaftliche Bücher über Kriminalfälle, Kriminalbiologie und das Altern aus biomedizinischer Sicht. Seit 1999 berichtet er in seiner wöchentlichen Kolumne bei den «Profis» auf radioeins über Phänomene aus der Wissenschaft.

Pieke Biermann, geboren 1950, arbeitet als freie Schriftstellerin und Übersetzerin in Berlin. Bekannt wurde sie vor allem durch ihre mehrfach preisgekrönten und ins Englische, Französische und Italienische übersetzten Kriminalromane «Potsdamer Ableben», «Violetta», «Herzrasen» und «Vier, Fünf, Sechs». Zu den von ihr übersetzten Autoren gehören Dacia Mariani, Stefano Benni, Dorothy Parker und Ben Fountain. Regelmäßig ist sie in der Rubrik «Autoren sind auch nur Leser» zu Gast bei den «Literaturagenten» von radioeins.

Nilz Bokelberg, Jahrgang 1976. Schule, Schultheater, Moderator bei «VIVA», «DSF», Regiestudium HFF, Autor, YouTuber, Podcaster – in dieser Reihenfolge. Als radioeins ihn fragte, ob er eine Kolumne über Serien machen könne, konnte er nicht widerstehen.

Marion Brasch wurde in Ost-Berlin geboren. Nach dem Abitur arbeitete die gelernte Schriftsetzerin in einer

Druckerei, bei verschiedenen Verlagen, beim Komponistenverband der DDR und fürs Radio. 2012 erschien ihr Familienroman «Ab jetzt ist Ruhe. Roman meiner fabelhaften Familie», 2014 folgte die Roadnovel «Wunderlich fährt nach Norden» und 2016 «Die irrtümlichen Abenteuer des Herrn Godot». Mit radioeins verbindet sie zwanzig Jahre ihrer eigenen Biographie, als Moderatorin, Autorin und redaktionelle Mitarbeiterin.

Jochen Distelmeyer wurde 1967 in Bielefeld geboren und wurde als Kopf der Band Blumfeld bekannt. Nach Auflösung der Band begann er seine Solokarriere. Im Februar 2015 veröffentlichte er seinen ersten Roman «Otis» (Rowohlt). Im März 2015 war er im Rahmen der Aktion «Die freundliche Übernahme» mit einer einstündigen Sendung auf radioeins zu hören. 2016 erschien sein zweites Soloalbum «Songs from the Bottom, Vol. 1».

Thea Dorn wurde im Juli 1970 kurz vor Frankfurt am Main geboren. Sie studierte Philosophie und begann zu schreiben. Zwischendurch moderierte sie eine Büchersendung im SWR, seit einer Weile ist sie festes Mitglied beim «Literarischen Quartett». Als Schriftstellerin lebt sie in Berlin.

Knut Elstermann, geboren 1960 in Berlin, studierte Journalistik in Leipzig und arbeitete bei DDR-Medien. Als freier Autor, Moderator, Filmkritiker im Hörfunk und im Fernsehen für rbb und MDR tätig. Bei radioeins moderiert er jeden Samstag das Kinomagazin «12 Uhr mittags».

Horst Evers wurde 1967 in Diepholz geboren. Nach Schule und Bundeswehr ging er 1987 des Studiums wegen nach Berlin. Während des Studiums arbeitete er in vielen verschiedenen Berufen, u. a. als Nachhilfelehrer, Tresenkraft oder Meinungsforscher, vor allem jedoch als Taxifahrer und zuletzt als Eilzusteller und Kastenleerer. Seit er 1993 seine 20-Stunden-Stelle bei der Deutschen Post gekündigt hat, lebt er allein vom Schreiben und Vorlesen. Seine regelmäßige Kolumne ist donnerstags und sonntags auf radioeins zu hören. Zuletzt erschien von ihm «Der kategorische Imperativ ist keine Stellung beim Sex» (Rowohlt · Berlin).

Julius Fischer, Jahrgang 1984, ist bekannt als Mitglied der Band «The Fuck Hornisschen Orchestra» und in dieser Funktion auch Moderator der MDR-Sendung «Comedy mit Karsten». Zuletzt erschienen die Kurzgeschichtenbände «Ich will wie meine Katze riechen» und «Die schönsten Wanderwege der Wanderhure». Gemeinsam mit Sebastian Lehmann, der auch Mitglied der «Lesedüne» ist, produziert Julius Fischer den Podcast «Zwei zu viel» auf radioeins.

Flake wurde 1966 in Ost-Berlin geboren. Da er nicht in den Kindergarten ging, verbrachte er seine ersten Jahre vor dem Radio. Da er auch in der Schule keine nennenswerten Erfolge erzielen konnte, blieb ihm nur ein Leben als Musiker übrig. Er lebt und spielt immer noch in Berlin.

Kirsten Fuchs ist 1977 in Karl-Marx-Stadt geboren, aber in Berlin aufgewachsen. Geschrieben hat sie schon immer, irgendwann hauptberuflich. Drei Romane, drei Kurzgeschichtenbände, ein Kinderbuch, zwei Theaterstücke und einige Preise später hat sie diese Entscheidung immer noch nicht bereut. Sie hört kaum noch Radio, weil sie am liebsten Ruhe hat, aber am ehesten erträgt sie radioeins. Ihr größter Fan war ihre Oma. Alle anderen Erfolge danach sind auch schön. Zuletzt erschien von ihr bei Rowohlt · Berlin «Mädchenmeute».

Martin «Gotti» Gottschild, geboren 1976 in Berlin, Musiker, Autor, internationale Naschkatze, seit 2014 für radioeins tätig («Tiere streicheln Menschen», «radioZWEI») und immer noch ohne Hausausweis.

Dorothee Hackenberg, 1964 in Würzburg geboren, kam 1986 zum Studium nach Berlin. Nach Stationen bei Radio 100, taz, DT 64 und Fritz arbeitet sie seit 2001 bei radioeins, seit August 2015 als Wortchefin. Seit 2012 leitet sie außerdem dort das Literaturressort. 2007 veröffentlichte sie literarische Porträts in «Kreuzberg – Keine Atempause» (Bebra Verlag).

Volker Heise, geboren im August 1961 in Hoya / Niedersachsen, seit Anfang der achtziger Jahre in Berlin, Studium der Politik; erst Journalist, dann Filmemacher und Produzent. Bei radioeins in der Gründungsphase 1998 und 1999 verantwortlich für die Prime-Time-Strecken, den radioeins-Bus und das Berlinale Radio.

Judith Holofernes, 1976 in West-Berlin geboren, wurde als Sängerin, Songschreiberin und Gitarristin der Band «Wir sind Helden» bekannt. Seit 1999 ist sie auch als Solokünstlerin unterwegs. Daneben schreibt sie Texte für ihren eigenen Blog und veröffentlichte 2015 Tiergedichte in ihrem ersten Buch «Du bellst vor dem falschen Baum» (Klett-Cotta). 2015 moderierte sie im Rahmen der Aktion «Die freundliche Übernahme» eine einstündige Sendung auf radioeins.

Tobias Hülswitt, geboren 1973, veröffentlichte mehrere Romane und ein Sachbuch, zuletzt «Werden wir ewig leben? – Gespräche über die Zukunft von Mensch und Technologie» (Suhrkamp). Er war Mitbegründer des «Korsakow Instituts für Nonlineare Erzählkultur» und entwickelte die App SNOO. Für die «Literaturagenten» von radioeins rezensiert er vergessene Autorinnen und Autoren und literarische Eigentümlichkeiten.

Marie Kaiser, 1981 in Potsdam geboren, hat Kulturwissenschaften in Weimar und Lyon studiert. Danach ging es so schnell wie möglich zu radioeins. Mittlerweile ist sie als «Literaturagentin», redaktionelle Mitarbeiterin und in ihrer Rubrik «art aber fair» als Kunstkritikerin unterwegs.

Wladimir Kaminer, 1967 in Moskau geboren, studierte Dramaturgie, war Soldat in der sowjetischen Armee, danach Theaterarbeit in Russland. 1990 zog er nach Deutschland um und ist seit Mitte der Neunziger beruflich als Schriftsteller und Geschichtenerzähler unterwegs.

Mely Kiyak wurde geboren, als es noch die D-Mark gab. Seit zehn Jahren schreibt sie ununterbrochen wöchentliche politische Kolumnen für verschiedene Zeitungen. Nach der Erfindung des Internets ist sie zu «Zeit Online» gewechselt, wo sie ihre Leser in «Kiyaks Deutschstunde» verwöhnt. Außerdem kommentiert sie für das Gorki Theater Berlin in «Kiyaks Theater Kolumne». Bücher schreibt sie auch. Zuletzt: «Herr Kiyak dachte, jetzt fängt der schöne Teil des Lebens an». Weitere Formate, die den Namen Kiyak enthalten («Kiyaks Pommes», «Kiyaks Wetter»), sind in Planung.

Sebastian Lehmann, 1982 geboren, ist Mitglied der Lesebühne «Lesedüne» in Kreuzberg. Auf radioeins läuft seine Kolumne «Elternzeit» und im öffentlich-rechtlichen Internet der Podcast «Zwei zu viel». Sein neues Buch «Ich war jung und hatte das Geld» (Goldmann) versammelt Texte aus der radioeins-Reihe «Meine 100 liebsten Jugendkulturen».

Maxim Leo wurde 1970 in Ost-Berlin geboren. Er schreibt Bücher über Alterspubertiere, Drehbücher für den *Tatort* und ist Kolumnist der «Berliner Zeitung» und bei radioeins. 2006 bekam er den Theodor-Wolff-Preis, 2011 wurde ihm für sein autobiographisches Buch «Haltet euer Herz bereit» (Karl Blessing Verlag) der Europäische Buchpreis verliehen. Er lebt mit seiner Frau und zwei Töchtern in Berlin.

Oliver MacConnell, 1964 in Wiesbaden geboren, ist Modedesigner und Professor für Betriebswirtschaftslehre. Er leitet den Studiengang Modemanagement an einer privaten Berliner Hochschule und ist Gründer der Fashion Practice Academy Berlin, einem Think-Tank für Themen der

Textilwirtschaft. Bei radioeins gibt er in der Stilkolumne «Fehl und Tadel» Einblicke in die Welt der Mode.

Harald Martenstein, geboren 1953, ist Redakteur beim «Tagesspiegel», Kolumnist der «Zeit» und bei radioeins. Er ist Autor zahlreicher Bücher, zuletzt des Filmbuchs «Im Kino» (C. Bertelsmann), das aus Texten für radioeins und den «Tagesspiegel» hervorging. Martenstein hat zwei Söhne, er lebt in Berlin und der Uckermark.

André Meier, geboren 1960 in Ost-Berlin, gelernter Plakatmaler und diplomierter Kunsthistoriker, lebt heute mit Frau, Kind und diversen Tieren in Pommern. Sein Geld verdient er als Buchautor, Dokumentarfilmregisseur und Landkolumnist. Radioeins empfängt er via Breitband zwischen Hühnerfüttern und Holzhacken.

Philip Meinhold, geboren 1971 in West-Berlin, besuchte die Berliner Journalisten-Schule und studierte am Leipziger Literaturinstitut. Er veröffentlichte verschiedene Bücher, zuletzt «Erben der Erinnerung» (Verbrecherverlag), und arbeitet als redaktioneller Mitarbeiter und Podcastautor bei radioeins.

Wolfgang Müller, geboren 1957, lebt als Autor, Musiker und bildender Künstler in Berlin. Er gründete 1980 mit Nikolaus Utermöhlen die Band «Die Tödliche Doris». Zahlreiche Hörspiele, darunter das mit dem Karl-Sczuka-Preis 2009 ausgezeichnete BR2-Hörspiel «Séance Vocibus Avium». 2016 das BR2-Hörspiel «Intervallum-Hommage an die Pause».

Autor von «Subkultur Westberlin 1979–1989. Freizeit» (Philo Fine Arts).

Bettina Rust, 1967 in Hannover geboren, studierte Marketing/Kommunikation in Hamburg, machte ein Radio-Volontariat und moderierte ab 1994 verschiedene TV-Sendungen. 1997 Umzug nach Berlin. Sie arbeitet als Sprecherin und Moderatorin, schreibt und moderiert seit 2002 immer sonntags die «Hörbar Rust» auf radioeins.

Marco Seiffert wurde 1971 in Berlin geboren und arbeitete Ende der 90er Jahre als Moderator, Reporter und redaktioneller Mitarbeiter bei Radio FRITZ vom rbb. Seit 2006 moderiert er gemeinsam mit Tom Böttcher den *Schönen Morgen* auf radioeins, zudem ist er regelmäßig Gastgeber des radioeins-Kommentatorentalks.

Robert Skuppin, geboren 1964, moderierte gemeinsam mit Volker Wieprecht viele Jahre Sendungen auf radioeins. Ihr pointenreiches Zusammenspiel bewährte sich auch in mehreren Büchern bei Rowohlt · Berlin, dem «Lexikon der verschwundenen Dinge» (2009), dem «Lexikon der Rituale» (2010) und bei «Das erste Mal» (2013). Seit Juni 2011 ist Robert Skuppin Programmchef von radioeins.

Serdar Somuncu, 1968 in Istanbul geboren, studierte Musik, Schauspielkunst und Regie in Maastricht und Wuppertal. Einem größeren Publikum wurde der Kabarettist, Schriftsteller, Regisseur, Schauspieler und Synchronsprecher bekannt, als er 1996 in szenischen Lesungen ausgewählte Textstellen aus Hitlers «Mein Kampf» vortrug und kommentierte. Seit April 2014 ist er gelegentlich als Kommentator in der ZDF-Satiresendung *heute-show* zu sehen. Auf n-tv präsentiert er seit 2016 seine Talkshow *So!Muncu!*. Seit dem 11. September 2016 ist er auf radioeins mit seiner eigenen Sendung *Die Blaue Stunde* vertreten.

Ulrike Sterblich, geboren 1970 in Berlin (West) hat bei Rowohlt «Die halbe Stadt, die es nicht mehr gibt. Eine Kindheit in Berlin (West)» und die Anthologie «Iss doch wenigstens das Fleisch» veröffentlicht. Für die *Show Royale* auf radioeins steuerte sie regelmäßig Kurzhörspiele bei.

Dirk Stermann, geboren 1965 in Duisburg, lebt und arbeitet seit 1988 als Radiomoderator, Kabarettist und Autor in Österreich. An der Seite des Österreichers Christoph Grissemann ist er die deutsche Hälfte des Duos Grissemann & Stermann. Zusammen moderierten sie zwischen 1998 und 2011 die Comedysendung «Show Royale» auf radioeins.

Lea Streisand ist mit *War schön jewesen* die Montagskolumnistin im *Schönen Morgen* auf radioeins. Sie wurde 1979 in Berlin geboren und liest seit 2003 auf Lesebühnen und Poetry Slams, quasi weltweit. Sie schreibt für die taz und hat zahlreiche Erzählbände mit Geschichten veröffentlicht. Ihr erster Roman «Im Sommer wieder Fahrrad» (Ullstein) erschien 2016.

Antje Rávic Strubel lebt in Potsdam. Zu ihren Veröffentlichungen gehören u. a. die Romane «Fremd Gehen.

Ein Nachtstück» (S. Fischer), «Tupolew 134» (C. H. Beck), «Kältere Schichten der Luft» (S. Fischer) und «In den Wäldern des menschlichen Herzens» (S. Fischer). Ihr Werk wurde mit zahlreichen Preisen ausgezeichnet, u.a. dem Hermann-Hesse-Preis und dem Kritikerpreis der Akademie der Künste. Für die radioeins-*Literaturagenten* rezensiert sie regelmäßig Werke von Kollegen.

Fanny Tanck wurde 1982 in Reinbek (bei Hamburg) geboren und lebt seit 2002 in Berlin. Nach einem Studium der Philosophie, Musik- und Kulturwissenschaft an der Humboldt-Universität hospitierte sie zunächst beim Fernsehen, bevor sie 2008 zum Rundfunk kam. Bei radioeins moderiert sie alle zwei Wochen die tägliche Nachmittagssendung mit dem Schwerpunkt Popkultur. Seit 2006 ist Fanny Tanck die eine Hälfte des Akustik-Duos «Sub Rosa Pony», in dem sie singt und Geige spielt.

Jörg Thadeusz, geboren 1968, arbeitet als Reporter, Radio- und Fernsehmoderator. Zehn Jahre präsentierte er das Wissenschaftsmagazin *Die Profis* auf radioeins und war drei Jahre Moderator von *Extra* 3 im NDR-Fernsehen. Seit 2005 im rbb-Fernsehen mit den Formaten *Thadeusz*, *Thadeusz und die Beobachter* sowie *Preußisch Blau*. Grimme-Preis für Außenreportagen bei *Zimmer frei* (WDR).

Gesa Ufer, geboren 1971 in Melle bei Osnabrück, hat in Paris, Toronto und Berlin Germanistik, Kulturwissenschaften und Deutsch als Fremdsprache studiert, war auf der Berliner Journalisten-Schule und arbeitet seit 1999 beim Radio. Sie moderiert gemeinsam mit Marion Brasch *Die Literaturagenten* bei radioeins und den *Kompressor* im Deutschlandfunk Kultur.

Andreas Ulrich arbeitet als Autor, Reporter und Moderator für Hörfunk und Fernsehen des Rundfunks Berlin Brandenburg (rbb). Seine Themen: Politik, Zeitgeschichte und Sport. Seit 2002 moderiert er die samstägliche radioeins-Fußballshow *Arena Liga Live*. Als Buchautor erzählt Ulrich Lebensschicksale aus Berlin, u. a. «Zwei Kilometer Deutschland» (2005, Das neue Berlin) und «Torstraße 94» (2015, Bebra).

Volker Wieprecht wurde 1963 inmitten des Schwefel- und Verhüttungsdunstes erstmals im Pott gesichtet. Ein harscher Ostwind trieb ihn fort. Braunkohleschwaden umschwebten ihn in West-Berlin. Auf dem Areal der FU hat er erst mal frei ein-, später bei Radio im Äther dann regelmäßig ausgeatmet. Manchmal erklingt in seiner Nähe Blumfeld «So schlägt mein Herz. Es schlägt in mir. Stunde um Stunde». Dann geht es ihm gut. «Einer von vielen, kein Einzelfall.»

In Moskau starb endlich Josef Stalin, in Oberholsten/Wiehengebirge wurde **Dietmar Wischmeyer** geboren. Dann passierte zehn Jahre nichts, bis er das Gymnasium der Kreisstadt besuchte. Dort passierte dann neun Jahre nichts. 1976 begann er das Studium der Philosophie in Ostwestfalen. Erwartungsgemäß passierte wieder nichts, diesmal aber nur acht Jahre. Jetzt aber erst mal 'ne Pause. 1988 lockte ein norddeutscher Radiosender mit Geld und

Sendezeit. Ab da beginnt Dietmar Wischmeyer alles aufzuschreiben, was so um ihn herum passiert. Seit 2002 ist Dietmar Wischmeyer jeden Mittwoch mit seinem *Schwarzbuch* bei radioeins zu hören. Zuletzt erschien von ihm «Vorspeisen zum Jüngsten Gericht» (Rowohlt · Berlin, 2017)

Jenni Zylka, Geheimagentin, geboren 1969, lebt in Berlin, schreibt für Tageszeitungen und Magazine über Film und Musik, zudem Romane, Kurzgeschichten (Rowohlt, Suhrkamp) und Drehbücher, moderiert Filmgespräche und Pressekonferenzen, ist Grimme-Preis-Jurorin und Mitglied der Berlinale-Spielfilmvorauswahl, unterrichtet Journalismus, erstellt Jugendschutzgutachten für die FSF, macht ein Literaturmagazin für den WDR, Kulturbeiträge für Deutschlandradio und kommentiert für radioeins Kulturthemen.

Die Illustrationen auf den Seiten 130 und 132 stammen von Alf Ator; diejenige auf Seite 183 von Boris Aljinovic.

MIX
Papier aus verantwortungsvollen Quellen
FSC
www.fsc.org
FSC® C083411

Das für dieses Buch verwendete Papier ist FSC®-zertifiziert.